놀이 중심 · 유아 중심

영유아 과학교육

정재은 · 김현경 · 김경희 공저

학지사

머리말

2000년대 초 NASA가 미래 우주여행 수요 증대로 2020년 우주여행 수익 300억을 제시할 때만 해도 과연 그것이 가능할까 하는 의구심이 들었는데, 2021년 7월 미국의 버진 갤럭틱 우주여행사의 2시간 30분짜리 2억 달러 여행상품에 700여 명이 사전 예약했고, 6명의 여행객이 최종 선정되었다는 보도를 접하였다. 이제 우리가 꿈꾸고 생각한 모든 일을 단지 시간의 차이가 있을 뿐 눈으로 볼 수 있을 뿐만 아니라 손으로 만질 수도 있는 시대가 되었다.

이 책의 저자나 독자들이 만났던 과거의 과학교육, 즉 시험답안을 외워 지필평가를 대비하던 과학교육은 과거의 '라떼'라는 측면에서 이제는 내려놓아야 하는 유물과도 같다. 우리가 유치원이나 어린이집에서 만나게 될 아이들이 살아갈 미래에는, 시험을 준비하기 위한 과학교육은 지나간 역사의 한 장면으로 그쳐야 하는 것이 옳다. 그런 면에서 원소기호나 생물, 지구과학의 개념을 외우는 차원에 갇혀 있기에는 과학이란 마치 생명 있는 유기체와도 같아서 사회변화에 부응하여 빠르게 변화·발전하는 특성을 갖는다. 과학을 생활 속에서 직접 경험하고 누리며 21세기를 살아갈 아이들을 교육하는 교사에게 과학이란 보다 친숙하고 정감 있는 학문이어야 한다.

그러나 그러한 바람과는 무관하게 강의실에서 만나는 많은 예비 교사와 현장의 교사들은 과학을 참 어려워한다. 아이들에게 어떻게 그 어려운 과학을 경험시켜야 하는지, 또 교실 환경은 어떻게 구성해야 좋을지 막막하게만 느낀다. 따라서 이 교재는 예비 교사와 현장의 교사들에게 보다 쉽고 편안하게 과학적인 탐구 과정과 발견을 이끄는 질문이 존중되는 과학활동을 제시하기 위해 집필되었다.

　　교재의 내용은 이론과 실제로 나뉘어 구성되었다. 먼저, 유아과학교육 관련 이론에서는 실제적인 과학교육에 앞서 유아교사에게 요구되는 과학적 소양의 중요성과, 과학교육의 역사적 흐름과 최근 동향 고찰을 통해 현재 시행되고 있는 유아과학교육의 내용과 방법에 관하여 살펴보았다. 유아과학교육 실제에서 제10장은 개정된 누리과정과 표준보육과정에 기초하여 아동중심 · 놀이중심의 자연탐구 놀이를 중심으로 구성하였고, 제11장은 일과 중 경험할 수 있는 과학활동을 이론편에서 제시한 네 가지 접근법(자연탐구적 접근, 문학적 접근, 창의적 실험 접근, 요리활동 접근)에 따라 예비 교사와 현장의 교사들이 과학을 친숙하고 정감 있게 받아들여 영유아들에게 의미 있는 과학교육을 할 수 있도록 하였다. 교육 및 보육 현장에서 만나는 다양한 연령별 발달 특성을 가진 영유아들이 직접 느끼는 '과학'은 교재에 수록된 실제 내용과 상이할 수도 있겠지만, 이 책이 의미 있는 과학교육의 방향을 제시하고 과학교육에 대한 아이디어를 제공하는 데 도움이 되기를 기대해 본다.

　　이 책을 집필하는 과정에 함께 참여해 주신 여러 좋은 분께 감사드린다. 학지사 김진환 사장님과 편집진 여러분, 프로그램 실제를 위해 수고해 주신 경인여대부속유치원과 씨알유치원 원장님 그리고 선생님들, 영아 탐색놀이 활동을 위해 수고해 주신 조서희, 김진주 선생님께도 감사드린다. 하지만 그 누구보다 천지를 말씀으로 창조하시고 오늘도 과학이라는 통로를 통해 우리 곁에 현존하시는 하나님 앞에 연약한 지식을 감사함으로 올려드린다.

저자 일동

차례

제2부
실제편

제1부

이론편

제1장

유아과학교육의
개념 및 중요성

학습목표

1. 유아과학교육의 개념과 중요성에 대해 이해한다.

2. 과학교육에 대한 흥미와 긍정적인 태도를 기른다.

1. 유아과학교육의 개념

> 우리가 살고 있는 세상은 과학적 질문으로 가득하며, 현대 사회를 살아가는 우리에게 과학적 소양(scientific literacy)은 필수적으로 요구된다. 우리는 매일의 삶 속에서 과학적 정보를 사용하며 과학의 산물을 이용한다. 또한 과학기술과 관련된 토론도 하며 과학기술을 통해 세상을 이해하고 배운다(National Research Council, 1996, p. 1).

앞서 인용한 말처럼 우리의 삶은 과학과 밀접한 관련이 있다. 우리가 일상적으로 사용하는 컴퓨터, 스마트폰, 대중교통 등은 과학의 산물로서 우리 주변에서 우리와 늘 함께한다. 우리는 컴퓨터로 이메일을 보내고 스마트폰으로 음악이나 영상을 감상하며 매일의 일상생활 속에서 과학을 활용한다.

예를 들어, 대중적 음료가 된 커피를 과학적 관점에서 살펴보자. 늦은 밤 시험공부를 하다 졸음이 오면 커피 한 잔을 마시며 잠을 쫓는데 그 이유는 커피 속에 함유된 카페인 때문이다. 카페인은 중추신경과 말초신경을 자극하여 섭취할 경우 피로감을 경감시키고 집중력을 향상시켜서 지적 작업능력을 높여 준다. 다이어트를 할 때 커피를 마시기도 하는데 이러한 이유는 커피 속에 함유된 폴리페놀 성분이 지방을 분해하기 때문이며 로스팅된 커피가루는 탄소로 이루어져 있어 악취를 제거하고 방향제로 사용되기도 한다. 이처럼 과학의 렌즈로 세상을 살펴보면 우리는 과학적 원리를 기반으로 한 삶 속에서 살아가고 있음을 알 수 있다.

더구나 인터넷과 SNS(Social Network Service) 등 과학기술의 부산물은 혁신적 문화의 기초가 되거나 정치적 의사결정에 중요한 단서를 제공해 주기도 한다. 이처럼 과학은 우리 삶에서 가깝고도 친숙한 영역으로, 과학을 알고 활용하는 것은 우리 삶에 매우 중요하다.

이러한 맥락에서 과학에 관한 지식, 기술, 태도를 가르치는 과학교육은 이 시대를 살아가는 우리에게 필수적인 학문이라고 할 수 있다. 특히 인간은 본능적으로 주변 세상에 대한 호기심을 가지고 태어났을 뿐 아니라, 환경과 상호작용하고 질문하고 답을 구하면서 성장하므로 호기심을 가지고 어떤 현상에 대해 질문하고 대답하는 과정 그 자체가 바로 과학교육이라고 할 수 있다.

　유아는 주변에 대한 호기심을 선천적으로 가지고 태어났을 뿐 아니라 유아기의 발달 특성 때문에 이에 적합한 과학교육이 이루어져야 한다. 유아는 태어나면서부터 주변 환경에 대해 호기심을 가지고 끊임없이 탐구하려는 본성을 가지고 있으므로, 유아를 위한 과학교육은 유아의 이러한 본성이 적절히 발휘되고 이를 자극할 수 있는 환경 구성과 교사의 역할이 요구된다.

　그렇다면 유아과학교육이란 무엇일까? 유아과학교육의 정의에 대하여 황의명과 조형숙(2009), 조형숙, 김선월, 김지혜, 김민정, 김남연(2012)은 유아가 궁금해하는 것을 적극적으로 알아보려는 과학적 태도와 탐구능력을 길러 주기 위해 다양한 탐구활동을 경험하는 과정 그 자체가 유아과학교육이라고 하였다. 또한 조부경, 고영미, 남옥자(2012)는 유아가 능동적으로 과학적 지식을 구성하는 것이라고 정의하며 직접적인 과학적 활동과 다양한 경험, 학습과 실제의 연계, 협동학습, 인지적 갈등에 대한 교사의 적절한 개입의 중요성을 언급하였다. 이외에도 이민정 등(2012)은 유아과학교육을 유아 주변 환경에 대한 탐구과정으로 보고 이러한 과학적 탐구과정 속에서의 과학적 지식과 태도 형성의 중요성을 언급하였다.

　결과적으로, 이 같은 유아과학교육에 대한 학자의 의견을 종합해 보면, 유아과학

이
론
편

[그림 1-1] 유아를 위한 과학활동

교육은 주변 세계에 대한 호기심을 선천적으로 가지고 태어난 유아를 대상으로 과학적 질문을 하고 이에 대한 탐구를 할 수 있는 환경과 경험을 적절히 제공해 주는 일련의 교육적 활동으로 정의 내릴 수 있다. 유아과학교육은 유아가 산책할 때 발견한 개미에 관심을 가지고 개미의 생김새와 움직임을 탐색해 보는 것, 다양한 종류의 액체를 섞어 비눗방울을 만들어 보고 어떻게 하면 더 큰 비눗방울을 만들 수 있을지 실험해 보는 것 등과 같이 유아 주변의 환경과 사물의 현상에 호기심을 가지고 탐색하고 탐구하며 얻은 일련의 정보를 다양한 방법으로 처리(정의하기, 설명하기, 분류하기, 비교하기, 실험하기 등)하는 과정이라고 할 수 있다. 나아가 유아에게 보다 의미 있고 행복한 과학교육이 되기 위해서는 유아의 현재와 미래의 삶을 고려하여 이해하고 탐구하고 즐길 수 있는 내용으로 구성해야 한다.

유아과학교육의 기준

유아과학교육에 대한 정의와 함께 고려해 보아야 할 것은 유아과학교육에 대한 기준(standard)이다. 우리나라 3~5세 연령별 누리과정의 과학탐구 영역에서 제시된 준거에 비추어 유아과학교육을 수행하기 위해서는 다음 기본적인 기준을 포함하고 있어야 한다.

첫째, 과학은 모든 유아를 위한 것이어야 한다. 유아과학교육은 유아의 나이, 성별, 문화적 배경, 인지적 능력과 상관없이 모든 유아가 미래 사회를 살아가는 데 필요한 과학적 소양을 기를 수 있는 기회를 평등하게 제공해야 한다.

둘째, 유아의 주변 세계 및 일상생활을 과학교육에서 강조한다. 유아기 학습과 교육은 유아의 삶에서부터 시작됨을 인식하고 유아의 일상생활 속에서 과학적 호기심을 유발하고 이를 충족시켜 줄 수 있도록 해야 한다.

셋째, 유아가 스스로 생각하고 활동하는 능동적 과정에 역점을 두어야 한다. 유아는 스스로 지식을 구축하는 능동적 유기체로, 유아가 직접적으로 수행하고 활동하는 과정 속에서 과학교육이 수행될 수 있도록 한다.

넷째, 유아는 방대한 양의 과학 지식을 배우는 것이 아니라, 과학을 어떻게 할 것인가를 배워야 한다. 유아과학교육이란 이미 밝혀진 과학적 사실에 대한 단순한 학습이 아닌 관찰, 문제제기, 기존의 과학적 사실 확인, 자료의 수집과 분석, 설명, 예측, 결과에 대한 의사소통과 같은 과학적 과정기술의 경험이 보다 더 중요하다.

다섯째, 사회적 상호작용을 중요시하여야 한다. 유아과학교육은 사회적 상호작용 속에서 이루어져야 한다. 즉, 유아는 또래 혹은 성인과 함께 과학적 질문을 하고 탐구하는 과정 속에서 다양한 생각을 접할 수 있을 뿐 아니라 사회적 맥락 속에서 협동학습도 함께할 수 있다.

여섯째, 유아과학교육은 통합적으로 이루어져야 한다. 유아교육이 유아의 전인발달을 위해 통합적으로 이루어져야 함을 고려해 보았을 때 유아과학교육은 분리된 영역이 아닌 타 영역에서도 이루어질 수 있다. 예를 들어, 그림책 속의 과학적 원리 혹은 요리를 하면서 경험할 수 있는 물질의 변화는 타 영역에서도 과학을 경험할 수 있음을 보여 준다. 나아가 환경오염, 건강, 에너지와 같이 유아가 속해 있는 사회적 이슈를 함께 다룰 수도 있다.

출처: 한유미(2013).

2. 유아과학교육의 중요성

과학이 우리의 삶과 매우 밀접한 관련이 있는 학문으로 자리매김하면서 유아기 과학교육의 중요성은 더욱 부각되고 있다. 특히 과학 지식과 과정기술뿐 아니라 과학적 태도를 포함하는 과학적 소양을 유아기 때부터 형성하고 기르기 위해서 유아과학교육의 중요성을 인식하는 것은 유아과학교육 수행을 위해 필수적으로 요구된다.

유아과학교육은 유아로 하여금 새로운 사실과 정보를 학습하는 데 도움이 될 뿐 아니라 유아 주변과 자연 세계에 대하여 사고를 조직하며, 많은 사건과 사물에 대해 유아가 갖는 호기심의 욕구를 만족시켜 주고, 다양한 분야의 지식을 얻으며, 발견학습에 의하여 정신적 활동과 과정을 즐길 수 있도록 해 주기 때문에 유아에게 가치가 있다. 이러한 유아과학교육의 가치와 중요성을 좀 더 세부적으로 논해 보면 다음과 같다.

1) 유아의 전인발달을 돕는 유아과학교육

유아과학교육은 유아의 전인발달을 돕는다. 유아발달은 신체, 인지, 언어, 사회-정서발달로 구분할 수 있으며, 유아과학교육은 유아의 전인발달에 영향을 미친다. 유아과학활동을 통해 유아발달에 미칠 수 있는 영향에 대하여 신체, 인지, 언어, 사회-정서 발달별로 살펴보면 다음과 같다.

이 론 편

(1) 유아과학교육은 유아의 신체발달을 돕는다

유아과학교육은 유아의 주변 세계에 대한 호기심으로부터 시작된다. 유아는 주변 세계에 대해 조작하고 탐구하며 자신의 신체를 다루고 작동시켜 결과적으로 신체발달을 돕는다. 특히 유아기에는 대근육과 소근육발달이 이루어져야 하는데 과학활동을 통해 대근육과 소근육을 사용하고 발달시킬 수 있다. 예를 들어, 산책활동이나 관찰한 동식물의 신체표현은 유아의 신체발달을 도울 수 있다. 또한 밀가루와 물을 섞어 밀가루 반죽을 만들거나 나뭇잎 잎맥 관찰을 위해 돋보기 혹은 현미경과 같은 과학도구를 사용하는 것은 유아의 소근육발달을 돕는다. 이처럼 다양한 유아과학활동은 유아의 대근육과 소근육을 자극하고 사용할 수 있는 기회를 제공해 줌으로써 유아의 신체발달에 영향을 미친다.

[그림 1-2] 거북이의 움직임을 관찰한 후 신체로 표현하는 유아

(2) 유아과학교육은 유아의 인지발달을 돕는다

유아과학교육은 유아가 주변 환경과 사물에 대한 이해, 즉 사물의 속성, 특징, 유사점, 차이점 등을 이해하는 데 도움이 된다. 예를 들어, 씨앗 심기 도중에 발견한 지렁이를 관찰하고 탐구하는 동안 지렁이의 생김새 및 특징에 대한 지식을 구축할 수 있다. 나아가 '지렁이는 왜 땅속에 살까?' '지렁이는 왜 축축할까?' '지렁이는 왜 우리랑 다르게 생겼을까?' '지렁이는 어떤 일을 할까?' '지렁이는 어떻게 배설을 할까?' 등등에 대한 과학적 질문을 다양하게 할 수 있으며, 이에 대한 해답을 찾아가는 과정은 유아로 하여금 과학적 지식을 구축할 수 있게 할 뿐 아니라 사고능력 및 문제해결능력을 기를 수 있도록 해 준다. 이처럼 과학활동을 통해 유아에게 사물과 현상에 대한 기억, 범주화, 추론, 문제해결 등의 능력을 길러 줌으로써 유아의 인지발달을 도모할 수 있다.

(3) 유아과학교육은 유아의 언어발달을 돕는다

유아과학교육은 유아가 과학적 경험을 통해 과학적 지식과 관련된 새로운 어휘를 습득하고, 과학적 탐구 과정 속에서 의사소통 기회를 통해 언어발달이 이루어질 수 있다. 예를 들어, 산책활동 중 발견한 다양한 종류의 나무와 꽃, 곤충에 대한 명칭을 알아보면서 관찰하거나 경험하게 되는 현상에 대한 "왜?"라는 과학적 질문과 이에 대한 대답을 하면서 언어발달을 도모할 수 있다.

(4) 유아과학교육은 유아의 사회-정서발달을 돕는다

유아과학교육은 유아가 과학활동을 하는 과정 속에서 주변 환경에 관심을 갖고 문제를 해결하는 과정을 통해 또래와의 관계 형성에 긍정적인 영향을 줄 수 있다. 또한 산책하기나 동식물 키우기와 같은 활동은 유아로 하여금 자연에 관심을 갖게 하고, 생명에 대한 애정과 존중을 길러 줄 수 있으며 정서적 안정감을 형성하는 데 도움을 줄 수 있다. 나아가 이러한 총체적 과정을 통해 유아는 성취감과 긍정적인 자아존중감의 형성을 이룰 수 있다.

이론편

2) 미래 사회에 필요한 역량을 길러 주는 유아과학교육

우리는 하루가 다르게 변화하는 시대를 살아가고 있다. 과학기술의 발달에 따라 정보생산량 또한 과거에 비해 엄청나게 많아져 물밀 듯 밀려오는 정보의 흐름을 '지식의 폭발' 현상으로 표현하기도 한다. 이러한 정보의 폭발과 함께 염두에 두어야 할 점은 과학적 법칙이나 개념이 새로운 사실의 발견으로 인해 언제든지 바뀔 수 있다는 점이다. 또한 21세기 지식기반 사회에서 필요로 하는 것은 단순한 지식이 아니라 다양한 지식을 융합하여 보다 창의적인 아이디어를 창출해 내는 사고의 융통성과 유연성임을 주지해야 할 것이다.

이러한 관점에서 과학적 질문을 하고 이에 대한 탐구를 할 수 있는 환경과 경험을 적절히 제공해 주는 일련의 유아과학활동은 미래 사회에 필요한 과학적 지식과 소양을 길러 줄 수 있다. 다시 말해, 유아과학교육은 과학적 지식의 전달이 아닌 과학하는 방법을 유아가 경험할 수 있도록 해 줌으로써 미래 사회의 핵심능력이라고 할 수 있는 문제해결능력을 자연스럽게 습득할 수 있도록 돕는다. 지식의 폭발 시대에 모든 정보를 다 기억할 수는 없지만 합리적 문제해결을 위해서는 자신에게 필요한 정보를 빠른 시간에 검색하고 조직화하여 이를 적합하게 표현하고 의사소통할 수 있는 능력이 요구된다. 이러한 미래 사회에 필요한 총체적 역량은 스스로 탐구하고 과학적 과정을 통해 조직화하는 유아과학교육으로 길러지고 함양될 수 있다.

Science Activity

1. '과학이란 무엇일까?'라는 주제에 대하여 조별로 브레인스토밍(brainstorming)해 보자.

2. 일상생활 속에서 쉽게 접할 수 있는 과학 원리를 찾아보고 토론해 보자.

3. 유아교사들이 과학을 어려워하는 이유에 대해 브레인스토밍(brainstorming)해 보자.

☞ 브레인스토밍 후 조별로 아이디어를 범주별로 묶어 'Why Logic Tree'를 만들어 보자.

제2장

유아과학교육을 위한
교사의 과학적 소양 기르기

1. 유아의 과학적 소양 증진을 위해 유아교사의 과학적 소양 증진이 중요함을 인식한다.
2. 유능한 유아과학교사가 되기 위한 다양한 방법을 알고 실천할 수 있다.
3. 과학자서전 쓰기, 과학저널 쓰기 그리고 포트폴리오 제작을 통해 예비 유아교사로서의 과학적 소양을 기른다.

유아과학교육을 통해 궁극적으로 추구하는 것은 유아의 과학적 소양(scientific literacy)과 과학을 즐기고 수행할 수 있는 능력인 과학적 역량(scientific competency) 함양이다. 이를 위해 과학활동을 수행할 유아교사의 과학에 대한 태도 및 과학적 소양은 필수적으로 요구된다. 그러므로 이 장에서는 유아교사의 과학적 소양에 대한 전반적인 내용과 이를 증진하기 위한 방법에 대해 살펴보고자 한다.

1. 유아과학교육과 교사

1) 유아교사의 과학적 소양

과학이란 과학자의 몫으로 한정된 것이 아니라 모든 인간 삶의 기반으로서 인류의 역사와 함께 발전해 왔다. 과학은 우리의 삶과 밀접한 관련이 있기 때문에 과학에 대한 올바른 인식을 통해 우리는 보다 편리하고 풍요로운 삶을 영위할 수 있다. 또한 글로벌 시민으로서 과학과 사회의 관계를 인식하고 보다 나은 인류의 삶을 위해 과학적 태도를 갖춘 과학적 생활인이 되어야 한다. 이를 위해 유아기부터 과학교육의 수행은 필수적이다. 그러나 유아과학교육의 중요성에도 불구하고 많은 유아교사는 과학에 대한 자신감이 부족할 뿐 아니라 과학을 가르치는 것에 대해서도 두려움을 가지고 있다.

과학이나 과학 교육에 대한 교사의 부정적인 태도는 유아가 주변을 탐색하고 과학적 생활인이 되는 데 영향을 미치기 때문에, 유아를 위한 과학활동과 경험을 제공하는 교사는 먼저 과학을 즐기고 좋아하는 긍정적 태도와 과학적 소양을 갖추어야 한다.

과학적 소양이란 과학적 개념과 과정 그 자체임과 동시에 이를 이해하고, 과학이나 기술의 이해가 요구되는 상황에서 과학적 지식을 기초로 과학적 방법을 사용함으로써 보다 합리적이고 책임 있는 의사결정을 할 수 있는 성향을 의미한다. 이러한 정의에 기초하여 미국과학교사협의회(National Science Teachers Association: NSTA)에서 정의하고 있는 과학적 소양을 갖춘 사람의 특성을 살펴보면 다음과 같다.

- 일상생활에서 책임 있는 의사결정을 내리기 위해 과학개념과 과학적 과정기술을 이용한다.
- 과학과 기술이 사회에 미치는 영향뿐 아니라 사회가 과학과 기술에 미치는 영향도 이해한다.
- 사회는 여러 가지 자원을 통해서 과학과 기술을 통제함을 이해한다.
- 인간의 복지 증진에서 과학과 기술의 유용성뿐 아니라 한계성도 이해한다.
- 과학의 주요 개념, 가설, 이론을 알고 이를 사용할 수 있다.
- 과학과 기술이 제공하는 지적 자극을 인식한다.
- 과학 지식의 창출은 탐구과정과 개념적 이론에 근거함을 이해한다.
- 과학적 증거와 개인적 견해를 구분한다.
- 과학의 본질을 인식하고 과학적 지식은 잠정적이며 증거의 축적에 따라 변한다는 것을 이해한다.
- 기술의 응용과 이에 따른 의사결정을 이해한다.
- 과학 연구의 가치와 기술 발달을 인식할 수 있는 충분한 지식과 경험을 가진다.
- 믿을 만한 과학적·기술적 정보를 알며, 이러한 정보를 의사결정에 활용한다.

이론편

한편, 과학적 역량이란 과학을 할 수 있음을 의미하며(NSTA, 2013), 과학적 역량을 갖춘 교사란 '과학에 대한 식견과 기능을 갖추었을 뿐 아니라 현상이나 문제 혹은 현안에 민감하게 적용할 수 있음'을 의미한다. 그러므로 유아를 위한 과학교육

[그림 2-1] 주제에 따른 교실 환경 구성과 과학 연관 활동

수행을 위해 교사는 과학교육에 앞서 과학에 대한 자신의 태도를 반성해 보고 유아 지도에 앞서 과학적 소양과 역량을 갖출 필요가 있다.

2) 유아교사의 과학적 소양 기르기

일반적으로 많은 유아교사는 과학교육을 수행함에 있어 어려움을 토로한다. 그 이유는 과학 지식의 부족과 과학 교수방법에 대한 이해 부족 그리고 과학에 대한 교사의 부정적인 태도 때문이라고 할 수 있다(조부경, 서소영, 2001). 하지만 유아교사는 유아과학교육의 가치와 중요성을 인식하고 유아기 과학교육 수행을 통해 미래사회를 살아갈 유아가 과학적 소양과 역량을 기를 수 있도록 해 주어야 한다.

이를 위해서는 무엇보다도 교사 스스로 과학에 대해 흥미와 즐거움을 느끼고, 긍정적인 태도를 가져야 한다. 즉, 과학은 어려운 것, 재미없는 것이 아닌 우리 삶과 밀접한 관련이 있으며 일상 속에서 과학을 수행할 수 있다는 적극적이고 긍정적인 태도를 지니고 있어야 한다. 그러므로 유아교사는 유아과학교육 수행에 앞서 스스로 과학에 대한 자신의 성향과 태도를 점검해 볼 필요가 있다. 과학에 대한 태도 측정도구인 〈표 2-1〉을 통해 과학에 대한 자신의 태도를 측정해 보도록 하자.

〈표 2-1〉 과학에 대한 태도 측정도구

구분	문항	전혀 그렇지 않다	그렇지 않다	보통 이다	그렇다	매우 그렇다
과학에 대한 흥미	1. 나는 과학활동에 관심이 있다.	1	2	3	4	5
	2. 나는 과학적 지식을 배우는 데 적극적이다.	1	2	3	4	5
	3. 과학은 흥미로운 과목이다.	1	2	3	4	5
	4. 나는 과학적인 문제해결을 좋아한다.	1	2	3	4	5
	5. 나는 과학적 탐구를 좋아한다.	1	2	3	4	5
	6. 과학과 관련된 일은 지루하다.	1	2	3	4	5
	7. 과학적인 지식은 이해하기 어렵다.	1	2	3	4	5
	8. 과학 관련 내용의 TV 프로그램이나 신문기사는 재미 없다.	1	2	3	4	5
	9. 나는 과학 관련 연수 프로그램에 참여하고 싶지 않다.	1	2	3	4	5

		1	2	3	4	5
과학 및 과학자에 대한 인식	10. 대부분의 과학자는 동료 과학자를 제외하고는 친구를 거의 사귀지 않는다.	1	2	3	4	5
	11. 과학자는 종종 별난 행동을 한다.	1	2	3	4	5
	12. 과학자는 보통 개인의 이윤추구를 위해 새로운 것을 발견해 낸다.	1	2	3	4	5
	13. 과학자는 과학의 실용성에는 관심이 없다.	1	2	3	4	5
	14. 한 국가를 대표하는 과학자는 현재 연구 분야에만 관심이 있다.	1	2	3	4	5
	15. 과학자는 자신의 관심사를 연구하기 위해 다른 사람의 행복을 침해하기도 한다.	1	2	3	4	5
	16. 나는 과학적 지식을 절대적인 것이라고 생각한다.	1	2	3	4	5
	17. 과학은 주로 새로운 도구를 창안해 내기 위한 행위다.	1	2	3	4	5
	18. 과학의 발달은 일부 분야의 사람들로 하여금 우리의 삶을 통제하게 만들 가능성이 있다.	1	2	3	4	5
과학의 사회적 가치	19. 과학자는 정치, 경제 및 사회의 발전에 중대한 영향을 미친다.	1	2	3	4	5
	20. 현대사회에서 과학교육은 불가피하다.	1	2	3	4	5
	21. 과학은 이 시대를 살아가는 사람들에게 필수적이다.	1	2	3	4	5
	22. 과학교육은 훌륭한 시민정신 함양에 기여한다.	1	2	3	4	5
	23. 과학에 관한 연구는 사회적으로 유익하다.	1	2	3	4	5
과학의 사회적 가치	24. 인간은 과학적 방법을 활용함으로써 많은 분야에서 중요한 발전을 할 수 있었다.	1	2	3	4	5
	25. 과학을 이해하는 것은 나의 일상생활을 위해 필요하다.	1	2	3	4	5
	26. 과학교육은 사람들이 좀 더 논리적인 결정을 할 수 있도록 돕는다.	1	2	3	4	5
	27. 지속적인 과학연구를 위해서는 과학에 대한 국가의 공적인 관심이 필요하다.	1	2	3	4	5

★ 역채점 문항: 6, 7, 8, 9, 10, 11, 12, 13, 14, 15, 16, 17, 18

출처: Moore & Martin (1997): 조부경, 고영미, 남옥자(2012)에서 재인용.

유아과학교육의 올바른 수행을 위해서 유아교사는 무엇보다 과학에 대한 부정적인 태도를 줄이고, 과학에 대한 긍정적인 경험의 기회를 지속적으로 갖는 것이 중요하다. 또한 과학에 대한 지식을 쌓을 수 있는 기회를 유아에게 제공해 주고 풍부한 과학지원 환경을 마련해 주어 유아가 과학에 대한 관심과 흥미를 가질 수 있도록 해야 한다. 나아가 사회 전반적으로 과학에 대한 긍정적 인식을 심어 주어 보다 긍정적인 과학적 태도를 형성할 수 있도록 해 주어야 한다.

한편, 유아교사의 과학적 소양을 키우기 위해 조형숙, 고영미, 남옥자(2012)는 과학교수효능감을 강조하였다. 과학교수효능감이란 유아교사가 과학을 효과적으로 지도할 수 있는지에 대한 신념으로 정의할 수 있으며, 조형숙 등(2012)은 유아교사의 과학교수효능감 증진을 위해 [그림 2-2]와 같은 교사교육모형을 제시하였다.

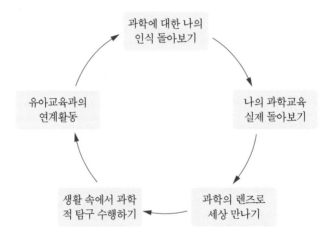

[그림 2-2] 유아교사의 과학적 소양 증진을 위한 자기학습모형

[그림 2-2]에서 제시한 바와 같이 유아교사의 과학적 소양을 기르기 위해서는 다음 단계를 따른다. 첫 번째 단계에서는 과학 및 과학교육에 대한 인식을 반성해 봄으로써 과학에 대한 자신의 태도와 인식을 되돌아보도록 한다. 두 번째 단계에서는 과학활동에 관련된 교육계획안 분석을 통해 과학교육 실제에 대해 분석해 보도록 한다. 세 번째 단계에서는 실제 삶을 일상적인 현상이나 사물에 대한 과학적 이론이나 법칙과 연관 지어 생각해 본다. 네 번째 단계에서는 생활 속에서 과학적 탐구를 수행해 보도록 한다. 마지막 단계에서는 교사 자신의 일상과 관련된 과학탐구활동을 유아와 함께 해 볼 수 있는 과학활동과 연계해 보도록 한다. 이외에도 Understanding Science의 홈페이지에서 소개한 교사를 위한 과학적 소양 기르기 방법을 살펴보면 다음과 같다.

유아교사의 과학적 소양을 기르는 일곱 가지 방안

1. 관찰한 것에 의문 가지기
   - 어떻게 옷의 얼룩을 깨끗하게 지울 수 있을까?
   - 꿀벌은 어떻게 벌집을 찾을 수 있을까?
   - '달의 그림자는 왜 생길까?' 등 일상 속에서 관찰한 것에 대한 의문을 가져 본다.

2. 더 깊게 탐색하기
   - 관찰을 통해 이미 알고 있는 것에 대해 생각해 본다.
   - 예를 들어, 세제가 옷의 얼룩을 지워 줄 거라고 말한 친구의 이야기를 기억해 본다. 혹은 화학책에서 세제가 화학적 분자결합을 분리할 수 있다고 한 것을 상기해 본다.

3. 지속적으로 의문 갖기
   - '꿀벌은 태양을 내비게이션 삼아 길을 탐색할 수 있다고 하는데 정말 그럴까?'
   - '그렇다면 태양이 뜨지 않는 흐린 날은 어떻게 될까?'와 같이 지속적으로 의문을 가져 본다.

4. 반박하기
   과학적 질문의 다양한 의견을 분류하고 서로 반대되는 의견을 비교해 보며 그에 대한 반박을 해 본다.

5. 더 많은 증거를 찾기
   과학적 질문에 대한 답의 타당하고 신뢰할 수 있는 증거를 통해 과학적 사실을 뒷받침하도록 한다.

6. 개방적으로 사고하기

7. 창의적으로 생각하기

출처: http://undsci.berkeley.edu

2. 유아를 위한 유능한 과학교사 되기

최근 과학교육을 위한 교사교육 연구는 대체로 구성주의에 기초한 과학교육의 원리를 교사교육에 적용함으로써 과학적 지식이나 과학교육에 대한 태도 등 교사의 과학교수능력을 향상하려는 방향으로 이루어지고 있다. 또한 유아를 위한 유능한 과학교사가 되는 방법으로는 구성주의 이론에 기초한 과학교육 접근으로 예비교사 스스로 적극적으로 과학활동에 참여하며 과학하는 즐거움을 경험하는 방안이 제안되고 있다. 구체적인 방안의 예로는 야외학습, 동식물 키우기, 과학자서전 쓰기, 과학탐구일지, 포트폴리오 제작, 창의적 실험구성, 과학자 면담하기 등을 들 수 있으며 이들은 궁극적으로 유아교사의 과학적 소양을 기르기 위한 방법이라고 할 수 있다. 이에 이 절에서는 과학자서전 쓰기, 과학저널 쓰기, 유아과학교육에 관한 포트폴리오 제작에 관해 구체적으로 제시하고자 한다.

1) 과학자서전 쓰기

과학자서전이란 과학 혹은 과학교육과 관련하여 자신의 경험이나 생각을 에세이 형식으로 작성한 글을 말한다. 그러나 막연히 과학자서전을 쓰기에는 어려움이 있을 수 있으므로 조부경과 서소영(2001)이 사용한 과학 및 과학교육 관련 경험에 대한 척도를 통해 자신의 과학 혹은 과학교육과 관련된 경험을 회상해 볼 수 있다. 자신의 성장과정에서 경험한 과학적 경험을 크게 대학 이전(어린 시절, 초·중·고등학교 시절)의 과학 경험, 대학에서의 과학 경험, 교사가 된 이후의 과학 혹은 과학교육 관련 경험으로 나누어 보고, 다음에 제시된 과학 및 과학교육 관련 경험에 대한 척도를 통해 자신의 과학 혹은 과학교육 관련 경험을 점검해 보자.

(1) 어린 시절의 과학 혹은 과학교육 관련 경험

문항	전혀 그렇지 않다	그렇지 않다	보통 이다	그렇다	매우 그렇다
가족 중에 과학을 좋아하는 사람이 있었다.	1	2	3	4	5
가족 중에 과학을 싫어하는 사람이 있었다.	1	2	3	4	5
자연과 친숙한 환경에서 자랐다.	1	2	3	4	5
과학에 대한 책을 즐겨 읽었다.	1	2	3	4	5
과학 관련 기관이나 전시회에 가 본 적이 있다.	1	2	3	4	5

(2) 초·중·고등학교 시절의 과학 혹은 과학교육 관련 경험

문항	전혀 그렇지 않다	그렇지 않다	보통 이다	그렇다	매우 그렇다
과학 관련 대회에 참여해 본 적이 있다.	1	2	3	4	5
과학과목 담당 선생님의 지도방식은 적절했다.	1	2	3	4	5
과학시간에 여러 가지 실험을 했다.	1	2	3	4	5
과학 기초 과목(물리, 화학, 생물, 지구과학)을 배웠다.	1	2	3	4	5
과학과목의 성적이 좋았다.	1	2	3	4	5
과학시간을 좋아했다.	1	2	3	4	5

이론편

(3) 대학 시절의 과학 혹은 과학교육 관련 경험

문항	전혀 그렇지 않다	그렇지 않다	보통 이다	그렇다	매우 그렇다
전공 이외의 과학 관련 기초 과목을 배웠다.	1	2	3	4	5
과학의 기초 이론 및 지식을 배우는 것을 좋아했다.	1	2	3	4	5
유아과학교육 강의 시간을 좋아했다.	1	2	3	4	5
유아과학교육 과목의 성적이 좋았다.	1	2	3	4	5
유아과학교육 과목의 강의 시수는 적절했다.	1	2	3	4	5
유아과학교육과 관련한 다양한 교수방법을 배웠다.	1	2	3	4	5
유아과학교육 담당교수는 다양한 교수방법을 사용하여 수업을 진행했다.	1	2	3	4	5

유아과학교육 담당교수는 과학에 대한 지식과 열의가 있었다.	1	2	3	4	5
유아과학교육 담당교수는 수업시간에 학생의 참여를 유도했다.	1	2	3	4	5
유아에게 직접 과학활동을 지도해 보았다.	1	2	3	4	5

(4) 교사 시절의 과학 혹은 과학교육 관련 경험(현직교사의 경우 해당)

문항	전혀 그렇지 않다	그렇지 않다	보통 이다	그렇다	매우 그렇다
교사로서 유아들과 과학활동을 하는 것이 즐거웠다.	1	2	3	4	5
과학활동을 지도하기 위하여 관련 전문 서적을 읽어 보았다.	1	2	3	4	5
과학활동을 위한 환경을 구성하고 자료를 제작해 보았다.	1	2	3	4	5
과학활동을 전개할 때 유아들이 즐거워하는 모습을 본 적이 있다.	1	2	3	4	5
공개수업을 할 때 과학수업을 성공적으로 전개해 본 적이 있다.	1	2	3	4	5
동료 교사 중에 과학교육에 특별히 관심이 있는 교사가 있었다.	1	2	3	4	5
의도하지 않았던 상황이 과학 관련 주제로 진행된 적이 있다.	1	2	3	4	5

앞의 척도를 통해 자신의 과학 및 과학교육 관련 경험에 대해 회상해 보았다면 이를 기초로 보다 구체적으로 과학 혹은 과학교육 관련 경험을 기록해 보도록 하자.

과학자서전을 작성하는 경험은 유아교사로 하여금 교사로서 기존에 가지고 있던 과학과 과학교육에 대한 반성적인 사고를 통해 과학에 대한 인식을 되돌아보게 한다. 유아교사는 이를 기초로 보다 유능한 유아과학교사가 되기 위한 첫걸음을 내딛을 수 있을 것이다.

과학자서전 사례 ❶

　나는 중학생 때 과학이 정말 싫었다. 과학을 못해서 자신이 없는 과목인 이유도 있었지만 수업시간마다 하루 종일 필기만 시키고 알아듣지도 못하는 설명만 하는 이론 위주의 수업시간이 정말 싫었다. 또한 매 시간마다 퀴즈를 풀고 틀리면 매를 맞아야 했기 때문에 나는 점점 과학이 싫어졌다. 매도 참 많이 맞았다. 과학이라 하면 물리, 화학 등 공식을 외우고 값을 구하는 수학과 연계되는 것이라는 생각과 생활에 필요하지만 쉽게 접하지 못하는 것, 재미없는 것이라 느꼈다.

과학자서전 사례 ❷

　나는 22년 인생을 살면서 특별히 과학이 나의 삶에 영향을 주었다고는 생각하지 않았다. 그러나 과학에 대한 자서전 쓰기를 통해 과학이란 어떤 존재일까, 과학이 나에게 어떠한 영향을 주었을까 등등을 곰곰이 생각해 보면서 초등학교 때는 자연을, 중학교 때는 과학을, 고등학교 때는 물리, 화학, 생물, 지구과학 등을 배웠음을 기억했다. 그러나 막상 초·중등학생 때는 과학을 안 배워도 삶을 사는 데 지장이 없을 것이라는 생각이 지배적이었던 것 같다. 그런데 곰곰이 생각을 해 보니 과학은 언제나 나의 주변에서 셀 수 없을 만큼 많이 쓰이고 있었고, 군대에 있을 때에도 많이 쓰였다. 예로 어린 시절 누구나 한 번쯤은 접어 보았던 종이비행기는 어떻게 접느냐에 따라 더 멀리 갈 수 있고 더 오래 떠 있을 수도 있다. 이는 종이비행기 모양에 따라 공기 저항이 다르게 적용될 수 있는 원리가 있기 때문이다. 또 내가 군대에 복무중일 때 사용했던 총, 텐트, 전투복 등 모든 것에 과학적 원리와 지식이 들어 있었다. 특히 군대에서 자석의 S극과 N극의 원리를 이용하여 부착물을 만들어야 했었는데 자석의 원리를 알고 있었음에도 불구하고 같은 극으로 부착물을 제작하여 당황했던 적이 있었다. 내가 만약 과학에 호기심을 가지고 과학적 지식을 더 많이 알아 두었으면 좋았을걸 하는 후회가 됐었다. 사실, 과학은 너무 어려워서 공부를 많이 안 했었고, 대학 때는 과학 전공이 아니기 때문에 과학을 등한시하였다. 그런데 자물쇠, 텀블러, 라이터, 볼펜, 샤프 등등 우리 주변에는 과학이란

존재가 수없이 많음을 상기하며 우리 삶 속에서 없어서는 안 될 과학의 존재에 대해 다시 한 번 생각해 보았다.

이론편

과학자서전 사례 ❸

'사물의 현상에 관한 보편적 원리 및 법칙을 알아내고 해명하는 것을 목적으로 하는 지식 체계나 학문' 이것이 과학의 정의라고 한다. 그러나 내가 좋아하는 과학은 이렇게 거창한 것은 아니다. 내가 손바닥으로 벽을 힘껏 밀면 내 몸이 튕겨 나가는 것은 '작용 반작용의 법칙' 때문이고, 버스에서 손잡이를 잡고 가다가 버스가 급정거할 때 내 몸이 휘청거리는 것은 '관성의 법칙' 때문이라는 것을 알았을 때, 세상 모든 것에는 규칙이라는 게 존재하고 설사 내가 모르는 것이 있다고 하더라도 밝혀낼 수 있을 것이라는 생각이 굉장히 매력적으로 다가왔다.

나는 과학을 굉장히 좋아한다. 그래서 고등학교 때도 이과를 선택했고 그중에서도 물리와 지구과학을 좋아했다. 과학은 쉽진 않은 것 같다. 그래서 더 매력적이다. 안타깝게도 내가 배우는 과학은 누군가에 의해 밝혀진 것이 더 많아서 그 과학을 '증명'하면서 원리를 이해하는 것이 대부분이었다. 새로운 법칙을 찾아내려면 내가 현재 알고 있는 것보다 훨씬 많은 것을 공부해야 했다. 그래서 조금은 안타까웠다.

지난 학기 봉사활동을 나가면서 아이들에게 과학수업을 해 봤다. '산과 염기' 실험이었는데, 함께 봉사활동에 나간 동료들이 그 실험은 아이들이 이해하기엔 너무 어려운 수업이라고 했다. 물론 실험의 본질을 알기는 어렵다. 그러나 유아에게 산과 염기의 두 액체는 눈으로 보기에는 같지만 실제로는 다르다는 것을 보여 주고 싶었다. 그리고 재미있는 과학을 보여 주고 싶었다. 모두들 많은 문제행동을 예상했으나 상황은 달랐다. 수업이 이루어지는 30분 동안 아이들은 자리에서 꼼짝도 하지 않고 수업에 집중했다. 시험지에 비눗물이 닿는 순간 짙은 초록색으로 변하고, 식초가 닿는 순간 새빨갛게 변했다. 아이들이 손가락으로 "어! 어! 변했어요." 하며 시험지를 가리켰다. 그리고 다음에 시험지가 어떻게 변할지 주의를 기울였다. (중략) 과학은 재밌다. 흥미롭게 접근하면 유아도 과학을 재미있게 할 수 있다.

사과가 나무에서 떨어지는 것을 뉴턴만 궁금해했을까? 나도 어렸을 적에 궁금해했었다. 그렇다면 우리 모두는 만유인력의 법칙인 것을 외울 필요가 없다. 다만 사과를 손에서 떼었을 때 땅과 만나는 사과가 마냥 신기하기만 하다. 그래서 오늘도 그 이유가 궁금해 책을 찾아보고, 인터넷을 검색해 본다. 난 과학이 좋다.

⚛ 〈표 2-2〉 예비교사의 과학적 소양 증진을 위한 과학자서전 예시

예비교사의 과학자서전				
작성자:		작성일자:	년　월　일	

2) 과학저널 쓰기

　과학저널 쓰기란 과학활동과 쓰기가 연계된 것으로 형식적이거나 업무적인 글쓰기가 아닌 표현적 글쓰기, 즉 과학활동을 돌아보며 자신의 생각과 느낌 및 경험 등을 그림이나 글로 자유롭게 표현해 보는 것을 뜻한다. 유아교사의 과학저널 쓰기는 교사 자신의 과학에 대한 개념을 확장하고, 과학적 과정기술을 진술함으로써 탐구능력을 신장하며, 과학적 태도를 증진하는 데 도움이 된다.

　과학저널 쓰기는 현상에 대해 자신이 관찰하고 발견한 사실이나 이해한 것을 표현하고 타인과 나누는 과정을 통해 과학적 개념이나 지식을 구성할 수 있을 뿐 아니라 과학의 세계를 보다 효과적으로 이해하는 데에도 도움이 된다. 특히 단편적이고 일회적인 과학저널 쓰기가 아닌 장기간의 주기적이고 연속적인 과학저널 쓰기 참여는 물리적 세계에 대한 학습자의 지식과 이해를 확장하는 데 도움이 된다. 또한 과학저널 쓰기는 과학 학습에 대한 참여도 및 자아개념을 고취시키고 과학적 과정기술을 획득하는 데에도 도움이 된다. 예를 들어, 동식물을 기르면서 기록하는 일지는 과학저널 쓰기의 대표적인 사례라고 할 수 있다.

　예비 및 현직 교사를 대상으로 하는 과학저널 쓰기에 관한 연구를 살펴보면 박은주(2011)는 예비유아교사의 과학저널 쓰기를 통해 다음과 같은 효과가 있음을 밝혀냈다. 첫째, 예비유아교사는 과학저널 쓰기를 통해 과학 및 과학교수 지식을 갖게 되었고, 자신의 탐구경험과 유아과학교육을 연계하여 사고할 수 있게 되었다. 둘째, 과학에 대한 태도에 있어 예비교사는 탐구대상뿐 아니라 주변에까지 관심을 확

장하였고, 탐구대상과 친숙한 애정적 관계를 형성하게 되었다. 또한 동식물 기르기에 대한 기쁨과 감사 등 긍정적 정서를 경험하게 되었고, 한 생명의 소중함을 인식하고 돌봄의 태도를 갖게 되었다. 〈표 2-3〉은 예비유아교사의 과학저널 일부를 발췌한 것이다.

〈표 2-3〉 과학저널의 예시

관찰자	신나리
관찰기간	20**년 ○월 ○일~20**년 ○월 ○일
날짜	저널 내용
20**년 ○월 ○일	 털이 없는 애완동물을 구한다고 페이스북에 올린 지 3일째 되던 날 친구에게 달팽이를 키워 볼 생각이 있냐며 연락이 왔다. 그렇게 친구와 이야기를 나누고 39마리의 아기달팽이를 받아 왔다. 하지만 그 많은 달팽이를 키울 수 없었기에 주변 지인분에게 나누어 드리고 2마리의 달팽이를 남겨 그 달팽이에게 싱이, 홍삼이라는 이름을 붙여 주었다. 달팽이는 흑와, 백와, 금와로 나누어지는데 흑와는 검은 등껍질에 검은 살, 백와는 검은 등껍질에 흰 살, 금와는 흰 등껍질에 흰 살을 가지고 있는 달팽이를 말한다. 우리 싱이와 홍삼이는 세 가지 종류 중에 흑와라고 했다. 하지만 아직 아기 달팽이였기 때문에 등껍질과 살의 색이 모두 투명한 색으로 보였다. 정말 신기했던 것은 달팽이의 몸이 투명했기 때문에 먹이를 주면 달팽이의 머리(위쪽에 있는 눈 사이)로 먹이가 넘어가는 것이 보인다는 것이었다. 심심할 때마다 멍하니 달팽이를 바라보면서 먹이가 넘어가는 것을 지켜보거나 아주아주 천천히 움직이는 것을 관찰하고는 했다.
20**년 △월 △일	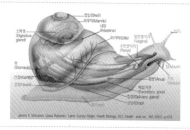 

20**년 △월 △일	달팽이는 발로 걸어 다니는 것은 아니고 배발이라고 하는 밑 부분으로 미끄러지듯이 천천히 움직이는데 이 모습을 보고 있으면 정신없이 바쁘게 돌아가는 세상 속에서 느릿느릿 편안하게 세상을 즐기고 있는 것 같아서 내 마음까지도 편안해지는 것 같았다. 달팽이의 먹이인 오이, 상추, 당근, 애호박, 호박, 양상추, 배추, 과일 등을 충분히 제공해 주고 매일매일 분무기로 물을 뿌려 주었다. 그리고 달팽이의 건강식인 난각가루(계란껍질가루)와 두부를 꾸준히 챙겨 주었으며 달팽이흙(코코피트)을 2주에 한 번씩 갈아 주었더니, 3개월 정도 후 손가락 한 마디 정도로 자라나서 작을 때보다는 빠르게 움직였다.
20**년 □월 □일	 4개월째부터는 달팽이들이 성장에 탄력을 받았는지 무럭무럭 자라나 현재는 손바닥보다 크고 테이크아웃 투명 컵에 담았을 때 가득 찰 만한 크기의 모습이 되었다. 달팽이가 빠르게 커지는 것도 신기하였지만 또 한 가지 신기한 점이 있었다. 그것은 달팽이의 똥이었는데 우리가 익히 알고 있듯이 초록색 음식을 먹이면 초록색 똥을 싸고 주황색 음식을 먹이면 주황색 똥을 싸는 것은 당연히 그랬지만 달팽이가 커짐에 따라 똥의 굵기가 굵어졌다. 처음에는 이쑤시개로 치워 주던 똥이 면봉으로 치워 줄 크기에서 포크로 치워 줄 크기로, 이제는 나무젓가락으로 치우는 상황까지 왔다.
20**년 ×월 ×일	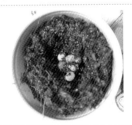 최근 달팽이가 처음으로 알을 낳았는데 아마도 100~200개씩 낳는 유정란이 아닌 무정란이었던 것 같다. 색깔도 흐리고 며칠을 놔두었더니 터져서 사라지고 말았다. 달팽이가 알을 낳고 그 알이 부화할 때까지 달팽이를 건강하게 기르고 싶다.

이
론
편

옷에 묻은 과일물을 깨끗이 지울 수 있는 방법은 무엇일까?

실험자: 이주호

〈I 실험〉

11월 3일

오늘 포도주를 먹다 흰색 셔츠에 흘리고 말았다. 나의 부주의한 실수로 인해 생긴 일이다. 아끼는 셔츠이기 때문에 버릴 수도 없고 그렇다고 과일 성분은 물에 잘 지워지지 않는다고 들었다. 여러 가지 방법을 통해 지울 수 있는 방법은 없을까라는 생각을 했다.

11월 4일 1차

나는 인터넷을 통해 과일물을 빼는 좋은 방법과 재료를 찾았다. 하지만 뭐가 좋은 방법인지 안 좋은 방법인지 알 수 없기 때문에 안 쓰는 흰색 티셔츠를 이용해 헝겊을 만들어 포도주를 묻혀 흰색 셔츠 대용으로 사용했다.

11월 4일 2차

흰색 티셔츠를 가로세로 5cm로 잘라 내서 '포도주'에 적셔 충분하게 묻힌 다음 흰색 셔츠와 같은 상황을 만들었다. 9개를 만들어 각각의 용액을 이용해 포도주가 얼마나 빠지는지에 대한 실험을 해 보았다. 흰색 헝겊(흰색 티셔츠)은 포도주에 약 10분간 담궈 포도주가 충분하게 스며들게 했으며, 모두 동일한 시간 동안 담근 후 꺼냈다. 실험에 준비된 용액은 차가운 물과 뜨거운 물 두 가지 방법으로 만든다.

〈II 실험〉

1차 실험(차가운 물)

용액	반응
사이다	포도색이 변해 붉게 되었다.
우유	별다른 반응이 없다.
식초	식초와 헝겊 모두 붉게 변했다.
소금물	헝겊에 들인 포도물이 더욱 진해졌다.
설탕물	소금과 마찬가지로 포도물이 더욱 진해졌다.
비눗물	색이 진한 청록색으로 변했으며 포도물은 빠지지 않았다.
물	별다른 반응은 없고 포도물이 조금 빠졌다.
석유	원래의 헝겊색과 거의 같은 색으로 아주 조금 빠졌다.
알코올(소주)	열한 가지 용액 중에서 포도물이 가장 잘 빠졌다. 아주 흐린 연보라색이 되었다.

여러 용액 중에서 알코올의 반응이 가장 눈에 띄었다. 헝겊의 포도물도 많이 빠졌다. 아마도 알코올의 증발성이 강하기 때문에 빠진 포도물이 알코올을 따라 증발해 버린 것 같다. 그리고 소금물, 설탕물은 포도물이 더욱 진해졌으며 식초와 사이다는 색이 붉게 변하였다.

2차 실험(뜨거운 물)

용액	반응
사이다	별다른 반응은 없으나 색은 여전히 붉게 변했다.
우유	별다른 반응이 없다.
식초	사이다와 같이 색이 붉게 변했다.
소금물	소금물과 설탕물은 가열을 안 하면 포도물이 더욱 진해지는데 가열을 하면 포도물이 잘 빠진다.
설탕물	소금물과 동일
비눗물	포도물이 아주 잘 빠졌으며 약간 누런색을 띤다.
물	포도물이 조금 빠졌지만 별다른 반응은 없다.
석유	포도물이 더욱 진해졌다.
알코올(소주)	온도를 높이니 (1차 실험)에서보다 포도물이 잘 빠지지 않았다.

온도를 높이면 아무 변화를 안 준 1차 실험에서보다 전체적으로 포도물이 잘 빠졌다. 어머니들이 일상 생활에서 빨래를 삶는 이유도 여기에 있는 것 같다. 특히 알코올은 가열하면 포도물이 잘 안 빠지는 데 비해 설탕물과 소금물은 가열하면 포도물이 잘 빠져 결과가 반대로 나왔다.

〈Ⅲ 결과〉

전체적인 실험 결과

1. 온도는 과일 얼룩물을 지우는 데 도움을 준다.
2. 과일물이 든 옷은 식초나 사이다 또는 다른 과일과 접촉하지 않게 해야 한다. 과일은 산성을 포함하고 있어서 식초나 사이다 같은 산성 물질과 만나면 색이 진해지고 붉게 변해 더욱 보기 흉해졌다.
3. 산성인 과일물을 비눗물과 같은 염기성 물질과 만나게 하면 중화되어 과일물이 잘 빠졌다.

〈Ⅳ 느낀 점〉

그냥 무심코 지나치는 의문점을 이번 실험을 통해 하나씩 하나씩 파헤쳐 보니 배울 것이 너무도 많았다. 직접 실험을 하면서 보충할 점, 이유 등을 찾아내서 기억에도 오래 남는 것 같다. 옷장 깊숙이 있는 얼룩진 옷을 꺼내 지금 당장이라도 실행을 해 보고 싶다. 한 가지 아쉬운 점은 충분한 계획 없이 실험을 시작했기 때문에 시간도 많이 걸리고 준비물이 부족해지는 일까지 생겼다는 것이다. 앞으로 계획을 철저히 세우고 실험을 시작하는 습관을 길러야겠다.

[글상자 2-1] 예비교사가 작성한 실험 보고서

3) 포트폴리오 제작

포트폴리오란 종이 끼우개, 접는 가방, 종이를 나르는 서류 가방을 뜻하며, 특정 목적을 위해 묶어 놓은 결과물을 의미한다. 교육에서도 학습자의 학습활동을 직접 관찰하면서 얻은 자료나 활동의 결과물을 집약적으로 모아 놓은 것을 포트폴리오라고 하며 평가의 수단으로 사용하기도 한다. 과학교육에서도 포트폴리오를 종종 사용하는데 포트폴리오는 학습자로 하여금 자신이 수행하는 학습과정의 축적물인 다양한 성과와 작품을 정리하게 하고 인지적·정서적 성장과정을 보여 준다.

이숙희와 이주리(2000)는 표현생활 포트폴리오 평가는 유아가 그린 그림이나 원고의 초안, 스케치, 잡지, 작품, 음악작품 등뿐 아니라, 부모의 관찰, 교사나 보조교사의 형식적·비형식적 관찰 및 의견 등 유아와 관련된 모든 자료를 수집하여 이루어지는 총체적인 평가방법이며, 이 평가방법은 모든 교육현장에 적용될 수 있다고 하였다. 그러므로 유아를 위한 유능한 과학교사가 되기 위해 유아과학교육에 대한 포트폴리오 제작은 예비유아교사에게도 적용될 수 있다고 본다.

유아에 대한 과학교수방법의 질적 개선을 위해 활용한 포트폴리오가 예비교사의 역할 변화와 태도 형성에 미치는 영향을 연구한 유승연(2000)은 예비유아교사로 하여금 '유아와 활동한 과학교육 프로그램의 이론적 배경에 관한 내용정리'와 4회에 걸친 '유아와 함께 수행한 과학교육활동에 대한 내용, 유아-교사 상호작용, 유아 반응, 과학 결과물'을 포트폴리오로 제작하도록 하였다. 또한 포트폴리오에는 각각의 활동에 대한 반성적 저널을 통해 과학활동 성찰의 기회를 갖도록 하였다. 이러한 포트폴리오 제작은 예비교사로 하여금 연구자로 변하는 모습을 확인할 수 있게 했고, 유아 관찰의 중요성을 깨닫는 기회도 되었다. 뿐만 아니라 예비유아교사 스스로 포트폴리오 제작을 하면서 발생하는 질문에 대해 스스로 탐구해 나가는 모습을 보여 주었다. 이외에도 예비교사 스스로 어려움을 극복해 가는 모습을 보여 주었으며 유아와의 직접적인 활동을 통해 과학교육에 대한 흥미뿐 아니라 과학에 대한 긍정적인 태도를 형성하는 데 도움이 되었다. 결과적으로 유아과학교육에 대한 포트폴리오 제작은 예비유아교사가 긍정적인 과학적 태도와 소양을 기르는 데 효과적임을 밝혀냈다. 이를 예비유아교사의 과학적 소양 증진의 수단으로써 적용해 보면 예비유아교사가 경험한 과학적 활동의 결과물들을 반성적 평가와 함께 체계적으로 정

리하는 과정은 과학적 소양을 갖춘 유능한 유아과학교사 양성을 위해 적합한 방법
이라고 할 수 있다. 예비유아교사가 제작한 식물 기르기와 실험하기가 포함된 포트
폴리오의 예를 일부 소개하면 다음과 같다.

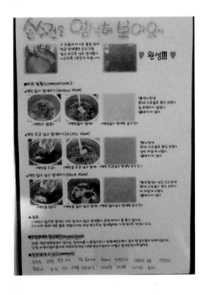
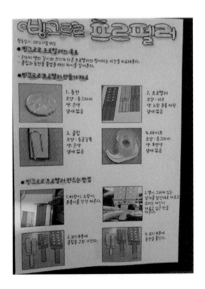
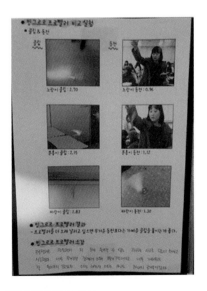

[그림 2-3] 유아과학교육을 위한 포트폴리오 예시

이
론
편

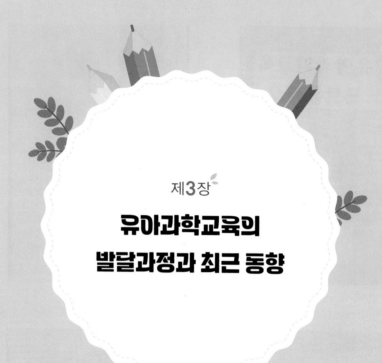

제3장

유아과학교육의
발달과정과 최근 동향

학습목표

1. 유아과학교육의 역사적 배경에 따른 발달과정에 대하여 이해한다.

2. 유아과학교육의 최근 동향에 따른 구성주의 교육의 특성에 대하여 이해하고 설명할 수 있다.

1. 유아과학교육의 역사적 배경

유아과학교육은 20세기에 들어서야 체계적인 관심을 받으며 이론적인 발전을 이루었다. 물론 20세기 이전에도 여러 학자의 이론 속에 과학교육에 관한 내용이 언급되었으나, 보다 체계적인 이론과 교육의 실제는 20세기에 이르러 현재의 모습으로 자리 잡았다. 이에 유아과학교육의 역사와 최근 동향을 Bailey 교수에 의해 주도된 1890년대 자연탐구운동기, 1960년대 새 과학교육운동기, 1980년 이후 개혁 시기로 구분하여 살펴보고자 한다.

1) 자연탐구운동기

20세기로 접어드는 1890년대부터 1940년대까지의 과학교육은 코넬 대학의 Bailey 교수에 의한 자연탐구운동(nature-study movement)으로 활발히 개진되었다. 이 시기 유아를 위한 과학교육은 다양한 식물과 동물을 관찰하고 그에 관한 지식을 얻는 것이 주요 내용을 이루었다. 하지만 이러한 자연관찰학습은 자연 감상에 초점을 두어 유아의 과학적 개념이나 태도 형성을 위한 포괄적이고 체계적인 접근은 아니었으며, 학령기 과학교육 또한 다른 영역에 비해 별다른 관심과 발전을 이루지 못

[그림 3-1] 구소련이 발사한 스푸트니크 인공위성

하고 교과서에 의존한 교육에 국한되었다(황의명, 조형숙, 2009).

2) 1960년대 새 과학교육운동기

1957년 스푸트니크 쇼크 이후 미국에서는 학교 교육과정에 대한 대대적인 개혁의 움직임이 이루어졌는데, 특히 이러한 개혁은 수학과 과학 교육 분야에서 두드러졌다. 그 결과로 이루어진 과학교육의 변화는 전 세계 교육에 영향을 주었으며, 이후 미국이 과학교육의 이론과 실제적 발전에 주도권을 행사하게 되었다.

무엇보다 1960년대 과학교육이 이전에 비해 달라진 것은 과학교육의 방법이었다. 과학 학습이 교과서에 기초하되 방대한 과학지식을 암기하는 데 그치는 것이 아니라, 풍부한 자료를 바탕으로 직접 관찰하고 실험함으로써 새로운 과학적 개념 습득을 돕고자 하였다. 이 시기의 과학교육의 목표는 국력 신장에 기여하는 유능한 과학 엘리트를 양성하는 것이었다. 이 같은 변화는 인지를 강조하는 시대적 조류에 힘입은 Piaget와 Bruner, Gagne의 이론이 기초가 되었다. 그로 인해 취학 전 유아 교육 및 사고와 학습에 대한 연구가 활발해지고, 고도로 구조화된 교육과정개발 요구

〈표 3-1〉 1960년대 새 과학교육운동기 과학프로그램

프로그램	개발	대상	내용	주요 특징
ESS (Elementary Science Study)	1958	K~8	물리과학 생명과학 수학	• Piaget, Bruner, Hawkins, Hunt 이론 기초 • 아동의 흥미 강조 • 최대한의 융통성 강조 • 합리적 사고, 긍정적 과학태도 강조
SCIS (Science Curriculum Improvement Study)	1961	K~6	물리과학, 생명과학	• Piaget의 인지이론 • ESS의 개방성과 SAPA의 위계성 간 균형 • 탐구심, 합리적 사고 강조
SAPA (Science A Process Apporach)	1963	K~8	과학과정 강조	• Gagne 행동주의이론 • 고도로 구조화된 위계형식 • 관찰, 측정, 분류, 추론 등 과학과정능력 강조

이
론
편

에 부응하게 되면서 다수의 과학프로그램 개발이 착수되었다.

이 시기에 '새 과학교육과정'이라는 이름으로 개발된 프로그램은 가히 500여 종이 넘는데 이 가운데 ESS(Elementary Science Study), SCIS(Science Curriculum Improvement Study), SAPA(Science A Process Approach) 프로그램 등이 대표적인 프로그램이다(황의명, 조형숙, 2009). 이러한 프로그램들은 이후 우리나라 유치원 및 초등학교 과학교육과정에도 영향을 미쳤다.

(1) ESS 프로그램

ESS(Elementary Science Study) 프로그램은 전통적 과학교육의 방법을 개선하기 위해서 미국 교육개발센터에서 개발한 프로그램으로 Piaget, Bruner, Hawkins, Hunt 등의 이론에 근거하고 있다. ESS 프로그램은 학습에서 유아의 흥미가 가장 강력한 힘이 된다고 가정하고 유아의 흥미, 호기심, 탐구과정을 강조하는 유아 중심의 지도방법을 택하였다.

ESS 프로그램의 교육목적은 유아에게 주변 세계에 대한 지식과 통찰력을 확대해 나가고 그것을 즐기는 데 있으며, 합리적 사고과정 기르기, 조작하기, 의사소통하기, 개념 알기, 과학에 대한 긍정적 태도 기르기 등 인지적인 면과 정의적인 면, 정신운동적인 측면의 발달을 돕고자 하였다.

ESS 프로그램의 교육내용은 유치원부터 초등 6학년을 대상으로 물리과학, 생명과학, 수학으로 구성되었다. 단원마다 교사가 참고할 수 있는 지침서가 있고, 한 단원이 여러 학년에 걸쳐 반복적으로 다루어지도록 구성되어 있으나, 유아의 흥미 및 호기심에 따라서 유동적으로 사용할 수 있다. ESS 프로그램의 교수전략은 교사의 사전 실험단계, 탐색에 대한 흥미를 유발하는 도입단계, 제시된 자료를 여러 방법으로 탐색하도록 글이나 그림 지침이 제공되는 활동 진행단계, 유아의 경험과 실험에 의한 구체적 개념에서 추상적 개념으로 이동하는 일반화단계 등의 네 단계로 구성되었다.

프로그램을 진행하는 과정에서 교사는 관찰자, 활동의 진행자, 활동의 촉진자 역할을 한다. 평가는 단원별 평가가 아니라 종합적인 관점에서 이루어지는데, 수량화된 객관적 시험 및 행정가나 교사가 고안한 주관적인 평가방법이 실시되도록 제안하였다.

(2) SCIS 프로그램

SCIS(Science Curriculum Improvement Study) 프로그램은 유치원부터 초등학교 3학년까지 아동을 대상으로 Piaget의 인지이론에 기반을 두고 개발되었다. SCIS 프로그램의 목적은 기초적인 과학개념의 이해를 도와 과학적 소양을 증진시키고, 탐구심과 합리적 사고를 길러 주는 것이다. 이를 통해 편협한 지식과 기술 습득보다는 여러 가지 사물에 공통적으로 적용할 수 있는 과학의 원리나 개념을 발견하고 창조할 수 있는 과학적 능력과 인지발달을 돕고자 하였다. SCIS 프로그램은 물리과학과 생명과학의 내용 체계로 구성되었다.

SCIS 프로그램의 교수전략은 탐구-개념-적용의 3단계 학습주기를 강조하였다. 교사는 탐구단계에서 구체적인 탐색 자료를 제시해 주고, 유아의 탐구력 증진을 위한 질문 제공자로서의 역할을 수행한다. 개념단계에서는 활동에 참여한 유아의 과학개념이 구체화되도록 언어적으로 지지하고 설명하는 역할을 한다. 적용단계에서 교사는 유아가 개념단계에서 학습한 것을 일상생활에 적용하는 데 중점을 두어 관련 놀이나 토의를 이끄는 역할을 한다. 각 단계는 개별적으로 혹은 소집단으로 진행할 수 있다.

(3) SAPA 프로그램

SAPA(Science A Process Approach) 프로그램은 과학의 과정에 중점을 두고 있으며, Gagne의 행동주의 이론에 기초하여 개발되었다. 그의 이론에 따르면 유아는 학습을 위해 준비된 구조 안에서 특정개념을 이해할 수 있어서, 과학과 관련된 학습은 유아의 자연적 호기심이나 탐구보다는 과학을 하도록 이끌어 주는 과학적 기술 습득 여부에 따라 달라질 수 있다고 보았다.

SAPA 프로그램의 목적은 유아가 과학적 지식과 과학과정능력을 습득할 수 있도록 도와주는 것으로, 복잡한 과학개념 학습을 위해 과학의 과정을 세심하고 체계적으로 이용할 수 있는 기술을 조기에 발달시키는 것에 있었다. SAPA 프로그램의 내용은 논리적 사고능력을 증진시킬 수 있는 물리과학과 생물과학을 통합한 개념으로 각 수준마다 15개 주제에 105개의 단원으로 구성되어 있다.

SAPA 프로그램의 교수전략은 도입-과학 학습활동-일반화단계로 이루어지고, 과학 관련활동은 교사의 사전 계획 아래 구조화된 내용을 단순한 활동에서 복잡한 활동까지 위계적 순서에 따라 진행한다. 활동 시 교사는 안내자, 질문 제공자, 평가자의 역할을 하며 평가는 직접 관찰을 통해 이루어지고, 각 활동 종료 시 활동 목표의 달성 여부를 알아보기 위한 별도의 평가지를 통해 실시된다.

이러한 ESS, SCIS, SAPA 등의 1960년대 새 과학교육 프로그램은 안타깝게도 과학에 대한 유아의 흥미를 지속시키고 과학적 소양을 길러 주는 데 성공적이지 않았음과, 교실에서 이 프로그램이 활발히 활용되지 못했다는 사실이 속속 보고되었다 (황의명, 조형숙, 2009). 이와 함께 많은 재정과 노력을 기울인 프로그램이 적극적으로 활용되지 못하자 그 원인으로 과학교육을 위한 시설과 자료의 미비, 재정의 부족, 교사의 준비 부족 등의 문제점이 제기되었다. 그중에서도 과학교육을 위한 교사의 능력과 태도가 부족하다는 지적이 가장 두드러졌다. 이러한 결과는 효과적인 과학교육을 위해서 교사 스스로 과학을 즐기고 이해하려는 태도와 능력을 갖추지 못하면 아무리 좋은 프로그램과 자료가 있더라도 무용지물이라는 것을 보여 주었다. 따라서 1960년대 과학교육 프로그램 개발에 많은 재정적·시간적 노력이 든 것에 비해 프로그램 효율성은 매우 제한적이었다는 인식 때문에 이후의 과학교육에 새로운 개혁의 필요성이 제기되었다.

3) 1980년대 이후 과학교육 개혁 시기

(1) Project 2061

1980년대 이후 국가적 차원에서의 과학운동   1960년대 이후 새 과학교육과정이 실패하고, 과학교육에 대한 새로운 접근이 이루어져야 한다는 요구에 의해 1985년부터 대대적인 과학교육 연구 및 개혁 운동이 전개되었다. 이러한 요구에 부응하기 위하여 제시된 Project 2061은 1985년 미국에서 이루어진 국민 대상 과학 계몽 프로젝트 이름이다. Project 2061이라는 명칭은 핼리 혜성[1]이 지구에 근접해 온 1985년

---

1) 핼리 혜성(공식 명칭은 1P/Halley)은 혜성의 주기와 접근 시기를 예측한 Edmund Halley의 이름을 딴 혜성으로, 약 75~76년을 주기로 지구에 접근하는 단주기 혜성이다. 지상에서 맨눈으로 관측 가능한 유일한 단주기 혜성이기도 하다. 핼리 혜성이 마지막으로 관측된 연도는 1986년으로, 다음 접근 시기는 2061년 여름이 될 것으로 예측된다.

[그림 3-2] Project 2061 로고와 핼리 혜성의 모습

출처: http://www.aaas.org, http://ko.wikipedia.org

에 시작되어 또다시 지구에 접근할 것으로 예상되는 2061년까지 모든 미국인이 생활 속의 과학을 이해하고 과학에 관련된 사회적 문제에 대해 올바른 인식과 의사결정을 할 수 있는 능력을 갖추도록 국가가 과학교육에 힘쓰겠다는 의미를 담고 있다.

　　이 프로젝트는 산업과 정보 중심의 과학 문명이 급속한 발전을 이루고 있는 현대 사회에서 과학이 소수 엘리트 집단만의 관심분야로 인식해서는 안 되며, 평범한 일반 국민들도 과학을 이해하고 실생활에 필요한 과학적 소양(scientific literacy)을 길러 주어야 한다는 인식에서 시작되었다. 특히 Project 2061이 제시하는 과학교육의 방향은 실생활 속에서 과학적 문제해결능력을 갖춘 시민 양성을 위하여 어린 시절부터 탐구과정에 참여하여야 진정한 국가 과학의 생활화가 가능함을 강조하였다.

이론편

Project 2061의 강조점

- 유아기부터 바람직한 과학교육의 기회를 제공할 것을 강조
- 과학, 기술, 사회가 서로 영향을 주고받는 관계라는 점 강조
- 효과적인 과학활동은 질문에 기초하여 직접적인 탐구를 통해 궁금증을 해결하는 과정 자체
- 과학이 분리된 교과로 다루어지기보다 통합적인 접근을 통해 운영되어야 함을 강조

(2) S-T-S 접근

1980년대 이후 교육적 차원에서의 과학운동   탐구활동 중심의 다양한 프로그램이 개발되었음에도 불구하고 1980년대 이전까지의 과학교육은 내용이 너무 어렵고 실생활의 문제와 연관성이 없어서 결과적으로 유아가 과학에 흥미를 갖도록 하는 데 한계가 있었다. 더욱이 과학교육의 목적이 '모든 유아를 과학자로 만드는 것인가?'라는 의구심은 이러한 학문 중심적인 과학교육의 맹점을 잘 지적해 주고 있다. 이러한 면에서 1960년대에 개발되어 지금까지 널리 쓰이고 있는 미국의 새로운 교육과정도 비판을 면하기 어렵게 되었다.

이와 같은 과학교육에 대한 비판과 과학 발전이 가져온 사회문제의 심각성에 대한 반성으로 등장한 것이 S-T-S(Science-Technology-Society) 접근이다. 이 접근은 지나치게 학문적이거나 전문적인 지식 습득을 지양하고, 유아의 일상생활이나 사회 문제를 중심으로 과학이 다루어져, 유아의 합리적 판단과 문제해결력을 향상시켜야 한다는 점을 강조하였다.

국가적으로 S-T-S 접근은 영국과 미국에서 동시에 시작되었는데, 영국의 과학철학자 Ziman(1980)이 Science, Technology, Society의 첫 번째 철자를 따서 만든 두문자 용어다. S-T-S는 과학-기술-사회의 관계, 즉 과학과 기술 사이, 과학과 사회 사이, 기술과 사회 사이의 관계와 상호작용을 나타낸다. 우리나라에서도 제6차 교육과정 이후 S-T-S 접근법이 적용되고 있다.

효과적인 S-T-S 접근을 통한 과학교육이란 과학, 기술, 사회 간의 상호작용을 과학 학습과정에서 다루는 것이라고 할 수 있다. 현대사회는 과학과 기술의 급속한 발달로 일상생활 속에서 과학적 지식을 토대로 한 의사결정을 요구하게 되었고, S-T-S 접근은 이러한 시대적 요구를 반영하여 과학교육의 중요한 부분으로 자리하게 되었다.

S-T-S 접근의 의의는 과학이 사회에 미치는 영향에 관해 인식하고 문제를 해결할 수 있는 능력과 실생활에서 과학을 활용할 수 있도록 하기 위해, 유아와 직접 관련된 주변 문제로부터 과학 학습이 이루어지도록 한다는 것이다. 이러한 S-T-S 접근을 통한 과학교육의 목적은 다음과 같다.

첫째, 개인적 필요를 만족시키는 과학교육을 추구한다. 즉, 과학교육은 개인의 삶을 개선하고 날로 복잡한 기술세계에 잘 적응할 수 있도록 과학의 원리를 생활에

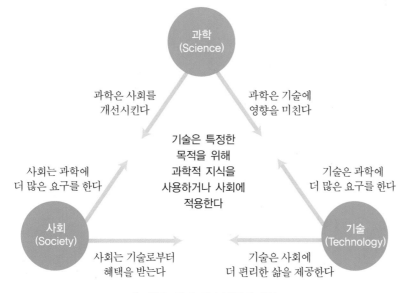

[그림 3-3] S-T-S 접근의 개요

적용할 수 있는 준비를 시켜야 한다.

　둘째, 사회적 문제를 해결할 수 있는 과학교육을 추구한다. 과학교육은 과학과 관계된 사회문제를 책임 있게 처리하는 지성 있는 시민 양성에 힘써야 한다.

　셋째, 미래 직업의 선택을 도와주는 과학교육을 추구한다. 과학교육은 모든 유아에게 과학 내용의 다양한 특성과 범위를 인식시키며, 다양한 소질과 관심을 가진 유아에게 모든 직업이 과학기술과 관계됨을 설명해야 한다.

　넷째, 학문적 준비를 위한 과학교육을 추구한다. 과학교육은 진로교육으로서뿐만 아니라 학문적으로도 유아의 요구에 맞는 과학 지식 습득을 가능케 해 주어야 한다.

[그림 3-4] S-T-S 접근을 통해 개발된 생명의 빨대(LIFE STRAW)

출처: http://eartheasy.com/lifestraw

S-T-S 접근 과학교육의 특성

• 과학. 기술. 사회의 상호 연관성을 다루며 과학과 기술이 개인에게 주는 영향에 초점을 둔다.

• 유아 개개인이 일상적인 문제에 관심을 갖고 문제를 해결해 보려는 태도를 가질 수 있도록 지도함을 강조한다.

• 소수의 과학자나 관련 종사자를 위한 과학교육이 아니라 모든 사람이 과학에 관심을 갖고 자신과 관련된 과학적 문제를 창의적으로 해결하며. 과학 지식을 생활 속에 적용할 수 있는 능력을 중시한다.

• 기존의 과학지식. 과정기술. 태도뿐만 아니라 이러한 과학적 능력을 일상생활에 적용할 수 있는 능력을 중시한다.

---

(3) 물리적 지식활동

1980년대 이후 유아발달적 차원에서의 과학운동   Kamii와 DeVries의 물리적 지식활동(Physical Knowledge Activities)은 Piaget의 이론을 과학활동의 실제에 적용하여 사물과 사건 간의 직접적인 상호작용을 통한 물리적 지식의 형성을 강조하고 있다. 물리적 지식활동의 목표는 사회-정서적 목표와 인지적 목표를 통합하여 유아의 자율성, 협동, 문제해결력, 다양한 생각의 창안에 두고 있으며, Piaget의 지식 유형인 물리적 지식, 논리수학적 지식, 사회(관습)적 지식 중 물리적 세계에 대한 물리적 지식을 확장시키고 이를 통해 논리수학적 지식을 발달시키는 것에 있다. Kamii와 DeVries는 지식의 종류에 따라 교수-학습방법이 달라야 한다고 주장하면서 외부에 존재하는 사물이나 자연현상에 관한 물리적 지식은 유아가 직접 그 사물을 조작하고 다루어 봄으로써 나타나는 반응을 즉각적으로 체험하는 과정을 통해 지식이 구성되며, 학습이 이루어진다고 보았다. 따라서 유아가 직접 자료를 갖고 다양한 방식으로 다루어 보면서 호기심이나 문제점을 해결해 나갈 수 있는 물리과학 개념의 탐구를 중심으로 한 활동을 제시하였다.

[그림 3-5] 사물의 움직임에 관한 물리적 지식활동

〈표 3-2〉 물리적 지식활동의 유형

사물의 움직임에 관한 활동	사물의 변화에 관한 활동	사물의 움직임과 변화 관련 활동
당기기, 밀기, 기울이기, 던지기, 떨어뜨리기, 불기, 빨기, 굴리기, 균형 잡기, 볼링 게임, 경사로에서 공을 굴리는 놀이 등	요리하기, 오븐에 굽기, 끓이기, 볶기, 삶기, 물감 혼합하기, 도자기 굽기, 물에 녹이기 등	물에 뜨는 것과 가라앉는 것, 체로 알갱이 쳐 보기, 그림자 놀이, 자석활동, 확대경으로 관찰하기, 메아리활동 등

출처: Kamii & DeVries (1978/1993).

물리적 지식활동의 내용은 유아의 흥미에 입각하여 유아 스스로 지식을 구성할 수 있는 활동으로 선정하고, 실제적인 물리적 지식활동은 사물의 움직임에 관한 활동, 사물의 변화에 관한 활동, 사물의 움직임과 변화 관련 활동 등으로 구분된다.

물리적 지식활동의 교수전략은 소집단활동을 강조하여 계획하기, 활동으로의 도입 시작하기, 활동 전개하기, 활동 후 토론을 통해 마무리하기 4단계로 진행되며, 평가는 또래 간의 토론하기를 통해 이루어진다. 교사는 물리적 지식활동 중에 놀이의 참여자, 기회제공자, 질문제공자 역할을 한다.

2. 유아과학교육의 최근 동향

유아과학교육의 발전과정에서 구성주의 과학교육 이론을 깊이 있게 살펴보는 이유는 이 이론이 오늘날 바람직한 유아과학교육의 교수–학습방법의 방향을 제시해 주는 이론적 틀로서 유아의 과학교육 연구와 실제를 주도하고 있기 때문이다(황의명, 조형숙, 2009).

구성주의가 간혹 환경주의자와 성숙주의자의 견해를 혼합한 것이라는 오해를 받기 쉽지만, 구성주의는 그 둘의 혼합이 아닌 제3의 입장이다. 구성주의는 유아의 탐색활동이나 사고활동의 의미는 무엇인지, 특히 환경과의 상호작용을 통해 유아는 어떻게 발달하는지에 대해 관심을 갖는다. 유아발달은 그들의 능동적인 활동을 통해 이루어진다고 보며, 주로 환경과 유아의 상호작용에 관심을 갖는다.

유아과학교육에서의 구성주의는 Piaget와 Vygotsky의 이론에 기초를 둔 인지적 구성주의(cognitive constructivism)와 사회적 구성주의(social constructivism)로 구분할 수 있다. 인지적 구성주의는 개인의 인지적 구성과정에 초점을 두는 데 반해, 사회적 구성주의는 학습에 미치는 사회문화적 영향력을 중요시한다는 데 그 차이가 있다.

구성주의 과학활동의 이해

- 유아의 지식 습득은 구성적인 과정에 따라 일어난다.
- 유아 지식수준은 개인에 따라 다르다.
- 유아의 표현은 동적이고 구성적인 과정에 의해 복합적으로 나타난다.
- 유아에 따라 경험의 조직. 기억. 회상방법은 다양하다.
- 유아의 오개념은 사고과정에서 언제나 일어날 수 있다.
- 유아의 오개념의 근원은 매우 다양하다.
- 유아의 과학적 개념은 연속적인 접근에 의해 이루어진다.
- 유아의 사물에 대한 이해는 불완전하며 불충분할 수 있다.

1) 인지적 구성주의 접근

Piaget의 인지발달이론에 기초한 인지적 구성주의는 유아의 과학적 지식 형성과 정과 과학교육에 대한 구체적 시사점을 제공해 준다. Piaget는 지적 구조가 선천적 으로 주어졌거나 혹은 반대로 환경에 의해서 전적으로 형성된다는 주장을 반박하 고 인간의 지식과 지능은 개인과 환경과의 상호작용에 의해 개인 내부에 점차 구성 되어 간다고 보았다. 즉, 유아의 인지발달은 개인의 유전적 요인과 환경적 요인이 서로 상호작용하여 단계적으로 이루어지는 것이라고 주장하였다.

Piaget는 출생에서 시작해 감각운동기, 전조작기, 구체적 조작기, 형식적 조작기 의 4단계를 거쳐 이 순서대로 인지가 발달하며, 각 단계에 도달하기 위해서는 반드 시 그 전의 단계를 거쳐야 한다고 주장한다. 그에 따르면, 인간의 인지발달 1단계 (0~2세)는 감각운동기이며, 2단계(2~7세)는 전조작기로서 전조작적 사고와 자기중 심적 사고의 특징을 보이고, 3단계(7~12세)는 구체적 조작기로서 구체적 조작물이 주어지면 논리적 사고가 가능한 특징을 보인다. 4단계(12세 이후)는 형식적 조작기 로서 완전한 논리적 사고가 가능한 시기를 거쳐 성숙해 나간다.

Piaget의 인지발달이란 지식 구성의 주체인 유아의 인지구조가 변화를 이루어 발 달하는 것과 아울러, 개체 내부에서 지식이 스스로 구성 및 재구성되는 과정을 통해 이루어지는 것이라고 하였다. 그는 인지구조 변화에 따른 발달 이외에 인지발달에

⚛️〈표 3-3〉 Piaget의 인지발달단계

발달단계	주된 특징
감각운동기 (0~2세)	• 지각을 감각적 정보에 의존하는 시기 • 자신의 주변 환경을 인식하는 감각운동 도식을 형성하는 시기 • 도식체계의 형성과 구성을 돕기 위해 안전한 환경에서 다양한 경험의 기회 제공 ☞ 완만한 경사로 오르내리기, 큰 조각 퍼즐 맞추기, 끌고 미는 장난감 가지고 놀기 등
전조작기 (2~7세)	• 초기 단계의 상징적 사고와 언어의 추상성 사용 가능하나 모든 사고와 행동이 자기중심적 · 물활론적 사고 • 가역적 조작과 보존개념(양, 질량, 부피) 미발달 ☞ 발달촉진을 위해 언어를 비롯한 다양한 상징을 사용하고 여러 현상을 직접 경험하도록 도움
구체적 조작기 (7~12세)	• 탈중심화와 보존개념 획득 • 가역적 사고, 일부 분류능력 및 보존 논리 형성 • 가설 설정이 가능하지만 드러나지 않은 변인은 찾기 어려워함 • 발달촉진을 위해 구체적 조작의 경험 제공 ☞ 실제적 재료를 가지고 조작하도록 권장함 ☞ 정신적 조작이 가능하나 구체적 조작을 통해 더 잘 학습함
형식적 조작기 (12세 이후)	• 내적인 추상적 사고가 가능한 발달단계 • 현재와 구체성에 대해 얽매이지 않음 • 언어적 · 가설적 · 과학적 · 상징적 · 논리적 사고발달 ☞ 구체적 예시 없이도 추론하고 사고함

관계되는 요소로 유기체의 '성숙', 환경과의 '물리적 경험' '사회적 상호작용'과 이들 요소를 통합하는 '평형화' 등 네 가지 요소를 제시하였다.

(1) 성숙

Piaget는 신체적 성숙이 유아의 인지발달에 영향을 준다고 보았다. 그러나 신체 발달은 인지발달에 긍정적인 영향을 미치지만 이러한 영향은 간접적일 뿐 신체적 성장이 모든 것을 설명해 주지는 못한다고 보았다.

[그림 3-6] 인지발달과 성숙

(2) 물리적 경험

Piaget는 지식의 유형을 물리적 지식, 논리수학적 지식 그리고 사회적 지식으로 구분하여 개별 지식 유형에 알맞게 가르쳐야 한다고 하였다. 지식의 유형 중 물리적 지식은 물리적 세계에 대한 이해, 즉 물체나 물질의 특성과 속성으로 인하여 나타내는 반응에 대한 이해다. 물리적 지식은 실제 세계에서 얻을 수 있는 것으로, 경험적인 것이며 차후 추상적 사고를 위한 토대가 된다.

물리적 지식은 유아가 사물과 물체의 반응을 관찰할 때 얻게 되는 지식을 말한다. 예를 들어, 유아는 공을 밀거나 던질 때 공이 굴러가거나 튀어 오르는 것을 관찰하며 지식을 구성한다. 물리적 지식은 유기체 외부에 있는 물체에 관한 지식이므로 대상에 대한 물리적 경험, 즉 외적인 관찰에 의해서 습득할 수 있는 지식이다. Piaget는 어떤 대상이나 대상에 대한 행동으로부터 지식을 추출하는 작용을 추상(abstraction)이라고 하고, 관찰이나 환경 내의 대상과의 직접적인 작용, 즉 물리적 경험을 통해 외적 요소로부터 지식과 정보를 추출하는 과정을 경험적 추상(empirical abstraction)이라고 하였다(Kamii & DeVries, 1978). 따라서 유아는 사물에 대한 경험적 추상에 의해 사물을 인식하게 된다.

그런데 유아는 발달 특성상 경험적 추상을 할 때 사물이 가지고 있는 여러 속성

중 특정 측면에만 집중하게 되며, 그 외의 다른 측면은 무시하는 경향이 있다. 예를 들어, 공이 둥글다는 것을 인식할 때 유아는 공의 둥근 속성에만 집중하고 공의 무게나 색깔과 같은 특성에는 관심을 갖지 않거나, 공을 떨어뜨렸을 때 공의 튀는 특성은 관찰하지만 공이 튄다는 사실에만 집중하고 다른 특성은 인지하지 못할 수 있다. 따라서 유아의 '공'에 대한 물리적 지식은 공에 대한 물리적 경험이 다양할수록 보다 정확한 지식을 구성할 수 있다.

한편, 논리수학적 지식은 유목-포함 관계나 보존개념과 같이 행위주체자가 사물과 사물 간의 관계를 인지적으로 조직함으로써 구성된다. 따라서 논리수학적 지식의 근원은 인식하는 주체자에 있다고 할 수 있다. 물리적 지식이 유아의 경험을 통해 습득되는 지식이라면 논리수학적 지식은 사물과 관계되는 유아의 의미부여를 통해 습득되는 것이다. 물리적 지식이 경험적 추상에 의해 구성되는 데 반해 논리수학적 지식은 내성적 추상, 즉 반성적 추상(reflexive abstraction)에 의해 구성된다. 경험적 추상은 사물 그 자체로부터 얻어질 수 있지만, 내성적 추상은 사물 간의 관계를 생기게 하는 주체자의 사고로부터 얻어진다. 즉, 반성적 추상은 유아가 외적 대상을 관찰한 내용을 종합하고 관계 지으며 대상에 대한 행동으로부터 의미를 연역하고 대상을 재구성함으로써 외적 경험내용을 초월하는 이론적 법칙을 형성하는 기제로 활용된다. 따라서 논리수학적 지식은 유아의 행동을 통해 추출된 내용에 의하여 끊임없이 수정, 변용, 보완될 수 있다.

[그림 3-7] 인지발달과 물리적 경험

물리적 지식과 논리수학적 지식의 근원은 다르지만 두 지식은 별개의 것으로 분리될 수 없다. 두 지식은 상호 연결되어 있기 때문이다. 물리적 경험 없이는 물리적 지식이 구성될 수 없으며, 사물과 사물을 관계 짓지 않고는 논리수학적 경험을 구성할 수 없다. 그리고 유아가 구성하는 물리적 경험이 누적될수록 논리수학적 구조를 보다 잘 구성하도록 도와주며, 논리수학적 구조가 잘 구성될수록 유아는 보다 정확하고 풍부한 사실을 인식하게 된다(Kamii & DeVries, 1978).

(3) 사회적 상호작용

Piaget는 언어를 통한 사회적 상호작용도 인지발달의 기제로 보았다. 교사나 또래와의 사회적 상호작용은 사회적 지식의 근원이 된다는 것이다. 그러나 사회적 지식의 습득은 유아가 사회적 경험 내용을 자신의 인지 구조에 동화하고 통합하는 내적인 지적 활동이 있어야만 인지발달이 촉진될 수 있어서 Piaget는 사회적 상호작용을 개인의 인지적 작용만큼 강조하지는 않았다(김경미, 김현주, 송영숙, 2013).

(4) 평형화

Piaget는 인지구조가 감각운동기에서 전조작기와 구체적 조작기, 형식적 조작기로 단계적으로 이행하며, 이러한 이행과정은 평형화 기제를 통해 이루어지며 인지적 평형화과정이 인지발달의 핵심이라고 보았다.

그의 인지발달이론에 따른 평형화는 저차원 평형 수준에서 일어나는 갈등이 자기 나름의 해결을 통해 고차원의 평형을 이루는 과정을 거쳐서 일어난다고 보았다. 평형화란 유아가 환경과 상호작용하면서 이전 지식과 현재의 지식 사이에서 일어나는 인지적 차이로 인한 갈등을 느끼고 이를 해결하는 과정에서 이전과 다른 지식을 새롭게 수정해 가는 정신적 처리과정을 말한다(Driver, 1983). 종종 유아들은 새로운 상황이나 현상을 경험하면서 갈등을 느끼거나 인지적 딜레마를 경험할 때 무의식적으로 정신적 평형을 유지하기 위해 노력한다. 이때 활용되는 정신적 평형화의 기제는 각 유아가 인지적 딜레마에 관한 정보를 보충하게 될 때 안정화를 이룬다(Martin, Sexton, & Gerlovich, 2005). 즉, 평형화를 이루기 위한 유아의 새로운 시도는 기능적 평형화를 이룰 때 더욱 상위의 정신적 구조를 형성하게 된다. 유아는 자신이 기존에 갖고 있던 인지구조에 기초하여 새로운 과제를 해결하려다가 실패하게

이
론
편

[그림 3-8] 시소놀이를 통해 무게에 관한 개념 변화 경험

되면 자신의 기존 구조와 불일치가 일어나고, 그로 인해 유아는 인지갈등을 경험하는 것이다. 이때 유아는 자신의 인지갈등 해결을 위해 이전보다 높은 수준의 문제해결 방안을 모색하여 평형 상태를 유지하려 하므로 나중 수준은 이전보다는 높은 수준에서 평형화를 이루게 된다. 이러한 평형화는 마치 기계의 균형을 맞추는 것 같은 고정적인 과정이기보다는 각각의 문제상황에서 자기 나름의 해결방안을 찾아 균형을 이룰 때까지 새로운 방법을 찾아 가는 역동적인 과정이라고 할 수 있다.

2) Vygotsky 이론에 기초한 사회적 구성주의 접근

Vygotsky 이론에 기초한 사회문화적 구성주의는 한 문화의 가치, 신념, 관습 등의 문화가 어떻게 여러 세대를 거쳐 전달되는지에 주요 관심이 있으며, 인간만이 가지고 있는 고등정신 기능의 발달은 사회문화적 요인에 의해 결정된다고 본다. 이들에 의하면 개인의 정신은 다른 사람들의 정신과 분리되지 않고 결합되는 상황 속에서 사회문화적 지식은 사회 구성원 간에 공유되며, 개인의 인지 발달은 사회문화적 상황을 통해 공유된 지식을 내면화함으로써 이루어진다고 보았다. 즉, 고등정신 기능의 발달은 유아가 다른 사람들과 사회문화적 상황에서 상호작용하는 과정과 나중에 개인적으로 내면화하는 과정이라는 두 가지 측면에서 이루어진다(김경미 외, 2012). 특히 Vygotsky의 인지발달은 사회문화적 맥락과 자기중심적 언어와 근접발달 지대, 비계설정 등을 강조하였다.

(1) 사회학습과 언어의 역할

Vygotsky는 개인의 발달을 환경과 분리하지 않고 개인의 사회적 사회화과정과 심리 내적인 정신과정 간의 관계에서 설명하고자 하였다. 즉, 유아의 발달은 사회문화적 상황에서 공동으로 문제를 해결하는 과정을 통해 이루어지는데, 이 과정에서 상호 간 의사소통을 위해 사용되는 언어의 역할을 강조하였다. 따라서 인간발달과 학습은 사회적 관계 안에서 언어라는 매개체를 통해 이루어지므로 사회문화적 맥락과 언어는 개인의 지식 형성에 절대적 영향을 미친다.

또한 사회적 관계 속에서 습득된 유아의 언어는 종종 혼잣말의 형태로 나타나는데, 유아가 어려운 과제에 부딪혔을 때 이를 해결하는 과정에서 관찰할 수 있다. 이때의 혼잣말은 타인과 의사교환하기 위한 사회적 언어이기보다는 문제를 해결하기 위해 자기를 내적으로 조절하고자 하는 의도에서 나타나는 언어라고 볼 수 있다. 관련 연구에 따르면 자기중심적 언어를 많이 사용하는 유아가 그렇지 않은 유아보다 복잡한 과제를 더 효과적으로 해결하며, 다른 사람과 대화하면서 정보를 공유하거나 자신과의 대화방식인 혼잣말을 통해 문제를 해결하는 과정에서 매개 도구로 언어를 사용한다고 하였다. 따라서 과제수행과정에서 유아에게 관찰되는 혼잣말 같은 자기중심적 언어는 실제적 발달수준의 변화를 가늠하는 중요한 단서가 될 수 있다.

(2) 근접발달지대

Vygotsky의 근접발달지대(Zone of Proximal Development: ZPD)에 대한 개념은 유아의 지식이 사회적 참여를 통하여 가장 잘 구성됨을 보여 주는 그의 핵심 원리다.

근접발달지대란 독립적으로 문제를 해결할 수 있는 '실제적 발달 수준(level of actual development)'과 교사의 도움 혹은 유능한 또래와의 상호작용을 통해 해결할 수 있는 '잠재적 발달 수준(level of potential development)' 간의 거리를 의미한다. 따라서 유아의 발달이란 현재 수준의 실제적 발달 수준에 국한되기보다 조금 더 발달 수준이 높은 교사나 또래가 적절한 도움을 줄 경우 그 도움을 받아 도달하는 인지적 수준까지에 이르는 보다 넓은 범위를 의미하는 개념이다. 유아가 근접발달지대에서 자연탐구와 연관된 지식구성이 적절히 이루어지기 위해서는 학습자가 근접발달지대 안에 흥미를 갖고 머무르도록 따뜻한 상호작용이 요구된다.

(3) 비계

ZPD 범위 안에서 사용되는 비계(scaffolding)설정은 유아의 요구에 맞게 성인의 도움을 민감하게 조절함으로써 유아의 학습을 극대화하는 지원 체계를 말한다. 즉, ZPD 내에서 유아가 과제를 해결하도록 돕는 교사의 조력을 조절하는 과정을 뜻하며, 초기에는 교사가 더 많이 담당하던 수행에 대한 책임이 점차 유아에게로 전이되어 최종에는 스스로 과제를 해결하게 된다.

교사는 효과적인 비계설정을 통해 유아가 흥미 있어 하는 문제해결에 적극적으로

[그림 3-9] 근접발달지대와 비계설정

참여하도록 이끌어야 하며, 이 과정에서 상호주관성(intersubjectivity) 형성은 비계해체의 중요한 단서가 된다. 상호주관성이란 어떤 과제를 시작할 때는 서로 다르게 이해하고 있던 두 사람이 점차 공유된 이해 수준에 도달했을 때 나타나는 개념이다.

3) STEAM

STEAM이란 Science, Technology, Engineering, Art 그리고 Math의 두문문자로 과학, 기술, 공학, 미술 및 수학이 유아 놀이 속에 자연스럽게 발현되도록 도와 또래나 교사와 대화하며 탐구적 사고를 증진하기 위한 유아과학교육 접근방법이다. STEAM 접근법이 추구하는 과학활동은 과학, 기술, 공학, 미술, 수학 영역이 단절되기보다 하나의 활동 속에서 자연스럽게 통합되는 것을 추구하여 유아들이 과학적 질문에 대해 보다 폭넓고 깊게 경험하고 사고하도록 장려하는 통합학습방식이다.

STEAM을 통한 탐구활동은 과학, 기술, 공학, 미술, 수학이 두 가지 혹은 세 가지씩 혼합되어 다루어지지만 인위적으로 다섯 가지 STEAM 모두를 통합적으로 제시하는 것은 바람직하지 않다. 모든 과학활동은 과학내용요소만을 분리된 지식으로 갖기보다 각각의 STEAM적 요소가 유아들의 놀이수준에 따라서 혼합된 내용으로

[그림 3-10] 유아들의 STEAM 활동의 예

출처: awrenceartscenter.org

접근하는 것이 바람직하다. 유아들은 자신들이 궁금한 점을 해결하기 위해 새로운 것을 탐험하고, 놀고, 시도하면서 자연스럽게 STEAM식의 접근이 발현될 수 있다.

이를 위해 무엇보다 교사들의 STEAM에 대한 이해가 선행되어야 하는데, 이는 유아를 위한 과학교육 최신동향에 발맞춘다는 측면에서 중요하다. 교사들은 하나의 탐구놀이 속에서 여러 분야가 자연스럽게 동시에 통합될 수 있도록 질문, 탐색, 탐구, 발견 및 반복할 수 있는 학습 경험이 이루어지도록 지원할 수 있어야 한다.

앞에 제시된 [그림 3-10]은 유아들이 경사로 활동을 통해 과학, 수학, 공간 관계 경험을 하고, 자신이 설계한 경사로(과학, 기술, 공학, 수학)에 따라서 물체의 구르는 속도(수학)의 차이에 대해 궁금해하고, 함께 놀이하는 유아들과 대화하며 자신이 발견한 점들을 공유하고 탐구하는 과정에서 드러난 새로운 문제들을 해결하기 위해 상호협력하는 것을 보여 준다. 이를 통해 볼 때 유아들의 과학, 기술, 공학, 수학적 경험이 과학탐구활동을 통해서 충분히 경험됨을 알 수 있다. 이 경사로 활동이 확장활동으로서 경사로에 예술적 요소를 포함하는 디자인 혹은 미술 활동으로 확장된다면 STEAM의 미술 영역에 통합될 수 있다.

제4장

유아과학교육의 내용

1. 유아과학교육 내용의 구성요소에 대하여 이해한다.
2. 유아과학교육의 주요 내용인 과학탐구지식, 탐구기술, 탐구태도의 특징에 대하여 설명할 수
   있다.

　　유아과학교육의 내용과 활동은 유아의 발달단계에 적합한 내용을 선정하되, 과학개념의 범주와 활동 특성에 따라 편중됨이 없이 이루어져야 한다. 과학교육의 내용 범주는 물리과학, 생명과학, 화학, 지구과학으로 구분할 수 있으며, 과학교육활동은 탐구능력과 탐구과정에 따라 구분할 수 있다. 이 장에서는 과학교육의 내용을 탐구지식의 개념 특성에 따라 제시하고 총체적인 과학활동을 탐구능력 및 탐구태도로 구분하여 제시하고자 한다.

[그림 4-1] 오감 활용이 가능한 과학활동

1. 유아과학교육의 내용 구성 지침

　　일반적으로 과학교육에서 다룰 수 있는 과학교육의 내용은 과학적 지식과 이해(지식 영역), 과학적 탐구와 발견(과학적 과정), 과학적 상상과 창조(창의성 영역), 과학적 감정과 가치(태도 영역), 과학의 이용과 관련성(응용과 적용 영역) 등의 5개 영역으로 구분하여 다루어질 수 있다.

　　첫째, 과학적 지식과 이해에 관한 지식 영역에서는 과학적 사실, 개념, 법칙, 기존에 사용된 가설과 이론 등에 관한 내용을 다룰 수 있다.

　　둘째, 탐구와 발견에 관한 과학적 과정에 관한 영역에서는 관찰, 분류, 조직, 측정, 의사소통, 예측, 가설 설정과 검증, 변인통제 등에 관한 내용을 다룰 수 있다.

셋째, 상상과 창조에 관한 과학 창의성 영역에서는 정신적 이미지 시각화, 새로운 방법으로 사물과 생각의 연결, 창의적 문제해결, 가상의 현실화 등에 관한 내용을 다룰 수 있다.

넷째, 감정과 가치에 관한 과학적 태도 영역에서는 주변 현상과 문제, 과학에 대한 인간의 감정과 태도, 가치와 의사결정기술 등에 관한 내용을 다룰 수 있다.

다섯째, 과학의 이용과 연련된 과학적 응용 및 적용 영역에서는 과학의 내용과 실제 생활과의 적용과 활용, 통합 등에 관한 내용을 다룰 수 있다(McCormack & Yager, 1989).

이외에 과학교육에서 다루어질 내용에 대하여 미국의 국가연구위원회에서는 국가과학교육기준(NSES)의 차원에서 인지발달이론, 교사들의 경험, 학교의 조직, 다른 학문 간의 통합을 고려하여 유치원부터 12학년까지의 과학내용으로 과학 개념과 과정의 통합, 탐구과정으로서의 과학, 물리과학, 생명과학, 지구와 우주과학, 과학과 기술, 개인과 사회적 관점에서의 과학, 과학의 역사와 본성 등의 기준을 제시하였다(Martin et al., 2005). 또한 과학교육내용 선정 시 고려해야 할 준거로서 과학교육내용은 내용 영역에 따라 학습자의 발달과 학습능력에 적합하게 제시해야 하며, 다른 교과목의 기준과 조화를 이루도록 계획해야 한다고 명시하고 있다. 특히 결정적 발달 시기에 이루어지는 유아를 위한 과학교육 내용을 선정할 때에는 다음과 같은 내용을 고려하여야 한다(National Research Council, 1996).

- 유아를 위한 과학교육의 내용에는 생명과학, 물리과학, 화학, 지구 및 우주 과학 등이 연령 및 발달 수준에 맞게 포함되어야 한다.
- 유아의 일상생활과 관련되어야 한다.
- 대상에 따라 사물의 변화와 움직임을 분명하게 관찰할 수 있어야 한다.
- 탐구과정을 경험하면서 과학적 과정기술을 발달시킬 수 있어야 한다.
- 각 내용에는 인간 생활과 사회 환경에 어떠한 영향을 끼치는지 그리고 어떻게 활용되고 있는지 인식할 수 있는 내용이 포함되어야 한다.
- 교육과정과 통합적으로 연계되어 의미 있는 학습으로 확장되어야 한다.

이
론
편

2. 유아과학교육과 탐구지식

우리나라 유아과학교육 내용은 2012년부터 시행되고 있는 누리과정 자연탐구 영역의 과학적 탐구 관련 내용으로 제시되고 있으며, 세부적인 자연탐구 내용은 생명과학, 물리과학, 화학, 지구 및 우주과학과 연관된 주제로 구분하여 다루어질 수 있다.

1) 유아 탐구지식의 내용요소

유아는 놀이를 하면서 중요한 아이디어를 고안하고 생활과 연결된 과학과정기술을 활용하면서 발달해 나간다. 이러한 과정에서 얻게 되는 지식은 유아가 세상을 탐구해 나가는 힘의 원천을 제공한다. 유아가 놀이나 활동 속에서 얻게 되는 과학적 경험은 낱개의 사실이 개념을 이루고, 개념은 원리를, 원리는 이론을 이루는 기초가 된다. 유아과학교육에서 다룰 수 있는 탐구지식 내용은 생명과학, 물리과학, 화학, 지구 및 우주과학 등으로 구분하여 다룰 수 있으며 각 영역별 활동을 통해 다루어질 수 있는 주요 개념을 살펴보면 다음과 같다.

〈표 4-1〉 과학교육 내용 영역과 과학탐구 주제

내용 영역	주제	관련 주제의 예
생명과학	나	나의 몸, 감각 등
	동물	동물원에서 사는 동물 집에서 기르는 동물 바다생물, 새, 곤충 등
	식물	나무, 꽃 등
	생존하지 못한 생물	공룡
물리과학	힘과 운동	바퀴, 에너지
	기계와 도구	기계, 도구
화학	음식	요리 우리 몸의 건강과 음식 등
	염색	염색

	날씨와 계절	비, 바람, 눈 등
지구 및 우주과학	빛과 그림자	빛, 그림자, 색 등
	지구	자연물질(흙, 모래 등)
	소리	소리, 악기 등
	우주	우주
	환경보존	수질오염, 대기오염, 토양오염 등

(1) 생명과학: 나와 동식물의 생활

① 나

- 나의 몸은 성장하고 변화한다.
- 나의 몸은 여러 부분으로 되어 있다.
- 내 몸의 각 부분은 기능과 역할이 다르다.
- 나의 몸을 건강하게 유지할 수 있는 방법이 있다.
- 건강하게 살아가기 위해서는 일정한 음식이 필요하다.
- 내 몸의 감각기관은 주변을 인식하는 중요한 수단이다.
- 눈으로 여러 가지 사물을 보고 구별할 수 있다.
- 귀로 여러 가지 소리를 듣고 주변 상황을 예측할 수 있다.
- 입으로 숨을 쉬고, 소리를 내고, 맛을 볼 수 있다.
- 촉각을 통해 사물의 특성을 파악할 수 있다.

② 동물

- 동물은 여러 종류가 있고 생김새가 다르다.
- 동물마다 살아가는 방법이 다르다.
- 동물마다 먹이가 다르다.
- 동물은 성장하면서 변화한다.
- 동물과 우리는 공생관계다.
- 동물은 사람에게 이로움과 해로움을 줄 수 있다.

③ 식물

- 식물은 여러 종류로 나뉜다.
- 식물은 뿌리, 줄기, 잎, 꽃, 열매, 씨 등으로 구성되어 있다.
- 식물은 종류에 따라 생김새가 다르다.
- 식물이 자라기 위해서는 물, 햇빛, 흙, 영양분, 온도, 공기 등이 필요하다.
- 식물에 따라서 성장과정이 다르다.
- 식물의 각 부분은 성장에 필요한 역할이 있다.
- 식물은 우리에게 도움을 준다.

④ 생존하지 못한 생물

- 공룡은 오래전에 살았던 동물이다.
- 공룡에는 여러 종류가 있다.
- 공룡은 종류에 따라서 생김새가 다르다.
- 공룡마다 먹이와 살아가는 방식이 다르다.
- 화석을 통해 공룡의 생존과 멸종을 살펴볼 수 있다.

[그림 4-2] 생명과학과 연관된 환경 구성

(2) 물리과학: 사물의 움직임과 에너지

① 자석

- 자석의 형태와 종류에는 여러 가지가 있다.
- 물체에 따라 자석에 붙는 물체와 붙지 않는 물체가 있다.
- 자석의 자력이 종이나 특정 물체를 통과하면 자력이 유지된다.
- 자석의 성질이 다른 물체를 자석으로 만들 수 있다.
- 자석의 자력은 가운데보다 양끝이 더 세다.
- 자석에는 양극이 있다.
- 자석은 같은 극끼리는 밀치고 다른 극끼리는 서로 당기는 특성이 있다.
- 자석은 우리 생활 여러 곳에서 이용된다.

② 힘과 운동

- 추에 힘을 가했을 때 그에 따라 반응하는 운동량은 같다.
- 지렛대는 같은 힘을 가했을 때 균형을 유지하나, 그렇지 않을 때는 무거운 쪽이 내려가고 가벼운 쪽이 올라간다.
- 바퀴 모양에 따라서 물체의 구르는 속도가 다르다.
- 바퀴는 축을 중심으로 회전한다.
- 바퀴는 재질이나 경사의 기울기에 따라 움직이는 속도가 다르다.

[그림 4-3] 힘과 운동 관계에 관한 실험활동

- 바퀴를 이용하여 물건을 쉽게 이동시킬 수 있다.
- 힘과 운동에 의해서 에너지가 만들어진다.
- 위치가 바뀔 때 운동에너지와 힘이 생긴다.
- 사람들은 물, 바람, 햇빛, 지하자원 등을 이용하여 에너지를 얻는다.
- 에너지는 생활을 편리하게 하는 데 활용된다.
- 에너지는 부분적으로 재활용할 수 있다.

③ 기계와 도구
- 일을 할 때 사용하는 연장을 도구라고 한다.
- 기계와 도구의 종류는 쓰임새에 따라 다양하다.
- 에너지를 이용하여 움직이거나 일을 하는 장치를 기계라고 한다.
- 기계와 도구는 우리 생활에 도움을 준다.
- 기계와 도구는 사용방법에 따라 안전하게 사용해야 한다.
- 기계와 도구는 쓰임새가 서로 다르다.
- 기계와 도구는 같이 쓰는 것도 있고 따로 쓰는 것도 있다.
- 기계와 도구를 움직이는 에너지에는 전기, 휘발유, 물, 바람, 가스 등이 있다.
- 기계와 도구를 만든 사람이 있다.
- 기계와 도구는 옛날부터 사용되었다.
- 우리도 새로운 기계와 도구를 만들 수 있다.

(3) 화학: 사물의 성질과 물리적, 화학적 변화

① 사물과 사물이 혼합되었을 때의 변화
- 사물과 사물이 혼합되면 새로운 물질이 만들어진다.
- 밀가루와 물이 혼합하면 변화한다.
- 물감과 물감이 혼합되면 여러 가지 색을 만들 수 있다.
- 흙과 물이 혼합되면 변화한다.

② 열이나 다른 물질의 첨가로 인한 변화

- 요리를 하면 재료에 여러 가지 변화가 생긴다.
- 고체에 열을 가하면 물질에 변화가 생긴다.
- 액체에 열을 가하면 물질에 변화가 생긴다.
- 기체에 열을 가하면 물질에 변화가 생긴다.
- 요리를 위해 여러 재료와 기구가 필요하다.

③ 염색

- 우리 주변의 식물, 광물 등을 이용하여 염색에 필요한 색을 얻을 수 있다.
- 염색 방법에 따라 다양한 염색물을 만들 수 있다.
- 사람들은 염색한 물건을 생활에 이용한다.

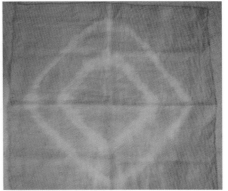

[그림 4-4] 치자 염색활동

(4) 지구 및 우주과학: 지구의 환경과 우주공간

① 날씨와 계절

- 계절에 따라 날씨가 변화한다.
- 계절에는 봄, 여름, 가을, 겨울이 있다.
- 온도 변화와 공기 이동으로 날씨와 계절이 변화한다.
- 날씨와 계절에 따라 주변 환경이 달라진다.

• 날씨와 계절에 따라 동식물의 생활방식이 달라진다.
• 환경오염은 날씨와 계절의 변화에 많은 영향을 미친다.
• 에너지 방향에 따라 공기나 바람의 세기가 달라진다.
• 에너지 방향에 따라 바람의 방향이 달라진다.

② 빛과 그림자

• 빛에는 여러 가지 종류가 있다.
• 빛의 반사현상으로 주변의 색을 볼 수 있다.
• 빛을 가리면 그림자가 생긴다.
• 빛은 여러 가지 용도로 쓰인다.
• 빛은 물체에 따라 전달되기도 하고 전달되지 않기도 한다.
• 시간에 따라 그림자의 길이가 다르다.

[그림 4-5] 유아의 빛과 그림자 탐색활동

③ 자연물

• 자연물에는 흙, 모래, 돌 등 다양한 것이 있다.

• 자연물은 시간에 따라 모양과 형태가 변화한다.

• 자연은 동식물이 살아가는 데 중요한 자원이다.

[그림 4-6] 유아의 자연탐색

[그림 4-7] 예비교사의 자연탐색 후 표현활동

이 론 편

④ 소리

- 모든 소리에는 독특한 특색이 있다.
- 소리의 음색은 크기, 높낮이, 빠르기에 따라 다르다.
- 소리에는 듣기 좋은 소리와 듣기 나쁜 소리가 있다.
- 소리는 우리 생활에 다양하게 이용된다.
- 소리는 진동에 의해 발생한다.
- 소리는 진동의 파장으로 인해 강약, 장단, 고저, 음색 등의 형태로 나타난다.

⑤ 우주

- 우주에는 여러 행성이 있다.
- 우주공간은 지구와 다른 특징이 있다.
- 낮에는 해가 보이고, 밤에는 달과 별이 보인다.
- 달의 모습은 매일 변한다.
- 우주를 탐험하기 위해 노력하는 사람들이 있다.

⑥ 환경보존

- 자연은 생물이 살아가기 위해 매우 중요한 환경이다.
- 오염된 환경은 생물에게 나쁜 영향을 준다.
- 자연의 대부분은 재활용될 수 있다.
- 지구의 자원은 제한되어 있다.

3. 유아과학교육과 탐구능력

과학교육이란 학습자로 하여금 과학 하는 과정에서 탐구능력을 적용할 수 있는 기회를 제공하는 것이다. 과학하는 과정은 탐구적이고 조작적인 활동을 통해 이루어지며 과학을 학습하는 데 핵심적이다. 유아교사가 과학교육을 위해 과학적 과정에서 필요한 탐구능력을 적용하려면 먼저 각 과정에 숙달되어야 한다(Martin, 1997).

과학탐구능력은 이미 과학 영역뿐만 아니라 다른 학문 분야에도 과정기술

(process skill)로 적용되어 우리 일상생활 속에서 활용되어 왔다. 이에 교사는 생활 속의 과학탐구 과정기술을 재조명함으로써 유아가 자신의 문제해결에 과학탐구 과정기술을 어떻게 사용할 수 있도록 할 것인지에 대하여 검토해야 할 것이다.

1) 관찰하기

관찰은 주의를 집중하여 대상을 세밀하게 살펴보는 행동을 의미한다. 주의집중이란 사물이나 물리적 특성을 관찰할 때 몰두하는 것으로, 주의 깊게 사물을 관찰하는 것은 과학탐구에 있어서 매우 중요하다. 유아들은 관찰을 통해 단순한 지각적 자료를 수집·정리하거나 사물의 여러 측면을 세밀하게 보기도 한다. 관련 연구자에 따르면 과학적인 관찰은 다음과 같은 세 가지 특징을 갖는다(조희형, 박승재, 1994).

첫째, 과학적 관찰은 능동적인 활동이다. 왜냐하면 관찰자는 보이는 대로 관찰하는 것이 아니라 어떤 의도와 기대감을 갖고 관찰하기 때문이다.

둘째, 과학적 관찰은 범주화하고 분류하는 활동의 기초를 이룬다. 깊이 있는 관찰은 관찰자로 하여금 이미 구성되어 있는 지식체계와 분류체계에 따라 관찰한 결과를 구분하고 조직할 수 있도록 돕는다.

셋째, 과학적 관찰은 일련의 추론과정을 동반한다. 충분한 관찰은 관찰자가 선행지식에 따라 관찰의 결과를 해석하고 의미를 부여하며 그것을 언어로 표현할 수 있도록 도울 수 있다.

과학적 관찰은 과학적 개념이 생성되는 첫 단계로서 모든 과학 지식을 구성하는 가장 확실하고 유용한 방법이라고 할 수 있다. 특히 유아가 보고, 듣고, 냄새 맡고, 맛보고, 만져 보는 등 모든 감각을 사용하여 관찰하는 과정에서 이전보다 더 많은 정보를 습득하게 된다. 따라서 관찰은 과학적 탐구에 있어서 기본적이며 또 필수적인 요건이다.

관찰하는 과정에서 교사는 유아에게 사물의 특성과 물체의 변화를 확인할 수 있는 질문을 하며, 관찰이 탐구로 이어지도록 격려할 수 있다. 만약 관찰 시 유아에게 확대경, 현미경, 온도계, 전기계량기, 저울과 컴퓨터 등과 같은 도구가 제공된다면 보다 정밀한 관찰을 도울 수 있다.

이론편

[그림 4-8] 관찰하기

일상생활 속 관찰감각지수

만약 낯선 공연장에 갔다면······

- 감상을 위해 모든 감각을 활용할 수 있는가?
- 시각으로 빛이나 그의 특별한 현상을 인식할 수 있는가?
- 후각으로 공간과 사람들에게서 느껴지는 독특한 냄새를 느낄 수 있는가?
- 감각으로 공연에 사용되는 악기(기타. 드럼 등)의 진동을 느낄 수 있는가?
- 청각으로 악기소리와 음성을 구분해서 들을 수 있는가?
- 신체 감각을 활용하여 리듬을 타면서 음악을 감상할 수 있는가?

2) 분류하기

　분류란 물체나 사물 및 현상을 특정 계통 혹은 계열에 따라 쉽게 이해할 수 있도록 돕는 수단으로서, 사물의 유사점이나 상호 관계를 연결하도록 돕는 과학활동이다. 영아를 대상으로 한 발달 초기의 분류활동은 사물의 특별한 의미를 전달하고 물체의 두드러진 특징을 가려내기 위해 주로 활용되었다. 이는 유아에게도 유사성으로 물체를 구분하여 그 특성을 쉽게 이해할 수 있도록 돕는다. 따라서 유아과학교육에서의 분류란 관찰을 통해 수집한 자료와 정보를 특성과 속성에 따라 연관 지어 유사성을 기초로 장소 · 사물 · 개념 · 사건을 유목화하는 것이다(이경우, 이정환,

[그림 4-9] 분류하기

1999). 이때 오류 없는 분류를 위해 관찰된 정보를 정밀하게 조직하는 능력이 필요하다. 교사는 유아가 관찰한 특성에 의해 물체를 집단화시키고 특별한 순서에 따라 물체나 사건을 배열할 수 있도록 질문하면서 유아의 분류활동을 도울 수 있다.

3) 의사소통하기

의사소통은 자신의 생각을 다른 사람에게 알리는 모든 방법을 말한다. 유아는 어떤 것을 관찰하거나 분류하였을 때 자신이 발견한 것을 다른 사람에게 알려 주고 싶어 한다. 사실 교사의 입장에서 유아의 이해 정도를 가장 확실하게 확인할 수 있는 유일한 방법은 유아에게 묻고 그에 대한 답변을 듣는 것이다.

과학하는 과정에서 활용되는 의사소통은 언어표현뿐만 아니라 비언어적 표현도 포함된다. 유아는 음성언어로도 자신의 느낌과 생각을 표현하지만, 글과 그림, 동작 또는 얼굴표정으로도 표현하고, 연기, 팬터마임, 노래, 인형극 등으로도 표현할 수 있다(Martin, 2001). 즉, 유아는 과학활동을 통해 발견하고 관찰한 자신의 생각을 표현할 때 다양한 형태의 상징을 사용하는 것이다. 따라서 유아교사는 유아가 과학활동을 통해 수정된 다양한 정보를 언어로 설명하거나, 글로 기록하거나, 찾아낸 자료를 목록, 그래프, 모형 등으로도 의사소통할 수 있도록 도울 수 있다.

이론편

4) 측정하기

측정은 자연현상을 정량적으로 관찰하는 일이다. 수학교육에서는 주로 관찰할 대상과 현상의 길이와 무게 및 시간의 측정을 다루지만, 과학교육에서는 크기 비교, 길이나 크기의 순서 정하기 등과 같은 정량적인 측정보다는 비정량적인 측정을 다룬다(김경미, 2006). 측정하기는 표준화 측정과 비표준화 측정으로 나눌 수 있는데 유아과학교육에서는 비표준화 측정활동을 하면서 표준화 측정의 필요성을 느낄 때 표준화 측정활동을 실시하는 것이 바람직하다. 즉, 과학교육에서의 측정은 관찰대상이나 현상에 대한 양적인 가치를 판단하는 것으로 활용되나, 정량적인 측정보다는 어림으로 추정하는 것에 가깝다.

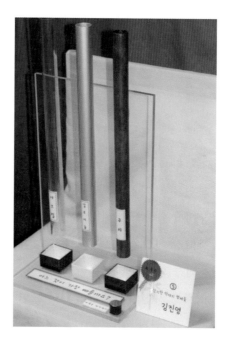

[그림 4-10] 측정하기(아크릴, 알루미늄, 구리관 속 물체 낙하속도 측정 교구)

5) 예측하기

예측이란 이미 알고 있는 지식을 이용하여 앞으로 일어날 일을 예상하는 것으로 유용한 정보에 기초하여 최선의 추측을 하는 것이다. 관찰이 시지각을 통해서 얻는 자극이라면, 예측은 관찰하여 습득한 지식에서 유발되는 사고활동의 결과라고 할 수 있다. 예측은 과거 경험에 의해서 이루어지는 의견이며, 의견의 옳고 그름은 관찰이나 실험을 통하여 평가된다. 그러나 이때 단순히 어떤 일이 일어나게 될지 생각나는 대로 미리 말해 보는 것은 '과학적인 예측'이라고 할 수 없다. 그러므로 유아에게 여러 가지 활동을 우선 해 보게 하고 활동을 통해 얻어진 기억과 경험을 통해서 이후 상황을 예측해 보도록 하는 것이 효과적이다(이경우, 이정환, 1999). 날씨를 예측하거나 물에 뜨는 것을 알아보는 실험을 할 때 활동 전에 예측해 볼 수 있도록 장려할 수 있다. 즉, 교사는 관찰한 사물이나 사건의 특성을 재검토해 볼 수 있는 질문을 하거나, 과학적 상황 속에서 이후 어떤 변화가 일어날 수 있을 것인지 질문을 하여 예측적 사고하기를 자극할 수 있다.

6) 추론하기

예측하기가 아직 일어나지 않은 일에 대한 예상이라면, 추론은 이미 일어난 어떤 현상의 원인과 결과에 대한 하나의 설명으로, 관찰된 과정과 결과에 대해 자기 나름대로 이유를 가지고 결론짓는 것을 말한다. 예측하기는 대부분 '예' '아니요'와 같은 단순한 대답이어서 실험 후 그 결과가 쉽게 판명이 나는 반면, 추론은 그렇게 단순하지가 않다.

대부분의 경우 추론은 고도의 추상적인 사고를 요한다. 해가 동쪽에서 떠서 서쪽으로 지는 현상을 보고 지구가 자전한다고 추론할 수 있다. 그러나 그 추론에 대한 진위는 수백 년의 시간이 걸려서야 판명 날 수 있었다. 그렇기 때문에 추론에 대한 진위 판단은 상당히 어려우며 어떤 경우에는 불가능하기도 하다. 추론 행위가 이와 같이 복잡하고 추상적이라고 해도 과학하는 과정에서 추론의 옳고 그름을 떠나서 자기 나름대로 추리해 보고 그 근거를 제시해 보는 활동은 유아의 사고발달을 위해 매우 바람직하다(김경미, 2013). 예를 들어, 유아와 물건이 물에 뜨고 가라앉는 이유를 알아보는 활동을 할 때 유아는 물에 뜬다고 생각되는 모든 경량(무게가 적게 나가는)의 물건을 관찰하면서 무게가 가벼운 것이 물에 뜨는 이유가 된다고 추론할 수 있게 되면서 사물의 특성과 현상을 이해해 간다.

7) 실험하기

실험하기는 과학에서 다룰 수 있는 모든 과정기술(process skill)—관찰, 분류, 의
사소통, 측정, 예측, 추론—이 통합적으로 다루어지는 것으로 이미 우리는 일상생활
속에서 오랫동안 활용되어 왔다. 우리들은 생활 속에서 자신의 생각을 검증해 보기
위해 사고하고, 계획하며 직접 물리적 조작 등을 해 봄으로써 과학적 개념이나 사
실, 원리를 발견하며 살아간다는 측면에서 실험은 특정한 과학 기구나 도구 없이도
얼마든지 실행 가능한 활동이다. 유아들은 궁금한 것을 알아보기 위해 만져 보거나
두드려 보며 실험하고, 요리하면서 열을 가해 보기도 하고 물리적 힘을 가하는 등의
행동을 보인다. 즉, 실험이란 궁금한 것을 알아보기 위해 탐구과정을 계획하고 조작
하여 결과를 알아보는 것으로서, 유아의 생각을 효과적으로 검증하기 위해 '만약에
∼한다면 어떤 일이 생길까?' '만약 ∼라면 어떤 일이 생길까?' 등의 발문을 적절히
활용하여 실험활동을 도울 수 있다.

팝콘 튀기기   물의 이동 실험하기

[그림 4-11] 실험활동

8) 창안하기

창안하기란 유아의 상상력과 창의력을 이용하여 새로운 것을 만들어 내는 활동
으로 궁금한 것을 알아보기 위해 새로운 아이디어 내기, 문제 해결하기, 만들기 등
의 활동을 통해 사물과 물체의 특성을 이해하며 그에 기초한 새로운 과학적 개념을

재활용품으로 튀어 오르는 공 창안하기　　　　　　　경사로 창안하기

[그림 4-12] 새로운 가설 창안하기

경험하는 활동이다.

4. 과학적 탐구태도

　탐구하는 태도는 사람·사물·주제·사상·사건 등에 대한 정신적 경향으로 탐
구활동을 하는 데 있어서 중요한 원동력이다. 과학적 탐구태도(science attitudes)는
유아의 지적 상태를 구동한다는 측면과 후천적 성향이 강하다는 측면 및 과학과 연
관된 경험의 역동적 결과라는 측면의 세 가지 측면 때문에 중요하다(Martin, 1997).

　과학과 관련된 태도는 명확하게 분리하기 어려우나, 정서적 태도와 지적 태도로
나눌 수 있다. 관찰해 보면, 유아의 태도는 지적이기보다는 정서적인 것처럼 보인
다. 정서적인 태도에는 자연스럽게 탐구를 이끄는 호기심과 인내력, 실패에 대한 긍
정적 접근 혹은 항상 한 가지 방식만을 고수하지 않는 자세, 새로운 경험이나 다른
사람의 관점에 대한 개방성이 수반된다. 특히 Carin과 Sund(1989)는 호기심, 겸손,
의심하기, 개방성, 비독선, 실패에 대한 긍정적 자세, 객관성 등 일곱 가지를 과학적

탐구에 있어서 학습자가 가져야 할 태도라고 규정하고 있으나 이것에 합리성, 판단 유보, 정확성, 정직성, 협동성 등을 덧붙일 수 있다.

- 정서적 태도: 과학에 관한 정서란 유아의 마음에 일어나는 과학에 대한 감정으로, 유아들의 탐구과정은 인지적이기보다는 정서적인 측면이 강하다. 특별히 과학하는 마음을 이끄는 호기심은 실패에 대한 긍정적인 수용이나 인내력으로 이어질 수 있기 때문에 중요하다.
- 지적 태도: 유아의 과학과 연관된 지적 태도는 과학적 과정기술 발달과 함께 이루어지며, 탐구과정에서 유용한 과학적 아이디어를 발견하고 구성함으로써 발달을 이루어간다. 이 과정에서 교사의 학습자료 제공 및 적절한 상호작용은 과학에 대한 유아의 지적 태도 형성에 도움을 준다(우수경 외, 2010).

〈표 4-2〉 유아의 과학에 대한 태도

정서적 태도	지적 태도
• 풍성한 호기심 • 인내력 • 실패에 대한 긍정적 자세 • 개방성 • 다른 사람들과 함께하는 협동성	• 정보의 확실한 출처에 대한 요구 • 증명된 결과에 대해 새로운 관점이나 견해를 보여 주고자 하는 욕구 • 증거가 제한적일 때 일반화의 보류 • 다른 기회, 설명, 관점에 대한 포용력 • 모든 증거 또는 정보가 발견되거나 검증될 때까지 판단을 유보하고자 하는 의지 • 미신을 믿거나 증거 없는 주장을 받아들이는 것에 대한 거부 • 변화를 위한 증거가 주어졌을 때 그들의 마음을 바꾸고자 하는 개방성과 그들 자신의 사고에 대한 의문의 개방성
과학에 대한 긍정적 정서 태도 형성을 위해 교사는 유아가 학습에 대한 자연스러운 호기심과 새로운 경험이 이루어지도록 격려하여야 한다.	과학에 대한 긍정적인 지적 태도 형성을 위해 교사는 유아의 긍정적인 과학경험이 이루어지도록 격려하여야 한다.

[그림 4-13] 자연친화 탐구활동

1) 호기심

과학활동은 주변 세계에 대하여 알고자 하는 호기심에서 출발하며 호기심이 과학적 사실과 만나게 될 때 발견이 이루어진다. 유아 발달에 적합한 환경과 탐구심을 증진하는 학습환경은 유아의 호기심을 북돋아, 끊임없이 탐구자가 될 수 있도록 돕는다. 유아의 호기심은 탐구적인 환경에서는 촉진될 수도 있지만 그렇지 않은 교실에서는 그와 반대일 수 있다. 또한 유아가 제기한 문제나 의문에 대하여 교사는 직접적인 해답을 주기보다는 직접 해결할 수 있도록 상호작용함으로써 유아의 호기심을 자극할 수 있다. 따라서 교사는 유아에게 지속적으로 탐구할 수 있는 활동을 제공해야 하며, 유아 자신이 문제를 제기하고 해결하도록 격려하여야 한다.

2) 정확성

정확성은 사물을 정확하게 보고 판단하거나, 사상이나 사건을 정확하게 표상하는 것을 말한다. 과학에서 정확성이 결여될 때 그로 인해 야기되는 결과는 엄청나게 크므로, 과학하는 과정에서 정확성이 길러질 수 있도록 지도하여야 한다.

3) 객관성

탐구과정은 특정인의 감정에 좌우되어서는 안 되며, 데이터를 수집하고 해석하여 결론을 내리는 과정에서 다른 사람의 비논리적인 판단이나 간섭을 받아서는 안 된다.

4) 협동심

과학적 탐구는 사람에 의해 이루어진다. 즉, 과학은 인간의 일상생활 속 탐구하는 활동인 것이다. 수많은 사람이 창의적인 활동을 통하여 미지의 세계 또는 사물과 현상을 탐구하기 위하여 그들의 재능을 활용하여 성실한 노력을 기울여 왔다. 이 과정에서 협동은 새로운 아이디어를 창출하고, 문제를 해결하며, 사람들이 서로에 대해 효과적으로 배울 수 있게 하는 성향과 태도를 기를 수 있다. 세계적인 선진국은 제조공정에서 협동적인 절차를 채택하고 있다. 협동을 가장 쉽게 배우고 익힐 수 있는 교육기관이 유아교육기관이며 탐구과정에서 협동하는 법을 실천할 수 있다.

5) 실패에 대한 긍정적 수용

오류와 실패는 이전에 없던 새롭고 미지의 것을 탐구할 때 발생하는 자연스러운 결과다. 유아와 교사는 실패를 긍정적으로 수용하고 좌절은 일시적인 것에 불과하다고 여겨야 한다. 즉, 과학을 하는 과정에서 실패란 종착점이 아니라 새로운 출발점인 것이다. 에디슨은 전구를 만들기 위하여 만 번 이상이나 실험에 실패하고도, "나는 결코 실패하지 않았다. 단지 작용하지 않는 1만 가지 방식을 발견한 것뿐이다."라고 말한 것을 볼 때 실패는 또 다른 학습의 기회로 충분히 활용할 수 있다.

제5장

개정 누리과정과
표준보육과정에 기초한
유아과학교육

◀ 학습목표

1. 개정 누리과정과 표준보육과정의 자연탐구 영역의 목표를 안다.
2. 개정 누리과정과 표준보육과정의 과학교육과 관련된 내용범주와 내용을 안다.
3. 개정 누리과정과 표준보육과정의 자연탐구 영역을 이해하고 과학교육의 실행에 적용할 수
   있다.

우리나라의 유치원과 어린이집의 교육과정은 교육과 보육의 공통과정인 누리과정에 기초하여 실행되고 있다. 2012년 정부에서 만 5세의 교육과 보육에 대한 국가의 책임을 강화하여 현행 교육부와 보건복지부의 이중관리체제를 유지하면서 유치원과 어린이집의 교육과 보육 내용을 통합하여 통일된 국가 수준의 유아교육과정을 만들어 두 유형의 기관에 공통으로 적용하였다. 그 후 2013년 3~5세 연령별 누리과정은 2019년 개정되어 2020년부터 '2019 개정 누리과정'이 시행되고 있다.

'2019 개정 누리과정'은 누리과정 성격을 공통의 교육과정으로 명시하고 있으며, 기존 구성 체계를 유지하며 5개 영역의 내용을 간략화하였다. '놀이'를 중심으로 유아들의 배움을 지원하는 유아중심·놀이중심의 누리과정은 유아가 중심이 되고 놀이가 살아나는 교육과정이 실행될 수 있도록 교사의 자율성을 강조한다. 특히, 기존의 3~5세 연령별 누리과정이 해당 연령 유아의 발달 수준을 고려하여 내용범주와 내용이 연령별로 다르게 구성되었다면 '2019 개정 누리과정'에서는 3~5세 유아가 경험해야 할 내용으로 모든 연령의 유아에게 적용할 수 있도록 구성되어 있다. 과학교육은 5개 영역 중 자연탐구 영역에 해당된다.

한편, '2019 개정 누리과정'은 0~2세 보육과정 및 초등학교 교육과정과의 연계성을 고려하여 구성되었는데 0~2세 보육과정은 2020년 4월 '제4차 어린이집 표준보육과정'이 고시되어 시행되고 있다. 과학교육은 '제4차 어린이집 표준보육과정'의 6개 영역 중 자연탐구 영역에 해당되며 0~1세 보육과정과 2세 보육과정의 자연탐구 영역을 함께 살펴보도록 하겠다.

1. '2019 개정 누리과정' 자연탐구 영역

'2019 개정 누리과정'은 '3~5세 유아를 위한 국가 수준의 공통 교육과정'으로 정의하고 있으며, 유아중심과 놀이중심을 강조하고 있다. 나아가 개정 누리과정은 공통성과 다양성, 전인적 발달과 행복, 자율성과 창의성 신장, 유아, 교사, 원장(감), 학부모 및 지역사회가 함께 실현해 가는 것을 추구한다.

특히, '2019 개정 누리과정'은 유아의 자율성과 창의성 신장을 추구하는 교육과정이다. 유아는 스스로 자신이 할 수 있는 일을 하고, 하고 싶은 일을 선택하며, 자신의 선택과 결정에 대해 책임지는 경험을 하면서 자율성을 기른다. 유아는 호기심을 가지고 주변 세계를 탐색하고 탐구하며 재미있는 상상을 해 나가고 자신만의 방식으로 놀이를 변형하고 창조하면서 창의성을 기른다. 교사는 유아가 크고 작은 어려움을 스스로 해결해 가는 모습을 격려하고, 자신의 경험과 생각을 자유롭게 표현할 수 있도록 도와줌으로써 유아의 자율성과 창의성 신장을 지원한다.

이러한 누리과정의 성격을 기반으로 구성된 자연탐구 영역은 탐구하는 과정을 즐기고, 자연과 더불어 살아가는 태도를 기르는 것을 목표로 하고 있으며, '탐구과정 즐기기' '생활 속에서 탐구하기' '자연과 더불어 살기'의 내용범주로 구분된다.

유아는 호기심이 넘치는 과학자다. 궁금한 것에 대해 답을 찾기 위해 적극적으로 탐색하고 탐구하며 이를 즐긴다. 자연탐구 영역은 유아가 물질, 사물, 자연현상, 동식물 등의 특성과 변화를 수학적, 과학적으로 탐구하는 다양한 경험과 관련된 내용이다. 교사는 유아가 호기심을 가지고 주도적으로 탐구하는 과정을 즐기며, 스스로 궁금증을 해결해 가도록 도와야 한다. 또한 유아가 주변의 동식물, 생명, 자연환경에 관심을 가지며 생명을 소중히 여기고 사람과 자연이 더불어 살아가는 방법을 실천하도록 지원해야 한다.

1) '2019 개정 누리과정' 자연탐구 영역의 목표

탐구하는 과정을 즐기고, 자연과 더불어 살아가는 태도를 가진다.

① 일상생활에서 호기심을 가지고 탐구하는 과정을 즐긴다.
② 생활 속의 문제를 수학적 · 과학적으로 탐구한다.
③ 생명과 자연을 존중한다.

'2019 개정 누리과정' 자연탐구 영역은 유아가 일상생활 속에서 자신을 둘러싸고 있는 사물이나 자연환경, 날씨와 같은 자연현상 등에 호기심을 가지고 궁금해하며 능동적으로 그 답을 알아 가는 탐구과정을 즐기며, 생활 속 문제들을 수학적 · 과학적으로 탐구하고, 생명과 자연을 존중하는 태도를 기르는 데 그 목적이 있다.

유아기는 호기심이 매우 왕성하고 끊임없이 자발적으로 질문을 하기도 하지만 자연탐구 영역에서 목표로 하는 탐구하는 과정을 수학적·과학적으로 탐구하기 위한 놀이공간, 놀이자료, 상호작용 등의 체계적인 지원이 요구된다. 이는 단순히 수학적·과학적 지식을 전달한다는 의미가 아니라 유아 자신에게 의미 있는 경험이 되도록 직접 놀이에 참여하며 수학적·과학적 지식을 구성하여 새로운 의문이나 문제를 해결하는 태도와 능력을 기르는 것을 목표로 한다는 의미다. 나아가 지속 가능한 사회를 위해 생명과 자연을 존중한다는 세부 목표를 추가적으로 기술하고 있다. 자연탐구 영역의 목표는 다음의 세 가지로 구체화되어 있다.

첫째, 일상생활에서 호기심을 가지고 탐구하는 과정을 즐긴다. 유아가 일상생활에서 경험하는 주변세계에 대해 느끼는 호기심이나 의문을 자극하고 유지시킬 수 있도록 하여 궁금한 것들을 찾아볼 수 있도록 한다. 호기심이나 의문이 일시적으로 그치지 않고 지속되면 이를 해결해 나가는 과정을 거치며 바람직하고 적극적인 문제해결의 태도를 갖는다. 유아기부터 주변사물과 현상에 대하여 의문을 갖고 그 의문을 풀기 위해 집중하고 그 과정을 즐기며 관찰, 분류, 예측, 측정, 추론 등의 다양한 탐구 기술을 익히고 적절하게 활용하는 능력을 기르도록 한다.

둘째, 생활 속의 문제를 수학적·과학적으로 탐구한다. 유아의 일상생활 중에는 논리적·수학적 사고와 관계를 형성할 기회가 많이 있다. 일상생활 속에서 여러 상황과 문제를 접하게 되고 해결하기 위해 다양한 방법으로 탐색할 때 초기에는 한 가지 특성에만 주의를 기울이다가 여러 사물 간의 관계라든지 공통점, 상이점 등을 포함한 논리적·수학적 규칙을 발견하게 된다. 이러한 과정에서 사고 능력을 길러 생활 속의 여러 상황과 문제를 논리적·수학적으로 해결하는 기초 능력을 갖출 수 있도록 놀이공간, 놀이자료, 상호자원 지원을 하는 것이 자연탐구 영역의 목표 중 하나다.

셋째, 생명과 자연을 존중한다. 유아는 주변의 사물과 자연물을 접하면서 관심을 갖게 되고 더 알고자 하는 호기심이 생긴다. 생명체와 자연환경에 관심을 가지고 알아보는 탐구과정을 통하여 자연세계를 알아 가고 자연과 인간이 더불어 살아가는 것이 중요함을 알도록 하여 생명존중, 자연존중의 태도를 기르는 것이 중요하다.

2) '2019 개정 누리과정' 자연탐구 영역의 과학교육 내용범주 및 내용

내용범주	내용
탐구과정 즐기기	주변 세계와 자연에 대해 지속적으로 호기심을 가진다.
	궁금한 것을 탐구하는 과정에 즐겁게 참여한다.
	탐구과정에서 서로 다른 생각에 관심을 가진다.
생활 속에서 탐구하기	물체의 특성과 변화를 여러 가지 방법으로 탐색한다.
	물체를 세어 수량을 알아본다.
	물체의 위치와 방향, 모양을 알고 구별한다.
	일상에서 길이, 무게 등의 속성을 비교한다.
	주변에서 반복되는 규칙을 찾는다.
	일상에서 모은 자료를 기준에 따라 분류한다.
	도구와 기계에 대해 관심을 가진다.
자연과 더불어 살기	주변의 동식물에 관심을 가진다.
	생명과 자연환경을 소중히 여긴다.
	날씨와 계절의 변화를 생활과 관련짓는다.

이론편

자연탐구 영역에 제시된 과학교육 내용범주는 '탐구과정 즐기기' '생활 속에서 탐구하기' '자연과 더불어 살기'로 구분되어 있다. 유아가 호기심을 가지고 궁금한 것을 적극적으로 탐구하는 것을 즐기며, 생활 속의 문제를 과학적, 수학적으로 탐구해 보면서, 생명과 자연환경을 존중하는 내용으로 구성되어 있다.

각각의 내용범주를 살펴보면, '탐구과정 즐기기'는 유아가 주변 세계와 자연에 대해 지속적으로 호기심을 가지고, 궁금한 것을 탐구하는 과정에 적극적으로 참여하면서 서로 다른 생각에 관심을 갖는 내용이다. 수학적 탐구하기와 과학적 탐구하기를 묶어서 '생활 속에서 탐구하기'로 제시하고 있는데 과학교육과 관련된 내용은 유아가 물체의 특성과 변화를 여러 가지 방법으로 탐색하는 것과 도구와 기계에 관심을 가지고 생활 속의 문제를 다양하게 탐구하는 내용이다. 과학과 공학이 발달한 현대 사회에서 효율적으로 살아가는 데 필요한 도구와 기계를 활용하는 능력을 기르는 것은 중요하다. '자연과 더불어 살기'는 새로이 추가된 내용범주로 지속 가능한 사회를 위해 유아가 주변의 동식물에 관심을 가지고, 생명과 자연환경을 소중히 여기며, 날씨와 계절의 변화를 생활과 관련짓는 내용이다.

내용범주별 내용을 보다 구체적으로 살펴보면 다음과 같다.

(1) 탐구과정 즐기기

① 주변 세계와 자연에 대해 지속적으로 호기심을 가진다

'주변 세계와 자연에 대해 지속적으로 호기심을 가진다'는 유아가 물질, 물체, 동식물, 자연현상 등에 호기심을 가지고, 놀이에서 지속적으로 궁금한 것을 찾아가거나 표현하는 내용이다. 호기심은 새롭고 신기한 것을 좋아하거나 모르는 것을 알고 싶어 하는 마음으로 유아가 탐구하는 태도를 기르는 데 필요한 기초적인 성향으로 유아가 자신과 주변세계에 대하여 호기심을 나타내고 유지하고 확장하는 것은 탐구하는 태도 형성의 중요한 부분이다. 호기심은 연령별로 내용이 같거나 차이를 보이는데 연령 및 발달 수준이 높아지면 호기심을 갖는 부분이 체계적이고 집중적이 되도록 놀이공간, 놀이자료, 상호작용 등을 지원하여 주변사물이나 현상에 대해 구체적으로 궁금한 점과 알고 싶은 것이 정확히 무엇인지를 집중하여 생각하도록 방향을 잡아 주고 격려해 주어 스스로 탐색하고, 조사하고, 관련된 활동을 경험할 수 있도록 한다.

② 궁금한 것을 탐구하는 과정에 즐겁게 참여한다

'궁금한 것을 탐구하는 과정에 즐겁게 참여한다'는 유아가 궁금한 것을 알아보기 위해 관찰, 비교, 분류, 예측, 실험 등의 다양한 탐구과정을 자발적으로 즐기는 내용이다. 유아가 궁금해하는 것이 무엇인지 관찰을 통해 발견하고, 궁금한 것에 대한 답을 찾기 위해 다양한 탐구과정을 안내하고 지원해 줄 수 있도록 한다.

③ 탐구과정에서 서로 다른 생각에 관심을 가진다

'탐구과정에서 서로 다른 생각에 관심을 가진다'는 유아가 탐구하는 과정에서 자신의 생각을 또래나 교사와 함께 공유하고, 서로 다른 생각에 관심을 가지는 내용이다. 유아는 또래와 교사가 함께 탐구하는 과정에 참여하게 되면 발견된 것이나 관찰한 것을 올바르게 인식할 수 있을 뿐 아니라 긍정적인 수용 태도를 갖게 된다. 연령이 증가함에 따라 유아 스스로 탐색, 탐구하도록 지원해 주고 지속할 수 있도록 격려해 주며 토론이나 발표활동을 통해 자신이 발견한 것을 또래와 나누며 다른 생각에 관심을 가질 수 있도록 한다.

(2) 생활 속에서 탐구하기

① 물체의 특성과 변화를 여러 가지 방법으로 탐색한다

'물체의 특성과 변화를 여러 가지 방법으로 탐색한다'는 유아가 주변에서 쉽게 발견할 수 있는 친숙한 물체나 물질의 크기, 모양, 색, 냄새, 소리, 질감과 같은 기본적 특성에 관심을 갖는 내용이다. 나아가 그 물체나 물질을 자르고 섞는 등 다양한 방법으로 변화시켜 보며, 변화되는 특성과 변화되지 않는 특성이 무엇인지 탐색해 보는 내용이다. 유아가 주변의 물체와 물질에 관심을 갖고 오감을 통해 그 특성을 알아보는 것을 다루며, 여러 가지 방법으로 물체를 움직여 보고 물질을 변화시켜 기본적 속성을 적극적으로 알아 가는 내용을 포함하고 있다. 유아가 생활 속에서 사용하는 물체와 물질에 대해 탐색하도록 유아에게 친숙한 여러 가지 물체나 물질을 제공해 주어 특성에 관심을 갖도록 한다. 예를 들어, 크기, 두께 그리고 모양이 다른 다양한 바퀴를 제공하여 탐색하고 움직여 보며 각 요인에 따른 바퀴의 특성에 관심을 갖고 이해하게 된다.

주변에서 흔히 볼 수 있는 물체나 물질, 예를 들어 모래, 점토 등을 다양한 놀이자료를 제공하여 직접 경험하면서 자연스럽게 물체나 물질의 특성을 알아볼 수 있도록 한다. 연령과 경험이 증가하면서 물체와 물질에 열이나 물과 같은 물질을 더하면서 변화되는 과정을 관찰하고 세부적인 특성과 속성을 알아볼 수도 있다.

② 도구와 기계에 대해 관심을 가진다

'도구와 기계에 대해 관심을 가진다'는 유아가 일상생활에서 사용하는 다양한 도구와 기계에 관심을 가지고 직접 사용해 보면서 도구와 기계가 우리의 생활에 어떠한 도움을 주는지에 대해 관심을 가지는 내용이다. 주변에서 쉽게 볼 수 있는 간단한 도구나 기계에 관심을 갖도록 생활에 사용되는 간단한 도구(예: 가위, 지퍼 등)부터 요리 도구나 청소기, 세탁기, 컴퓨터와 같은 기계에 대해 관심을 갖도록 한다. 유아가 간단한 도구와 기계를 직접 사용해 보는 경험을 통해 도구와 기계를 활용하는 능력을 기르게 할 수 있다. 도르래나 낚싯대 같은 간단한 도구나 놀잇감을 여러 가지 방법으로 만들어 사용하는 경험을 통해 도구를 수동적으로 사용하는 것뿐 아니라 도구 개발의 주체가 되는 경험을 할 수 있다. 또한 도구와 기계가 우리 생활에 어떤 도움을 주고 있는지 직접 활용해 보면서 도구와 기계의 편리함에 관심을 갖게 하는 내용을 다룬다(예: 가위를 사용하여 물건을 쉽게 자르기, 엘리베이터를 이용하여 높은 층으로 쉽게 이동하기 등).

또한 유아들은 현대생활에 많은 도움을 주고 있는 컴퓨터나 스마트폰, 로봇 청소기와 같은 새로운 도구와 기계에 많은 관심을 가지고 있으므로 직접 작동과정을 탐색하고 활용해 보면서 편리함을 인식할 수 있으나 도구와 기계를 올바르게 사용하지 못하면 오히려 해가 될 수 있음을 아는 것도 필요하다.

(3) 자연과 더불어 살기

① 주변의 동식물에 관심을 가진다

'주변의 동식물에 관심을 가진다'는 유아가 등 · 하원, 산책, 바깥놀이터, 교실에서 접할 수 있는 동식물을 관찰하거나 직접 길러 보면서, 관심 있는 동식물의 특성에 관심을 가지고 탐구하는 내용이다. 유아가 주변의 동식물에 관심을 가질 때 먹이 주기, 직접 관찰하기 등과 같은 방법을 통해 의미 있는 경험을 할 수 있도록 지원하며, 동식물을 직접 길러 보거나 관찰하면서 동식물의 이름과 생김새, 습성, 사는 곳 등의 특성을 알아 가도록 지원할 수 있다. 동식물을 관찰하고 기르면서 동식물의 특성과 성장하는 과정을 알아 갈 수 있다.

② 생명과 자연환경을 소중히 여긴다

'생명과 자연환경을 소중히 여긴다'는 유아가 동식물뿐만 아니라 동식물이 살아가기에 좋은 환경에 대해 관심을 가지고, 이들을 생명체로서 소중히 여기며 돌보는 내용이다. 유아가 다양한 생명체의 종류가 있음을 알고 모든 생명체는 서로 영향을 주고받는 존재라는 것을 인식하며, 생명을 존중하고 돌보는 마음을 가질 수 있도록 하기 위해서는 유아기부터 생명체에 대한 올바른 인식을 가지고, 단순한 지적 호기심의 충족을 넘어서서 함께 공존하고 존중할 수 있는 마음을 길러 주는 것이 필요하다. 동식물의 관점을 잘 표현해 낸 책을 읽거나 동식물의 입장이 되어 보는 극놀이를 하면서 생명체의 관점을 이해하고 소중히 여기는 마음을 가질 수 있도록 도울 수 있다.

온실가스 배출로 인해 생긴 지구 온난화 문제에 대해 관심을 갖고, 오염된 환경을 깨끗한 녹색환경으로 변화시키기 위한 다양한 방법에 대해 알아보는 내용을 다룸으로써 유아가 환경을 보호하고 지키는 것의 중요성을 인식하도록 한다.

③ 날씨와 계절의 변화를 생활과 관련짓는다

'날씨와 계절의 변화를 생활과 관련짓는다'는 유아가 낮과 밤, 날씨, 계절의 변화를 느끼고, 자연의 변화가 자신의 옷차림, 놀이 등 일상생활에 영향을 준다는 것을 이해하고 적절하게 대처하는 내용이다. 유아가 날씨와 기후 같은 자연현상에 대해 관심을 갖고 탐구과정을 통하여 '변화와 규칙성'이라는 자연의 현상에 대한 이해할 수 있도록 지원한다. 유아가 낮과 밤, 계절이 순환적으로 변화하는 자연현상을 경험하고 일련의 규칙성을 알아보는 내용은 일상생활에서 매일 경험하는 현상이므로 낮과 밤의 하늘이나 주변 환경의 변화를 직접 관찰함으로써 변화의 순서를 확인하고, 변화의 규칙을 찾도록 한다. 유아가 바깥으로 나가서 직접 감각을 통해 다양한 날씨를 경험할 수 있도록 하여 날씨에 관심을 가지도록 하며, 날씨뿐만 아니라 계절에 따라 달라지는 기후와 자연현상에 대해서도 관심을 가지고 탐색할 수 있도록 한다. 계절에 따른 기온의 변화, 일교차가 큰 봄과 가을, 습하고 더우며 비가 많은 여름, 춥고 건조하며 눈이 내리는 겨울과 같이 계절별로 달라지는 기후에 대해 유아가 지속적으로 관심을 가지도록 하며 유아가 날씨와 계절별 기후의 변화를 경험하면서 황사, 가뭄과 홍수, 태풍, 한파, 폭설과 같은 자연현상에 대해 관심을 가지게 되고 지구 온난화에 따른 기후변화와 같은 자연현상에도 관심을 확장할 수 있게 된다.

2. '제4차 어린이집 표준보육과정' 자연탐구 영역

'제4차 어린이집 표준보육과정'은 2019년 개정 누리과정을 시작으로 '제3차 어린이집 표준보육과정'을 일부 수정·보완하여 0~2세에 해당하는 보육과정을 개선하여 2020년 4월 고시되었다. '제4차 어린이집 표준보육과정'은 0~5세 영유아의 연속적 경험과 연령 간 발달적 연계를 위해 누리과정 개정 방향 및 내용을 고려하면서 보육의 정체성 유지, 영아보육의 특성을 반영하였다. 기존의 연령 체계를 유지하여 0~1세 보육과정과 2세 보육과정으로 제시하고 있으며, 연령별 수준의 구분은 통합하였다. 영유아의 기본 권리 및 개별 보장을 중시하여 영유아는 개별적인 특성을 지닌 고유한 존재로 존중받아야 함을 강조하며, 전체적으로 영유아 중심, 놀이중심을 추구한다.

'제4차 어린이집 표준보육과정'의 자연탐구 영역은 연령별로 구분되는데 0~1세는 주변 환경과 자연에 관심을 가지는 것을 목표로 하고 있으며, '탐구과정 즐기기' '생활 속에서 탐구하기' '자연과 더불어 살기'의 내용범주로 구분된다. 2세는 주변 환경과 자연을 탐색하는 과정을 즐기는 것을 목표로 하고 있으며 '탐구과정 즐기기' '생활 속에서 탐구하기' '자연과 더불어 살기'의 내용범주로 구분된다. 내용범주는 누리과정의 자연탐구 영역의 내용범주와 동일하나 연령상 내용의 차이는 있다.

0~1세 영아는 주변 세계와 자연에 관심을 가지고 끊임없이 알고자 하며 자유롭게 탐색하기를 즐긴다. 0~1세 영아는 자신이 궁금해하는 것을 직접 보고 듣고 맛보고 만지면서 감각을 통해 탐색한다. 자연탐구 영역은 0~1세 영아가 주변 환경과 자연에 관심을 갖고 탐색을 즐기고, 일상생활과 놀이 속에서 자연스럽게 수학적, 과학적 상황을 경험하며 주변 환경과 자연에 관심을 가지는 것을 목표로 한다. 이를 위하여 교사는 0~1세 영아가 안전하고 자유롭게 탐색을 즐길 수 있도록 돕고, 영아가 생활 속에서 자연스럽게 주변의 동식물, 생멸, 자연환경에 관심을 가질 수 있도록 지원해야 한다.

2세 영아는 호기심을 가지고 주변 세계에 대해 다양하고 반복적인 탐색하기를 좋아하며 주변 환경과 자연세계에 대해 알고자 한다. 2세 영아는 자신이 궁금해하는 것을 직접 조작해 보고 감각을 통해 확인해보고자 하며, 주변 세계에 대한 감각적 탐색 경험을 통합하여 자기 나름대로 방식으로 재구성하는 시도를 즐긴다. 자연탐구 영역은 2세 영아가 주변 환경과 자연에 호기심을 가지고 다양하게 탐색하기를 즐기고, 놀이와 일상에서 자연스럽게 수학적, 과학적 상황을 경험하며 주변의 동식물과 자연에 관심을 가지도록 하는 것을 목표로 한다. 이를 위하여 교사는 2세 영아가 실내뿐 아니라 실외에서도 안전하고 자유롭게 탐색을 즐길 수 있도록 돕고, 영아가 호기심을 가지고 주도적으로 탐색하는 과정을 생활 속에서 자연스럽게 경험할 수 있도록 지원해야 한다.

1) '제4차 어린이집 표준보육과정' 자연탐구 영역의 목표

0~1세	주변 환경과 자연에 관심을 가진다. ① 일상에서 탐색을 즐긴다. ② 주변 환경을 탐색한다. ③ 생명과 자연에 관심을 가진다.
2세	주변 환경과 자연을 탐색하는 과정을 즐긴다. ① 일상에서 탐색하는 과정을 즐긴다. ② 주변 환경에 관심을 가지고 탐색한다. ③ 생명과 자연에 관심을 가진다.

'제4차 어린이집 표준보육과정' 자연탐구 영역의 목표를 연령별로 설명하면 다음과 같다. 자연탐구 영역의 0~1세 영아의 목표는 영아가 주변 환경과 자연에 관심을 가지는 경험을 하는 것이다. 0~1세 영아가 자신을 둘러싸고 있는 주변 세계와 자연에 호기심을 가지고 일상에서 탐색하기를 즐기며 주변의 동식물과 날씨의 변화에 관심을 가지는 것을 목표로 한다.

자연탐구 영역의 2세 영아의 목표는 영아가 주변 환경과 자연에 관심을 가지고 탐색하는 과정을 즐기는 데 있다. 2세 영아는 자신을 둘러싸고 있는 주변 세계와 자연에 호기심을 가지고 생활 속에서 보다 주도적으로 탐색하기를 즐기면 주변의 동식물에 관심을 가지고 날씨와 계절의 변화에 관심을 가지는 것을 목표로 한다.

2) '제4차 어린이집 표준보육과정' 자연탐구 영역의 과학교육 내용범주 및 내용

연령	내용범주	내용
0~1세	탐구과정 즐기기	주변 세계와 자연에 대해 호기심을 가진다.
		사물과 자연 탐색하기를 즐긴다.
	생활 속에서 탐구하기	친숙한 물체를 감각으로 탐색한다.
		물체의 수량에 관심을 가진다.
		주변 공간과 모양을 탐색한다.
		규칙성을 경험한다.
	자연과 더불어 살기	주변의 동식물에 관심을 가진다.
		날씨의 변화를 감각으로 느낀다.
2세	탐구과정 즐기기	주변 세계와 자연에 대해 호기심을 가진다.
		사물과 자연을 반복하여 탐색하기를 즐긴다.
	생활 속에서 탐구하기	친숙한 물체의 특성과 변화를 감각으로 탐색한다.
		물체의 수량에 관심을 가진다.
		주변 공간과 모양을 탐색한다.
		규칙성에 관심을 가진다.
		주변 사물을 같고 다름에 따라 구분한다.
		생활 도구에 관심을 가진다.
	자연과 더불어 살기	주변의 동식물에 관심을 가진다.
		날씨와 계절의 변화를 감각으로 느낀다.

'제4차 어린이집 표준보육과정' 자연탐구 영역에 제시된 과학교육 관련 내용범주는 누리과정과 동일하게 '탐구과정 즐기기' '생활 속에서 탐구하기' '자연과 더불어 살기'로 구분되어 있으며 0~1세, 2세, 그리고 3~5세 연령별로 연계되어 구성되어 있다.

각각의 내용범주를 살펴보면, 0~1세의 '탐구과정 즐기기'는 영아가 보고 듣고 만지면서 주변 세계와 자연에 호기심을 가지고 탐색을 즐기는 내용이다. 0~1세 영아는 주변의 물체와 물질, 동식물, 자연물, 자연현상 등에 대해 궁금해하고 알고자 하며 작은 변화를 발견하고 즐거워한다. 또한 0~1세 영아는 주변의 물체, 자연물 등을 다양한 방법, 또는 영아 나름의 방법으로 탐색하기를 즐긴다. 그러므로 교사는 일과 중에 영아가 자유롭게 탐색할 수 있는 시간과 다양한 놀이자료를 제공하고, 영아의 탐색을 관찰하고 격려해야 한다. 2세의 '탐구과정 즐기기'는 영아가 주변 세계와 자연에 대해 호기심을 가지고 반복하여 탐색을 즐기는 내용이다. 2세 영아는 자신이 관심 있는 물체와 물질, 동식물, 자연물, 자연현상 등에 대해 보다 주의를 기울이고 궁금해하며 호기심을 가진다. 또한 2세 영아는 자신이 관심 있는 물체와 물질, 자연물을 주도적으로 반복하여 탐색하기를 즐긴다. 그러므로 교사는 영아가 보다 주도적으로 탐색할 수 있는 기회를 주고 상호작용해야 한다.

0~1세의 '생활 속에서 탐구하기'는 영아가 일상생활과 놀이를 하면서 물체의 특성, 수량, 공간과 모양, 규칙성을 자연스럽게 경험하는 내용이다. 0~1세 영아가 주변에서 쉽게 발견할 수 있는 친숙한 물체와 물질, 사물, 자연물을 시각, 청각, 촉각 등의 감각을 이용하여 탐색할 수 있도록 교사는 하루 일과를 여유롭게 운영하고 영아가 탐색하는 순간을 지켜보며 '까칠까칠' '미끌미끌' '아삭아삭' '새콤달콤' 등의 의성어와 의태어를 사용하여 언어적 상호작용을 해야 한다. 2세의 '생활 속에서 탐구하기'는 영아가 놀이와 일상에서 자연스럽게 물체의 특성, 수량, 주변 공간과 모양, 규칙성을 자연스럽게 경험하는 내용이다. 또한 2세 영아가 주변 사물을 같고 다름에 따라 구분하며 자신이 사용하는 생활도구에 관심을 가지는 내용이다. 2세 영아가 주변에서 쉽게 발견할 수 있는 친숙한 물체와 물질의 모양, 색, 냄새, 소리, 질감과 같은 특성을 감각을 이용하여 탐색하고, 물체와 물질을 만지고 누르고 구부리고 섞어 보면서 물체의 변화를 탐색할 수 있는 기회를 제공할 필요가 있다. 2세 영아가 일상생활에서 사용하는 다양한 도구에 관심을 가지고 일상에서 직접 도구를 사용해 볼 수 있도록 한다.

마지막으로 '자연과 더불어 살기'는 0~1세 영아가 주변의 동식물에 관심을 가지고, 날씨의 변화를 감각으로 느끼는 내용이다. 영아가 풀, 꽃, 나무, 곤충, 동물 등 주변의 익숙한 동식물의 모양이나 색, 소리, 움직임, 냄새, 촉감 등에 관심을 가지고, 날씨의 변화를 감각으로 느껴 볼 수 있도록 한다. 0~1세 영아에게 일광욕을 하거나 산책, 바깥놀이를 하면서 바람, 햇빛, 비 등을 감각으로 느낄 수 있도록 한다. 2세의 '자연과 더불어 살기' 내용은 0~1세와 거의 동일하나 계절의 변화를 감각으로 느끼는 내용이 추가되었다. 2세 영아가 주변의 반려동물이나 작은 곤충, 친숙한 동물, 꽃과 나무 등의 모양, 소리, 움직임에 관심을 가지고, 바깥놀이나 산책을 나가서 바람, 눈, 비, 추위, 더위 등 자연현상에 따라 변화하는 날씨와 계절을 감각으로 느낄 수 있는 경험을 제공하도록 한다.

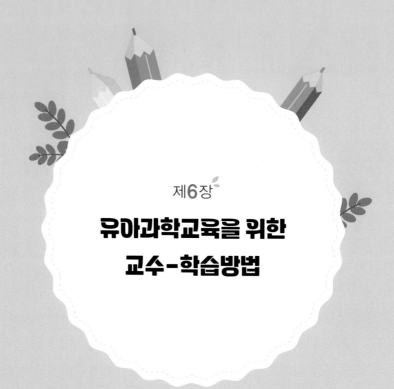

제6장

유아과학교육을 위한
교수-학습방법

1. 유아과학교육을 위한 교수-학습 원리를 안다.

2. 유아과학교육의 다양한 교수-학습방법을 익혀 적절하게 사용할 수 있는 능력을 갖춘다.

3. 유아과학교육의 목적을 달성하는 데 효과적인 교사의 역할을 이해한다.

과학이 현재 우리의 삶과 밀접한 학문으로 자리매김하면서 유아기 과학교육의 중요성은 더욱 부각되고 있다. 유아에게 과학은 새로운 사실과 정보를 알게 해 주고, 자기 주변과 자연 세계에 대한 생각을 조직화하며, 끊임없이 일어나는 호기심의 욕구를 만족시켜 준다. 또한 과학활동을 하면서 발견하고 알아 가는 과정을 통해 인지적 깨달음의 즐거움을 알게 한다. 인간 존재에게 과학은 숨 쉬는 것처럼 자연스러운 것이기 때문에 과학을 하는 것은 유아에게 가치 있고 중요하다. 이에 유아기부터 체계적인 과학교육을 실행하기 위한 방법적인 면에 대해 다양한 연구가 이루어져 왔다. 이러한 연구의 결과로 제안된 과학교육의 교수-학습 원리와 방법은 유아교육 및 보육 현장에서 기관의 교육철학에 맞게 수정해서 적용해야 교육 효과를 최대화할 수 있다.

1. 유아과학교육을 위한 교수-학습 원리

우리나라의 누리과정에 제시된 바와 같이 유아기의 과학교육은 과학 지식과 과정기술뿐 아니라 과학적 태도를 포함하는 과학적 소양을 기르는 것을 강조하고 있다. 이러한 목적을 이루기 위한 유아과학교육은 유아 중심의 교수-학습 원리와 방법에 기초하여 실행되어야 한다. 유아과학교육을 위한 일반적인 교수-학습 원리를 살펴보면 다음과 같다.

1) 유아의 흥미와 발달 수준에 맞춘다

유아는 일상생활에서 경험한 것이나 관련된 활동에 대해 흥미를 느낄 때 의미 있게 참여하게 되므로 유아의 흥미와 경험을 사전에 조사하여 유아의 호기심과 흥미를 자극할 수 있는 환경이나 활동을 준비해야 한다. 하루 일과 활동의 주체가 유아가 되도록 교사는 개입을 최소화하고 환경에 적극적으로 반응할 수 있도록 적절한 발문을 함으로써 활동의 참여를 높일 수 있다.

또한 과학활동의 주제를 다양하게 선정하고 활동이 융통적으로 진행될 수 있도

[그림 6-1] 유아 중심의 과학활동

록 풍부한 환경을 마련한다. 활동의 주제는 유아의 성숙이나 인지발달 정도에 따라 유아 스스로 정할 수도 있고 교사가 제안할 수도 있을 것이다. 스스로 호기심을 보이지 않거나 문제를 명확히 정의하지 못하는 유아에게는 보다 더 적극적으로 개입하여 참여를 촉진시킨다. 예를 들어, 과학활동의 각 과정을 유아가 직접 진행하도록 하지만 다음 단계로의 진행을 어려워하는 경우에는 교사가 적절하게 개입하여 진행을 도와주기도 한다. 연령이 어린 유아를 위한 과학활동은 교사 주도적인 교수법을 적용함으로써 유아의 흥미에 적절한 환경과 자료를 준비하여 활동을 이끌 수 있으나 유아의 직접적이고 의미 있는 참여가 이루어지도록 교수-학습 계획을 잘 세움으로써 가능하면 자발적인 참여가 이루어질 수 있게 개입의 정도를 세심하게 조절하는 것이 필요하다.

2) 과학활동은 유아가 직접 조작 및 경험할 수 있는 활동으로 선정한다

Piaget의 인지이론에 따르면 전조작기의 유아는 구체적이고 직접적인 조작을 통하여 인지를 발달시키는 단계에 있으므로 실물 자료나 구체물 등을 직접 조작하며

[그림 6-2] 조작 가능한 과학교구

활동해 볼 수 있도록 한다. 만약 교사가 시범을 보이거나 설명식 교수법을 사용하더라도 교사가 설명하고 보여 주는 식으로만 진행하지 말고 유아가 직접 만져 보거나 관찰한 것을 이야기하게 하거나 교사의 시범대로 다시 해 보도록 하는 등 가능한 한 여러 감각기관을 활용할 수 있도록 다양한 교수-학습방법을 사용하고 여러 감각기관을 사용하도록 발문하거나 제안하여 유아의 직접적 참여와 조작을 촉진한다.

3) 인지적 갈등을 경험하고 능동적으로 활동에 참여하도록 적절한 환경과 풍부한 자료를 준비한다

유아에게 형성된 기존의 개념이 갈등을 일으킬 수 있는 풍부한 탐구 환경을 제공해 주어, 과학활동을 진행하는 과정을 통해 이전과 다른 새로운 개념이 형성될 수 있도록 도와주어야 한다. 유아가 이미 알고 있었던 것에 대한 의문이 생기고 그 의문을 풀기 위한 활동을 과학하는 과정이라고 볼 때 풍부한 자료는 유아 스스로 과정을 진행시키는 데 유용한 아이디어를 얻도록 돕는다. 예를 들어, 물에 뜨는 물건과 가라앉는 물체에 대한 실험을 할 수 있도록 다양한 재질의 재료를 준비해 주고 유아가 갈등을 겪도록 발문을 통해 과학활동의 시작을 격려할 수 있다. 교사가 고무배와 고무지우개를 보여 주며 "이것들은 무엇으로 만들었을까?" "고무배를 수조 속에 넣어 볼까? 어떻게 됐지?" "고무로 만든 지우개를 수조 속에 넣으면 어떻게 될까?" 등 인지적 갈등이 일어나는 발문을 통하여 인지적 호기심과 내적동기를 유발시켜 적극적으로 실험을 계획하고 진행하도록 할 수 있다.

4) 과학활동의 과정마다 적절한 발문을 하여 사고력을 확장시킨다

교육 목적이 있는 질문을 구분하여 '발문'이라 명명하는데, 과학활동의 진행과정에서 교사가 하는 적절한 발문은 유아가 사고할 수 있게 하는 자극이 되고 창의적으로 탐구하도록 격려해 주는 역할을 한다. 발문은 활동의 종류, 진행 상황이나 정도, 유아의 사고 수준 등에 따라 개방적으로 하거나 선택의 보기를 주어 쉽게 활동 방향을 잡을 수 있도록 하는 등 융통성 있게 적용하여 유아의 사고과정 및 사고발달을 도와줄 수 있다. 발문에 대한 답변은 교사가 직접하기보다 유아가 답변하고 또 다른 유아가 다시 대답을 하거나 질문을 하는 등 또래 간 상호작용이 활발하게 일어나도록 하는 발문을 하여 유아 간의 상호작용을 격려하는 전략도 필요하다.

5) 과학의 과정을 다양하게 경험할 수 있도록 한다

관찰하기, 비교하기, 측정하기, 분류하기, 실험하기, 토론하기, 예측하기, 추론하기, 창안하기, 과학적 개념 이해하기 등의 과학하는 방법을 다양하게 활용하여 과학활동을 할 수 있도록 한다(이 장의 '탐구 · 조사적 접근법' 참조). 유아가 직접 참여하고 활동할 때 더 의미 있게 과학의 과정을 경험할 수 있으므로 활동의 종류에 따라 교수-학습방법을 다양하게 사용하여 풍부한 경험을 하도록 한다.

[그림 6-3] 관찰과 비교를 돕는 실물자료

6) 일과를 통해 과학적 탐구활동이 통합적이고 다양하게 이루어지도록 한다

과학활동은 자유선택시간이나 과학 영역에서만 진행되는 것이 아니라 일과 중의 대·소집단 시간에도 이루어질 수 있다. 음악 영역에서 창작음악에 맞춰 나비의 생애를 표현해 볼 수 있고, 쌓기 영역이나 조작 영역에서 블록이나 퍼즐 조각으로 분류활동을 하거나 바깥놀이시간에 물놀이를 하면서 측정활동이나 물체의 혼합과 같은 과학실험활동을 할 수 있다.

같은 과학의 주제하에 각각의 일과활동이 통합적으로 이루어지도록 하는 것은 유아의 이해를 도우며, 각 유아의 특성이나 개성에 맞는 활동이 번갈아 진행됨으로써 학습의 효과를 높이고 흥미를 유지할 수 있는 장점이 있다. 예를 들어, '봄의 꽃'에 대한 주제로 과학교육 내용이 정해졌다면 바깥놀이에서 봄꽃 관찰하기, 과학 영역에서 봄꽃으로 천연염색하기, 요리 영역에서 봄꽃 전 부치기, 노래 부르기에서 봄꽃 노래 배우기, 도서 영역에서 봄에 피는 꽃에 관한 책 읽기 등의 활동을 통합적으로 구성하여 경험하게 할 수 있다.

7) 자유롭게 탐색, 탐구하도록 자유를 준다

유아가 과학하는 과정에서 잘못된 선택을 하여도 즉각 개입하여 수정해 주기보다는 실수를 경험하도록 하는 것이 유아에게 좋은 학습 기회가 될 수 있다. 유아는 실수를 겪으면서 실수를 인정하고 다른 대안을 찾거나 사고를 다양하게 하는 방법을 터득하게 된다. 이러한 사고과정을 거치게 되는 것은 사고력 촉진에도 효과적이며 도전감과 자신감을 길러 준다. 자유로운 탐색을 하고 대안을 찾도록 하기 위해서 다양한 재료를 제공할 뿐 아니라 최소한의 규칙을 지키도록 하고 편안한 마음으로 마음껏 탐색하도록 수용적 태도를 보여 주는 것도 중요하다.

8) 과학활동의 특성과 유아의 성숙 및 발달 수준에 따라 활동의 유형을 다양하게 한다

과학활동의 교수-학습방법을 선택할 때에는 활동의 특성과 내용에 따라 적절히 적용해야 하는데, 한 활동에 한 가지 접근법만을 적용할 필요는 없다. 설명·시범식 교수법으로 일반적인 과학개념을 시범 보이면서 설명한 후, 개념을 적용하는 단계에서 유아가 직접 조작하고 실험하는 접근법을 적용할 수도 있고 탐구·조사적 교수법으로 자료를 모은 후 실험을 거쳐 확인해 보는 접근법을 적용할 수도 있다.

교수-학습의 형태를 구조적으로 할 것인지 반구조적으로 할 것인지 또는 학습자에게 모든 주도권을 주는 비구조적인 방식으로 할 것인지는 수업내용뿐 아니라 유아의 발달 수준에 따라 다르게 적용하는 것이 효과적일 수 있다. 예를 들어, 어린 연령의 유아가 주변 자연의 생태를 관찰할 때 탐구적 접근법을 적용하더라도 경험이 적은 어린 연령의 유아에게 주도권을 모두 주고 탐색하고 조사하게 하기보다는 무엇을 봐야 하는지 어디를 살펴보아야 하는지 등을 정해 주는 반구조화된 수업을 진행하는 것이 더 효과적인 참여를 이끌어 낼 수 있다.

2. 유아과학교육을 위한 교수-학습방법

유아에게 '과학'을 가르치고 스스로 배우도록 하기 위해서 다양한 교수법을 사용하는 것은 학습의 효과를 높이는 데 필수적이라 할 수 있다. 적절한 교수법을 적용하여 과학활동을 할 수 있도록 기회를 준다면 유아는 더 많은 호기심을 보이고 질문을 하게 되며 활동에 더욱 적극적으로 참여하게 되는데 이러한 과정은 학습에 있어서 매우 중요한 요소가 된다.

과학교육을 위한 교수-학습방법에는 과학교육에 관한 학습 특성이 반영되어 있어야 하고, 탐색적·실험적 요소가 포함되도록 구상해야 한다. 그리고 유아가 서로 의견을 나누고 자신의 경험과 지식을 이용하여 탐구하는 활동이 촉진되는 교수법을 적용해야 한다. 과학교육을 위한 교수-학습방법은 각각에 따라 장점과 약점이 있으나 과학교육의 내용과 학습자인 유아의 발달 수준에 따라 신중하게 선택하여 최대의 학습 효과를 얻도록 해야 한다. 다음에 소개하는 교수-학습방법은 한 활동에 한 가지 방법을 적용하는 경우도 있으나 같은 주제의 활동에 교수-학습방법을 다르게 하거나 설명이나 시범을 보인 후 실험해 보는 것과 같이 중복하여 적용할 때에도 효과를 얻을 수 있다. 각 교수-학습방법은 과학교육의 교수-학습 원리를 기초로 하여 체계적이고 조직적으로 계획되고 실행되어야 한다.

1) 실험적 교수-학습방법

실험적 교수-학습방법은 유아가 직접 활동을 하는 것으로, 재료와 도구를 다루어 주어진 문제의 답을 찾아내는 것이다. 이 접근법을 적용하는 과학활동에서는 유아가 개별 또는 소집단으로 문제를 해결하기 위해 계획하고 조사하며 직접 실험한다. 이 교수법의 가장 중요한 특성은 유아가 직접 실험을 하는 것이다.

유아가 실험활동을 하도록 실험실과 같은 환경을 준비한다. 활동실의 책상을 몇 개 맞붙이거나 재배열을 하고 책상 위에 실험도구를 배열해 놓는다. 실험 자료나 도구는 개인당 한 세트를 사용할 수 있도록 투명 주머니나 가방에 담아서 주고 실험을 마친 후 다시 주머니나 가방에 넣어 정리할 수 있도록 하여 다른 유아나 학급이 번갈아 가며 사용할 수 있도록 한다. 실험 도구나 재료가 부족할 경우에는 몇 가지 실험을 준비하여 각각 다른 책상에서 각 실험마다 다른 도구나 재료로 실험을 하도록 한다.

실험적 접근법에서는 다른 접근법보다도 교사의 역할이 매우 중요한데, 교사는 실험을 시작하기 전에 무엇을 하는 활동인지에 대해 설명해 주어야 한다. 설명을 할 때에는 정해진 절차나 방법에 대해 설명을 하는 것이 아니라 유아가 스스로 발견해 낼 수 있도록 목적을 설명해 주고 유아의 선지식이나 경험 수준에 따라 구체적인 예나 방안을 알려 주는 정도를 조절해야 한다. 예를 들어, 자석의 성질에 대한 실험을 해 볼 때 유아가 이미 경험으로 알고 있는 성질 이외에도 가능한 한 많은 성질을 알아보도록 격려한다든지 유아가 사용할 수 있는 도구의 사용법을 알려 준다든지 하여 유아 스스로 다양한 방법과 재료를 가지고 결과를 알아볼 수 있도록 지도한다. 실험이 진행되는 동안 교사는 유아들 사이를 다니며 관찰을 놓치지 않도록 도움을 주거나, 실험 진행에 어려움을 겪거나 진행을 못하는 유아를 방해하지 않는 방법으로 도와준다. 이때 주의할 점은 교사가 주도권을 갖는 것이 아니라 유아가 다음 과정으로 진행할 수 있도록 지원의 정도를 조절해야 한다는 것이다.

실험을 한 후에는 유아가 자신이 발견하고 안 것에 대해 설명하고 서로의 결과를 비교하고 토론하는 시간을 가져 실험이 유아에게 더 의미 있고, 가치 있게 되도록 한다. 이러한 토론 시간은 유아의 흥미를 연장시키며 다른 호기심을 갖게 해 주어 다음 실험이나 조사활동의 동기가 될 수 있다. 유아는 스스로 활동에 참여하고 직접 자신이 해 보고 반응을 관찰하는 과정을 통하여 학습하는데, 과학교육에서의 실험적 접근법은 이러한 가능성을 극대화시킬 수 있다.

2) 협동적 탐구학습법

협동적으로 탐구 또는 조사하는 접근법은 실험적 접근법을 집단이나 반 전체가 함께 시행하는 것이다. 무엇을 조사해야 할지에 대해서 교사가 결정하거나 반 전체가 결정할 수 있다. 질문이 주어지면 답을 찾는 방법을 생각해 보고 가설을 세워 몇몇 유아가 실험을 해 본 후 결과를 얻게 된다. 반 전체 유아는 그 결과를 보고 의미와 적용에 대해 토론하는 것이 협동적 탐구학습법이다. 이 접근법은 유아가 혼자서는 답을 얻기 어려운 복잡한 실험이나 조사 절차 또는 이해하기 어려운 과제를 다른 사람과 협동적으로 조사하여 답을 찾게 되고 방법을 알게 됨으로써 스스로 실험이나 조사를 할 수 있는 능력을 기르게 되는 장점이 있다. 어린 유아에게 탐구나 실험은 어려울 수 있고 그 과정이나 실험결과의 변화과정을 정확하게 이해하지 못할 수 있으나 협동적 탐구학습법을 적용하여 실험을 했을 때 얻을 수 있는 학습 효과 중

[그림 6–4] 재활용품을 활용한 공 만들기(협동적 탐구활동)

하나는 다른 사람과 협력하고 협동하는 방법을 경험하고 배운다는 점이다.

3) 설명식 접근법

설명식 접근법은 교사 또는 또래가 과학 기구를 어떻게 사용하는지 또는 조작하는지를 설명하거나 과학적으로 일반화된 것에 대해 설명하는 것을 말한다. 유아가 처음 사용하거나 사용하기 어려운 도구 및 재료를 사용하는 방법을 시범 보이거나 주의할 점을 시범 보여 주며 설명하는 것도 설명식 접근법을 적용한 것이라 할 수 있다. 예를 들어, 복잡한 구조의 현미경을 처음 사용할 때 사용하는 방법과 조작하는 방법을 따르지 않으면 작동이 어렵기 때문에 사용법과 조작법을 시범 보이면서 설명해 주어야 효과적으로 사용할 수 있다. 유아에게는 말로만 설명하는 것보다 직접 시범을 보이며 설명하는 것이 더 효과적이다. 설명식 접근법을 적용할 때의 절차는 먼저 교사가 주제를 선정한 후 과학 지식을 설명함으로써 유아의 호기심과 궁금증을 유발하는 것으로 시작한다. 그리고 교사가 시범을 보인 후 유아가 직접 활동을 해 보는 추후활동을 함으로써 마치게 된다. 또한 일반화된 과학적 사실을 이해할 수 있도록 설명할 때도 설명식 접근법을 적용할 수 있는데, 설명식 접근법의 예로 뉴턴의 제3법칙인 작용 · 반작용과 삼투압 현상을 살펴보면 다음과 같다.

예시 1) '뉴턴의 제3법칙'을 교수하기 위해 설명식 접근법을 적용한 예

뉴턴의 제3법칙: 모든 움직임에는 작용과 반작용이 동시에 작용한다는 법칙

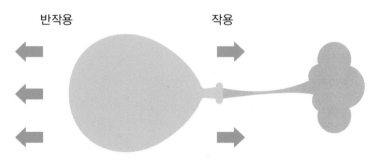

반작용   작용

[그림 6–5] 풍선을 이용한 작용과 반작용에 대한 설명적 접근방법

- 공기가 가득 차 팽팽해진 풍선의 입구를 손으로 잡고 있다 놓으면 공기가 빠져 나가는 반대 방향으로 풍선이 날아가는 것을 보여 주며 작용과 반작용의 법칙을 설명할 수 있다.
- 노를 젓고 있는 사진이나 동영상을 보면서 노가 물을 젓는 방향(작용)과 배가 앞으로 나아가는 방향(반작용)이 반대인 것을 설명할 수 있다.

[그림 6-6] 작용과 반작용을 이용하여 노를 젓는 모습

예시 2) '삼투압 현상'을 교수하기 위해 설명식 접근법을 적용한 예

삼투압 현상: 액체의 농도가 높거나 온도가 높은 쪽의 삼투압이 커져 물이 옮겨 가는 현상

- 배추를 각각 소금물과 맹물에 담가 놓고 농도가 높은 소금물 속의 배추가 시드는 것을 보여 준다.
- 더운 물속에 손을 담가 두었다가 쭈글쭈글해진 사진을 보여 주며 설명한다.
- 샐러리를 색물에 담가 물이 올라오는 실험의 결과를 보여 주며 설명한다.
- 투명한 용기에 농도가 다른 물을 반투과성막으로 나누어 놓고 물이 농도가 높은 쪽으로 이동하는 현상을 보여 주며 설명한다.

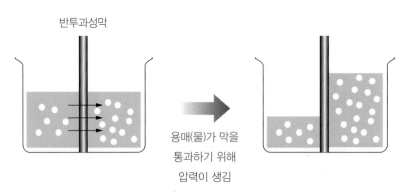

[그림 6-7] 삼투압 실험활동

유아에게 설명식 접근법을 사용할 때는 몇 가지 유의해야 할 점이 있다(Jacobson & Bergman, 1980).

첫째, 설명은 가능한 한 간단하게 한다. 또 유아의 발달 수준에 맞추어 쉽게 해야 한다. 실험 장비나 절차가 복잡하면 오히려 과학의 법칙을 잘못 이해하거나 이해하기 어려울 수 있다. 유아는 과학의 법칙이나 상식에 집중하는 것이 아니라 신기한 도구나 장비 또는 움직임 등에만 집중할 수 있으므로 요점에 집중하도록 지도해야 한다.

둘째, 시범은 모든 유아가 볼 수 있도록 해야 한다. 장비나 도구는 큰 것을 사용하고, 큰 것이 없다면 소집단으로 모아 시범을 보여 모든 유아가 잘 볼 수 있도록 한다.

셋째, 실험의 전 과정을 유아에게 보여 주어야 한다. 만약 한 과정이라도 보이지 않거나 넘어가 버린다면 유아는 실험자가 마술적인 힘을 갖고 있다고 생각할 수도 있다. 이러한 일이 벌어지게 된다면 실험을 보여 주고 설명하는 접근법의 효과가 감소하게 된다.

넷째, 유아에게 실험을 보여 주며 질문을 하도록 격려한다. 실험을 하여 보여 주는 것은 유아의 질문에 답이 될 수 있고 그 후에 협동적 탐구활동으로 확장될 수도 있다.

4) 탐구 · 조사적 접근법

탐구 · 조사적 교수법은 어떤 물체나 현상에 대하여 유아 스스로 탐구하도록 하는 접근법이다. 학습자인 유아가 문제에 대한 답을 찾아내는 것으로, 직접적인 관찰과 물리적 환경의 조작을 통해서 유아 스스로 학습하도록 하는 방법으로 과정을 중요시하는 접근법이다. 과학탐구 접근법에서는 유아도 과학자가 문제를 해결하기 위해 탐색하고 탐구하는 것과 유사한 방법을 따르게 된다. 유아는 다양한 방법으로 탐구활동을 하게 되는데 이러한 과정을 거치면서 학습이 이루어지고 실패를 경험하고 갈등하면서 더 나은 방법을 깨닫게 된다. 결과나 답을 얻지 못하는 이유에 대해 생각해 보고 새로운 방법을 찾아내어 시도해 보면서 문제의 답을 찾게 되는데 이러한 과정은 과학자가 '과학'하는 과정과 유사하다.

탐구 · 조사적 접근법을 적용한 과학교육의 과정은 알고자 하는 것이 무엇인지를 명확하게 정하는 것부터 시작된다. 유아가 탐구 또는 조사하기 위한 문제로는 답은 알 수 없으나 유아의 발달 수준에서 활동을 통하여 찾아낼 수 있는 수준의 것이어야 한다. 탐구 · 조사적 교수—학습방법은 유아 스스로 탐구하고 조사하면서 여러 과정을 거치게 되고 유아의 발달 수준에 따라 기술의 발달을 기대할 수 있으며 〈표 6-1〉과 같은 단계에 따라 진행할 수 있다.

[그림 6-8] 가을꽃 조사하기

〈표 6-1〉 과학활동의 탐구 · 조사적 접근법 단계의 예

단계	내용
1. 문제정의하기	자신이 알고 싶어 하고 해결해야 하는 문제를 명확하게 정의 내리는 단계로서 탐구 · 조사활동의 시작단계다.
2. 조사계획세우기	문제를 해결하기 위해 무엇을, 어떻게 해야 하는지와 문제해결을 위해 필요한 정보는 어디서 구해야 하는지 등을 결정하는 단계다.
3. 실험조건통제하기	실험결과를 달라지게 하는 요인을 조절하는 단계로서 이를 위해 논리적 사고과정이 필요하다.
4. 관찰하기	관찰하기는 보는 것으로만 하는 것이 아니라 여러 감각을 이용해 관찰을 돕는 다양한 도구(예, 디지털 사진기, 투명한 수조, 현미경, 특수한 실험용 시약지, 녹음기 등)를 제공해 주는 것이 관찰력을 기르는 데 도움이 된다.
5. 측정하기	측정하기는 관찰한 결과의 정확성을 높이는 방법으로 무엇을 측정할지와 측정도구를 무엇으로 할지를 정하는 기술을 포함한다.
6. 분류하기	같은 특성이나 모양을 가진 것끼리 분류하는 활동은 유아가 자주 하는 활동인데 물건뿐 아니라 관찰한 것이나 현상에 대해서도 이루어질 수 있다. 유아는 자신의 기준에 따라 분류해 보는 다양한 경험을 통해 기술을 발달시킬 수 있다.
7. 추론하기	수집된 자료나 관찰한 것으로부터 결론을 이끌어 내는 것이다. 추론은 논리 귀납적 사고력이 필요하며, 추론한 것이 사실일 수도 있고 그렇지 않을 수도 있다.
8. 가설세우기	가설은 답이나 질문을 만드는 것으로 탐구 · 조사의 정신적 도구이자 활동의 틀이 된다. 가설 세우기는 탐구 · 조사활동에서 창의적인 작업에 속하고 유아는 자신의 선경험이나 지식을 사용하여 가설 세우기를 하는 기술을 세련시킬 수 있다.
9. 자료수집하기	다양한 방법으로 자료를 수집하는 단계다. 책상 위에 나열해 보거나 그래프를 그리면 자료의 연관성을 찾아내는 데 더 용이하며, 어떤 자료가 더 필요한지 모아진 자료를 어떻게 처리할지도 알기 쉽다.
10. 자료해석하기	여러 종류의 그래프는 자료 해석을 쉽게 해 준다. 자료를 보고 그것이 의미하는 것이 무엇인지를 알아내는 기술이다.
11. 참고자료찾기	문제를 해결하기 위해서 책이나 도서관의 자료, 그 밖의 온라인을 활용해 참고자료를 찾는 기술을 알아야 한다. 주변의 어른들이나 또래에게서도 참고자료를 구할 수 있어야 한다.
12. 과학개념이해하기	탐구 · 조사활동은 과학개념을 이해하게 하고 개념과 관련된 내용을 알게 하며 확장된 지식을 갖게 한다.
13. 결론도출하기	유아가 탐구 · 조사활동의 결과를 보고 판단과 결론을 제시하는 단계다. 유아의 발달 수준을 고려할 때 초기에 가설을 확인하는 방식으로 결론 내리기를 지도하면 이해하는 데 도움이 될 수 있다.

3. 유아과학교육에서의 교사의 역할

과학교육에서 교사는 유아에게 많은 영향을 줄 수 있다. 답을 찾기 위한 탐구과정에서 참고자료나 자원을 이용하는 시범을 보여 주거나 유아와 함께 답을 찾아보는 활동을 통하여 호기심과 탐구하는 태도를 길러 줄 수 있다. 유아가 질문을 할 때 즉각적인 답을 주는 것이 아니라 함께 답을 찾아보기도 하고 답이 없는 문제도 있음을 경험시키는 것은 유아의 과학적 태도와 과정을 발달시키는 데 효과가 있다.

과학교육을 하는 교사가 유아의 질문에 대한 답을 모두 알고 있을 필요는 없다. 물론 과학에 대한 긍정적인 태도와 과학하는 과정에 대해 잘 알아야 하지만 알지 못하는 답을 함께 찾아보며 과학하는 태도와 탐구하는 방법을 보여 주는 것도 과학교육을 위한 효과적인 교사의 역할이라 할 수 있다. 교사가 과학에 대한 유아의 질문에 답을 주는 것보다 궁금한 것이 있을 때 어떻게 그 답을 찾아가야 하는지를 안내해 주고 유아 스스로 답을 찾게 함으로써 더 큰 성취감을 얻게 할 수 있다. 유아의 과학교육에 중요한 영향을 미치는 교사의 다양한 역할을 다음과 같이 세분화할 수 있다.

1) 과학적인 태도와 탐구적 행동을 보여 주는 역할

교사가 과학적인 태도를 보여 주는 역할을 하기 위해서는 교사 자신이 과학에 대한 긍정적인 생각을 갖고 있어야 하고 관심 있는 과학 분야에 관한 자료나 정보를 모아 유아들에게 소개한다거나 과학의 생활화, 즉 일상생활의 행동 속에서 과학적 지식이나 개념을 적용한 행동을 보여 주어야 한다. 예를 들어, 물이 몸에 좋은 이유에 대한 것을 교육한 후에 교사 자신이 건강을 위해 물을 자주 마시는 모습을 보인다든지 유아들이 궁금해하는 것에 관심을 보이고 어떻게 알아내야 할지를 함께 찾아보는 행동을 보여 줌으로써 과학을 일상생활에 적용하는 본보기의 역할을 해야 한다.

이 론 편

2) 탐구활동이 일어날 수 있는 환경과 자료 제공자의 역할

과학교육에서 교사는 허용적이고 수용적인 분위기의 환경을 마련해 주어 유아가 마음껏 탐색하고 탐구하는 과학활동을 할 수 있도록 해 주는 역할을 한다. 유아의 호기심을 자극하는 환경과 자료를 풍부하게 제공해 주어 유아 스스로 새로운 사실을 발견할 수 있도록 도와주어야 한다. 유아의 호기심이 자극되어 궁금해할 때 과학자와 같은 탐구과정을 거쳐 궁금한 것에 대한 답을 얻는 활동을 할 수 있도록 준비해 주고 유아의 관심사가 다양하게 나타나서 주제가 여러가지로 정해져도 동시에 진행할 수 있도록 융통성 있게 준비하여 운영한다.

과학활동 자료를 제공할 때에는 유아에게 친숙하고 흥미 있는 자료로 준비하고 주제별로 분류하여 적절한 장소에 체계적으로 정리함으로써 활용도를 높여야 한다. 또한 이동과 활동 및 상호작용이 용이하도록 자료의 사용방법 및 영역 간의 교류도 고려하여야 한다. 유아교육기관 내에서뿐만 아니라 그 외의 장소에서도 언제든 과학교육이 이루어질 수 있도록 기회를 제공해 주어야 하는데, 반드시 사전 현장 답사를 거쳐 현장학습의 목적을 명확히 하고 진행절차와 유아 수준에 맞게 적절한

[그림 6-9] 자연물(왼쪽)과 약품(오른쪽)을 활용한 탐색활동

발문을 계획하여 교육목적에 도달할 수 있도록 한다. 기관 내의 바깥놀이터, 주변 시장, 공원뿐 아니라 박물관, 과학관, 전시관 등 체계적으로 준비된 곳 모두가 과학교육의 좋은 환경과 자료가 될 수 있으므로 교육목적과 그 내용에 맞추어 안전한 곳을 선정해야 한다.

3) 문제 제안자와 안내자의 역할

유아는 일상생활 중에서나 환경과의 상호작용 중에 모르는 것에 대한 호기심이 생기고 이러한 호기심이 과학활동의 시작이 되기도 하지만 제한적인 경험이나 지식의 부족으로 항상 능동적으로 과학활동을 시작하지는 않는다. 교사는 유아에게 의미 있는 과학활동에 대해 관심을 갖고 능동적으로 시작할 수 있도록 적절한 발문을 하거나 문제를 제기하는 역할을 해야 한다. 유아가 활동을 하는 데만 집중하고 사고를 확장시키지 못해 개념을 발견하거나 지식을 구성하지 못할 수 있으므로 발문을 통하여 다시 한 번 과정을 짚어 보고 '왜 그런 결과가 나왔는지' '관찰한 결과를 보니 무엇을 알 수 있는지' 등을 정리할 수 있도록 안내한다.

유아의 활동과 사고를 유발, 촉진, 지속시키기 위해서는 유아의 발달 수준이나 지식 수준을 알아야 한다. 교사가 문제를 제안했을 때에는 가능하면 유아 스스로 발견하고 다음 단계로 나아갈 수 있도록 적절한 발문을 해야 한다. 그러므로 교사는 유아의 사고 수준 내에서 유아가 예측, 추론할 수 있는 발문을 하여 과학하는 과정을 안내하고 적극적으로 참여하도록 돕는 역할을 한다.

과학활동을 하는 중에도 문제를 제안하거나 안내해야 하는 경우가 있는데 활동을 한 후에도 유아가 예측된 과학적 개념을 발견하지 못하거나 지식을 발현하지 못했을 때에 교사는 융통성 있고 유연하게 초점을 찾아내도록 안내하거나 경우에 따라서 문제를 다시 제안하는 역할을 하기도 한다. 문제를 다시 제안하는 경우에는 유아의 흥미와 수준에 주의하여 적절한 내용으로 진행하도록 도와야 한다.

4) 관찰자와 발문자의 역할

과학활동이 진행되는 동안 유아를 세심하게 관찰하는 것은 유아의 사고와 활동 진행을 도울 수 있는 적절한 발문이나 지원을 해 줄 수 있게 돕는다. 관찰은 교사가 개입하는 적절한 시간과 개입의 정도를 결정할 때도 매우 중요하다. 교사가 정답을 알려 주거나 실패를 겪지 않게 하기 위해 답을 쉽게 얻는 방법을 지시하는 것은 탐구하는 태도나 자발적 학습을 방해하는 요인이 될 수 있으므로 유아의 활동을 지속시키고 확장할 수 있는 발문을 유의하여 선정하고 사용한다. 과학교육에 있어 가장 효과적인 전략인 발문은 학습의 목표와 연결되어야 하고 유아의 사고를 촉진시키고 다양한 생각을 이끌어 낼 수 있어야 한다. 발문을 사용할 때는 막연하게 '생각해 보자'보다는 '무엇을 어떻게 생각할 것인가'와 같이 사고의 방향과 초점을 구체적이고 명확히 제시해 주어야 한다.

과학에 대한 관심과 사고력 촉진을 위한 발문 요령

- 설명보다 질문을 많이 한다.
- 질문할 시기를 잘 선택한다.
- 한 번에 한 가지 질문만 한다.
- 질문 후 유아에게 대답할 수 있는 시간을 주고, 기다려 준다.
- 유아의 대답을 명확하게 다시 정리해서 반응을 보여 줌으로써 유아가 말하고자 하는 의도와 주제를 분명히 한다.
- 유아의 대답과 반응에 대해 긍정적 강화를 주고, 유아의 대답을 잘 기억하였다가 다른 내용과 활동에 관련시키도록 한다.
- 유아가 질문하는 것에 두려움을 갖지 않도록 유의한다.
- 개방적 질문으로 유아의 사고를 격려하는 것이 좋으며, 상황에 따라 적절한 유형의 질문을 활용한다.

과학교육을 위해 다양한 발문을 할 수 있는데 유아의 반응을 이끌어 내거나 선지식을 기억하기 위한 수렴적 발문과 사고를 확장시키기 위한 확산적·개방적 발문, 과정기술의 활용을 격려하는 발문, 주의집중 및 활동에 도전을 주거나 탐색 방안 및 아이디어를 알아보기 위한 발문, 인식하기를 강조하거나 비판적 사고를 강조하는 발문, 탐구하는 현상과 일상의 경험을 연결하는 발문 등을 적절한 시기에 하여 과학학습이 효과적으로 이루어지도록 한다.

다음의 예는 과학활동 중 인지적 사고력을 발달시키고 과학의 과정 진행을 효과적으로 돕는 발문이다.

- "또 다른 방법은 어떤 것이 있을까?"
  - 유아가 제시하는 해결책은 인정하되 다른 대안이 더 필요하다면 이와 같은 발문을 함으로써 유아 스스로 토의하는 시간을 주어 결정하게 할 수 있다.
- "만일 그렇게 한다면 어떤 일이 일어날까?"
  - 유아가 제안한 해결책 중에서 교사가 다시 발문을 하여 유아가 결과에 대해 예측해 보도록 한다.
- "왜 그러한 결과가 나왔다고 생각하니?"
  - 원인적 사고를 발달시키고 과학과정을 체계적으로 정리해 볼 수 있도록 하는 데 이와 같은 발문이 도움이 된다.
- "어떤 모양인지 살펴보자. 같은 느낌이 나는 것은 어떤 것일까? 같은 것끼리 나누어 보자."
  - 분류적 사고와 관찰력을 높여 주기 위해 이와 같은 발문을 사용할 수 있다.
- "너는 무엇을 보고 있니?"
  - 발문은 완성된 문장으로 한 번에 한 가지씩만 하는 것이 효과적이다. "너는 무엇을 보고 느끼고 발견했니?"라고 한꺼번에 묻기보다는 "너는 무엇을 보고 있니?"가 더 효과적이다.

[그림 6-10] 씨감자 관찰

5) 상호작용자의 역할

과학활동 중의 긍정적 상호작용은 유아의 활동을 격려하며 학습을 돕는다. 긍정적 상호작용은 따뜻하고 열의가 있으며 발달에 적합한 특성을 보이며 다음과 같은 행동으로 표현된다(김난실, 이기숙, 2008).

- 유아와 다정하게 이야기하기
- 유아의 이야기에 주의를 기울이기
- 유아를 좋아하고 개별적인 관심을 보이기
- 새로운 경험을 격려하고 유아의 활동에 흥미와 열의를 보이기
- 친사회적 행동을 격려하기
- 유아의 눈높이에 맞추어 이야기하기

유아가 먼저 상호작용해 올 경우, "아주 좋은 질문이구나. 어떻게 해야 할까? 우리에게 필요한 게 뭘까?" 등의 적절한 반응을 하여 활동의 진행을 돕고 확장될 수 있도록 한다. 상호작용을 반드시 말로 할 필요는 없다. 긍정적 상호작용에서 제안한 것과 같이 유아가 말을 할 때에 관심 있게 듣고 있다는 것을 보여 주기 위해 눈 맞추기, 유아를 향해 몸 구부리기, 미소, 끄덕임, 제스처 등 비언어적 표현을 함으로써 역동적인 상호작용이 되도록 한다. 유아의 말이 타당성이 없다 할지라도 자신의 의사를 완성할 때까지 유아의 말을 끊거나 방해하지 않는 것도 효과적인 상호작용의 기술이다.

과학교육은 교사와 유아 간의 상호작용뿐 아니라 유아 간의 과학적 대화와 상호작용이 일어나도록 격려하는 역할을 해야 하는데, 이를 위해서는 과학적 대화가 일어날 수 있는 공간과 시간적 여유를 충분히 제공해 주어야 한다. 유아가 자발적으로 상호작용할 수 있는 환경을 구성해 주고 자료를 준비해 주며 과학적 대화나 시도가 나타났을 때 격려해 주어 과학활동이 지속 및 확장되도록 한다. 과학적 태도를 칭찬하고 호기심을 지속하도록 격려해 주고 탐구의 방향을 제시해 주는 것은 상호작용을 확장시킬 수 있으며 과학적인 발문, 과학적 지식에 대한 설명을 해 주거나 유아의 생각에 동의해 주는 것도 효과적인 전략이 된다.

6) 질문에 적절한 반응자의 역할

유아의 질문에 대해 적절하게 반응을 하여 과학교육의 효과를 높일 수 있다. 과학과 관련된 유아의 질문에 적절하게 반응하는 방법을 유형별로 알아보면 다음과 같다.

첫째, 유아가 궁금한 것을 질문했을 때 언어적으로 반응하여 수용하는 태도를 보여 주고 적절하게 설명해 준다.

둘째, 유아의 질문에 자료를 제시하는 방법과 같이 비언어적인 반응을 하여 스스로 탐구할 수 있도록 촉진해 준다.

셋째, 유아의 질문에 적절한 질문을 함으로써 탐구활동의 기회를 준다[예: "선생님, 밥 속에 있는 콩도 심으면 싹이 나요?" (중략) "싹이 나는지 나지 않는지 알아보려면 어떻게 해야 할까?"].

넷째, 언어적 반응을 통해 유아가 알고 있는 것과 경험한 것에 대해 말할 기회를 제공하여 스스로 예측이나 추론 또는 탐구할 수 있도록 돕는다(예: "올챙이가 하나도 없네. 다 어디 갔어요?" "올챙이가 자라는 것을 관찰했지? 어떻게 변해 갔지? 개구리가 되면 어떻게 움직이지?").

다섯째, 유아가 질문했을 때 되묻기를 하여 알고자 하는 것이 무엇인지, 무엇을 해야 하는지에 대해 명확히 정리하도록 한다.

7) 목표 수립, 진행 기록과 평가자의 역할

활동의 목표를 기술할 때는 지적·정의적·기술적 내용이 포함되도록 하여 유아의 교수−학습 경험이 다양하고 통합적으로 이루어지도록 한다. 활동의 목표를 행동적 용어로 구체적이고 조작적으로 기술하면 목표 성취 여부에 대한 평가를 용이하게 해 주는 장점이 있다(Jacobson & Bergman, 1980). 예를 들어, 유아는 '밀도에 대해 이해할 수 있다.'보다는 유아가 직접 조작하는 행동을 중심으로 다음과 같이 기술할 수 있고 활동을 통하여 목표를 성취해야 한다.

• 물건의 부피를 측정한다.

- 밀도에 관해 정의를 내린다.
- 물에 뜨는 것과 가라앉는 것을 밀도에 따라 구분한다.

또한 목표를 구체적인 행동으로 정의하여 기술하는 것은 목표를 평가의 준거로 삼기에 용이하나 '물질의 변화과정으로부터 심미감을 느껴 본다.'와 같이 과학에 대한 긍정적인 태도 형성과 관련된 정의적 목표를 진술할 때는 조작적 · 행동적으로 기술하는 것과 다른 형식으로 기술할 수 있다.

과학활동의 진행과정과 결과는 기록으로 남겨져 변화과정을 기억하고 학습과 연결되도록 해야 한다. 기록은 교사가 할 수도 있고 유아 스스로 글이나 그림, 사진 등으로도 할 수 있다. 기록된 것을 참고로 실생활에서 적용하는 방안을 유아와 함께 찾아보고 적용해 보는 경험을 갖도록 지도한다. 유아가 기록을 해 나갈 때도 별도로 유아의 행동이나 대화를 기록하여 평가 자료로 활용한다.

나는야 꼬마 요리사

월   일   이름(   )

★ 요리재료의 맛과 색을 비교해 보세요.

	 과자	 설탕	 생크림
 손으로 만져 보아요			
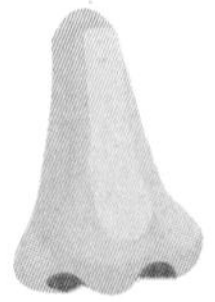 냄새를 맡아요			
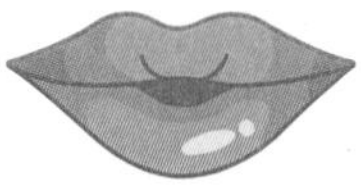 맛을 보아요			
요리하고 난 후의 기분은 어떠했나요?			

[그림 6-12] 유아의 활동 결과지

제7장

유아과학교육의 접근방법

1. 유아과학교육을 효과적으로 수행하는 데 다양한 접근방법이 있음을 안다.
2. 유아의 과학적 소양을 기르기 위해 적합한 유아과학교육 접근방법을 선택하여 적절히 수행
   한다.
3. 유아과학교육의 다양한 접근방법에 관심을 갖는다.

　유아교육현장에서의 과학교육은 자연탐구 접근, 유아에게 친숙한 그림책을 활용한 문학적 접근, 창의적 실험 및 요리 활동 등을 통해 다양하게 이루어질 수 있다. 이 장에서는 이러한 각 접근방법의 특징과 실행과정에 대하여 살펴보고자 한다.

1. 유아과학교육을 위한 자연탐구적 접근

1) 유아과학교육을 위한 자연탐구적 접근의 의의

　유아에게 자연은 더불어 살아가야 할 존재이며, 유아는 자연과의 교감을 통해 즐거움을 공유하기도 하고, 살아 움직이는 만물의 신비함을 깨닫기도 한다(Wilson, 2010). 자연을 가까이 체험하는 다양한 경험은 유아의 정서적 안정감과 제반발달을 돕는 의미 있는 활동이며, 모래, 돌, 나무와 같은 자연물을 직접 경험하고 조작하게 하는 교육은 유아의 과학적 소양을 기르기에 적합한 접근방법이라고 할 수 있다.

　유아과학교육을 위한 자연탐구적 접근은 유아의 전인발달을 도모할 수 있다. 또한 자연은 교육적으로 유아의 사고력과 탐구심, 관찰력, 계절 감각을 길러 주고 또래 간의 공감 능력을 함양할 수 있기 때문에 자연을 경험하는 것 자체가 과학교육이며 이를 통해 유아는 자연스럽게 과학적 소양을 기를 수 있다. 특히 환경문제가 인류의 생존과 직결되고 있는 현 시점에서 유아가 자연을 경험하고 탐구하는 활동은 유아에게 자연에 대한 신비감과 경외감을 느낄 수 있는 기회가 된다.

　또한 2013년 3월부터 시행되고 있는 누리과정은 사람과 자연을 존중하고 우리 문화를 이해하는 데 중점을 두어 구성되었으며, 유아기부터 사람과 자연을 존중하고 사랑하는 세계관을 길러 주는 것을 강조하므로 유아 주변의 자연은 유아의 삶과 교육에 있어 중요한 자료가 된다. 이에 유아과학교육을 위한 자연탐구 접근방법은 동식물 기르기, 텃밭 가꾸기, 산책하기 등과 같은 다양한 방법이 있으며 유아는 이를 통해 자연에 대해 호기심을 가지고 탐구할 수 있다. 또 문제를 발견하고 이를 해결하기 위해 관찰, 분류, 실험, 아이디어 적용과 같은 과학적 과정기술을 수행하며 과학적 개념과 기술, 나아가 과학적 태도를 기를 수 있다. 따라서 유아 주변의 자연은 유아가 타고난 호기심을 유지하는 데 중요한 매개가 되며 유아로 하여금 다양한 자연탐구 경험을 통해 유아 스스로 창의적으로 사고하고 추론하며 해결방안을 생각해 보는 태도를 기를 수 있도록 해 준다.

2) 유아과학교육을 위한 자연탐구활동 수행방법

(1) 동식물 기르기

동식물은 유아가 주변에서 쉽게 접할 수 있는 생태계 구성요소로서 동식물 기르기는 유아가 동식물을 단순히 경험하는 것에 그치지 않고 일정 기간 동식물과 의미 있는 관계를 맺을 수 있는 기회를 제공해 준다. 이를 통해 유아는 자신이 기르고 보살피는 동식물에 대한 책임감을 느낄 뿐 아니라 나아가 생명에 대한 존중감을 깨달을 수 있다. 또한 애정을 가지고 동식물을 기르는 동안 이와 관련된 다양한 과학적 개념에 대해 습득할 수 있을 뿐 아니라 동식물의 변화과정 혹은 돌보는 방법에 대해 예측하고 문제해결과정을 통해 과학적 과정기술 경험을 할 수 있다. 동식물 기르기를 통한 자연탐구 수행단계와 수행방법은 [그림 7-1]과 같은 과정을 거치는 것이 바람직하다.

이론편

수행단계	수행방법
동식물 선정하기	• 유아의 흥미, 발달, 생활주제를 고려하여 적합한 동식물을 선정한다.
동식물 기르기를 위한 환경 구성하기	• 동식물을 기를 수 있는 적합한 환경을 구성한다.
동식물 돌보기	• 동식물을 돌볼 방법을 계획한다. • 동식물이 잘 성장할 수 있도록 돌본다.
동식물 성장 및 변화 관찰하기	• 동식물을 관찰한다. • 관찰일지를 쓴다.
과학적 개념화하기	• 돌보기는 동식물과 관련된 과학적 지식, 기술, 태도를 개념화한다.

동식물 기르기 (동식물 돌보기, 동식물 성장 및 변화 관찰하기)

[그림 7-1] 동식물 기르기를 통한 자연탐구활동 수행단계와 수행방법

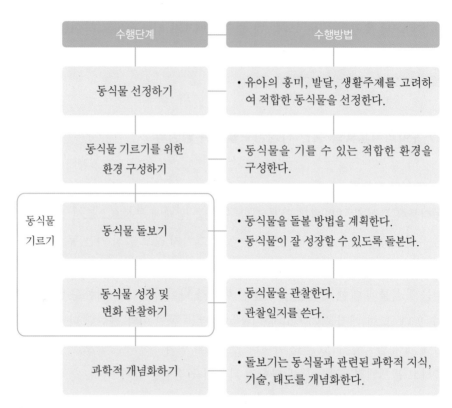

[그림 7-2] 교실에서 기를 수 있는 다양한 동식물

♨ 〈표 7-1〉 동식물 기르기를 통한 과학활동안

생활주제	여름	소주제	달팽이	대상	만 4, 5세
활동형태	소집단	적용 수업모형	동식물 기르기	시간	30분
주제	달팽이 관찰				
목표	• 먹이에 따라 달팽이의 배설물이 달라짐을 안다. • 생물을 소중하게 다루고 보살피고자 하는 마음을 갖는다.				

단계	활동요소	활동내용	자료	유의점
동식물 선정하기 ↓ 환경 구성하기 ↓ 동식물 돌보기 ↓ 동식물 성장 및 변화 관찰 하기 ↓	달팽이에 관심 가지기 똥이 왜 변할까?	❖달팽이는 계절에 따라 산책하면서 잡아 볼 수 있으나 직접 잡을 수 없는 경우는 식용 달팽이나 곤충가게에서 구입한 달팽이를 미리 제시해 준다. ❖달팽이가 건강하게 자랄 수 있도록 하려면 어떤 환경이 필요한지 토의한 후 적합한 환경을 유아와 함께 구성한다. ❖달팽이 먹이 주는 당번을 정해 돌보는 경험을 한다. ❖교실에서 키우는 달팽이에 관심을 갖고 달팽이의 형태나 움직임을 관찰하고 탐색하도록 한다. ❖달팽이를 충분히 탐색하게 한 후 경험에 대해 이야기 나눈다.(사진 1) (달팽이집 노래를 부르며 주의를 집중시킨다.) T: 어제 달팽이에게 봉숭아 잎을 주었는데 먹었나요? C1: 하나도 안 먹었어요. 달팽이는 배춧잎을 먹어요! T: 아무것도 안 먹었는데 초록색 똥이 있네? 왜 그럴까? C2: 원래 달팽이 똥은 초록색이에요! C1: 아냐, 당근을 먹으면 당근 색이라고 책에서 봤어. 그렇죠? T: 글쎄! 달팽이 똥이 먹이 색에 따라 달라진다는 친구도 있고, 초록색이라고 하는 친구도 있네. 어떻게 하면 좋을까요? C1: 먹이를 줘 보면 좋을 것 같아요. C2: 달팽이가 한 마리인데 어떻게 먹이를 다르게 주니? C1: 또 잡으면 되지! T: 그럼, 내일 아침에 등원하여 텃밭에 물기가 있을 때 달팽이를 더 잡아서 먹이를 다르게 줘 보기로 해요. 그리고 먹이는 무엇을 준비해 주면 좋을까요? C: 당근요, 배추요, 상추요, 빨간 양배추요.	달팽이, 화장지	유아가 달팽이를 함부로 다루지 않도록 생명의 소중함에 대해 인식시켜 준다.

과학적 개념화 하기	관찰계획 세우기	❖다음 날 유아가 감자, 키위, 상추, 토마토, 바나나, 당근을 가져오거나 교사가 준비해 줄 수 있다. T: 어제 이야기 나눈 먹이를 준비했는데 어떻게 하면 달팽이가 먹는 먹이와 똥을 관찰할 수 있을까요? C: 집을 다르게 해 주면 되지요! 먹이도 다르게 해 주고요.	달팽이, 달팽이 집, 당근, 바나나, 키위, 상추, 감자
	관찰하기	❖계획에 따른 준비: 유아와 함께 관찰이 가능한 투명한 달팽이 집을 다음과 같이 준비해 주었다. 오늘부터 매일 달팽이가 먹이를 먹었는지 기록하고 똥의 색깔을 기록하기로 하였다. 1. 달팽이 + 상추, 2. 달팽이 + 키위 3. 달팽이 + 감자, 4. 달팽이 + 당근 (주의: 먹이가 싱싱하지 않으면 먹이를 먹지 않으므로 스프레이로 집 안을 축축하게 해 주고 먹이는 냉장고에 넣어 두고 조금씩 같은 종류의 먹이를 넣어 준다.)	
	관찰한 결과 이야기 하기	❖유아는 3일간 매일 관찰 기록지에 달팽이의 먹이와 달팽이의 똥 색깔을 기록한다(사진 2, 3). C: 선생님! 달팽이가 토마토는 맛이 없나 봐요. 안 먹어요. T: 왜 안 먹을까? 다른 먹이를 줘 보면 어떨까요? C: 달팽이 똥이 당근 색으로 변했어요. 　　주황색으로 변했어요. T: 신기하구나! 선생님도 달팽이 똥 색깔이 변하는 것은 몰랐는데!	2일에 한 번 유아가 직접 달팽이를 목욕시켜 주고 집을 청소하게 하는 것도 좋은 경험이 된다.
	먹이의 색과 똥의 색 짝 지어 보기	❖3일 동안 달팽이 먹이와 똥을 관찰했는데 달팽이를 키우며 발견한 것을 이야기해 본다(사진 4). T: 달팽이는 어떻게 기어 다녔을까요? 　　우리가 준 먹이 가운데 달팽이가 먹지 않은 것은 무엇이었나요? 　　먹이를 먹고 달팽이 똥 색깔이 어떻게 바뀌었나요? C1: 당근을 먹으면 주황색, 배춧잎을 먹은 것은 초록색의 똥을 싸요(관찰일지를 실물 화상기를 통해 함께 보며 실험 결과를 확인한다). T: 그래, 달팽이는 먹이의 색깔과 같은 색깔의 똥을 싸는 것을 너희가 발견했구나? C1: 정말 신기해요. 재미있어요.	

| 달팽이와 먹이 짝 지어 보기 | ❖선생님이 준비한 그림카드를 보고 달팽이의 먹이 색과 똥의 색깔을 짝 지어 본다.
T: 우리가 잡은 달팽이를 어떻게 하면 좋을까요?
C: 텃밭으로 보내 주면 좋겠어요.

❖유아와 함께 달팽이를 텃밭에 놔주기로 결정하고 함께 텃밭으로 돌려보냈다. | |

관련 활동 모습

〈사진 1-달팽이를 돌본 경험을 이야기해요〉

〈사진 2-달팽이를 관찰해요〉

〈사진 3-달팽이가 먹은 채소에 따라 똥의 색깔이 달라요〉

〈사진 4-달팽이 똥의 색깔이 어떨까?〉

(2) 산책하기

공원, 숲, 바깥놀이터 등 유아가 살아가고 있는 주변의 자연환경은 유아과학교육을 위한 자연탐구적 접근방법을 수행하는 데 훌륭한 자원이 된다. 유아와 주기적으로 공원이나 숲을 방문하여 산책함으로써 유아는 자연에 대한 관심을 가지고 과학적 지식을 습득할 수 있으며 자연의 아름다움을 느끼고 경험할 수 있다. 그러나 과학교육을 위한 산책하기는 단순한 바깥 활동이 아니라 산책을 하는 동안 유아가 관심을 가질 수 있는 꽃과 나무, 돌, 곤충 등은 과학활동의 기회를 제공해 주어야 하며, 꽃과 나무의 모양과 특징 등을 관찰해 보고 탐구해 보는 활동을 격려하여 유아가 주변 환경에 관심을 가지고 과학적 질문을 할 수 있도록 격려하고 유도하는 것이 필요하다. 또한 바람의 소리를 들어 보거나, 나무의 냄새를 맡아 보거나, 혹은 돌을 귀에 대고 소리를 들어 보는 활동과 같이 자연물과 교감을 나눌 수 있는 활동을 격려하는 것도 필요하다. 나아가 유아가 산책하는 동안 수집한 자연물을 교실활동에 연장시켜 다양한 활동과 연계할 수도 있다. 예를 들어, 유아가 수집한 자연물을 과학 영역에 전시하여 돋보기나 색안경 등 과학 도구를 사용하여 다양한 관점에서 관찰해 보거나, 미술 영역과 연계하여 다양한 미술작품을 구성해 볼 수도 있다. 이에 산책하기를 통한 자연탐구 수행단계와 수행방법은 다음과 같은 과정을 거치는 것이 바람직하다.

[그림 7-3] 공원, 숲, 주변 산책하기

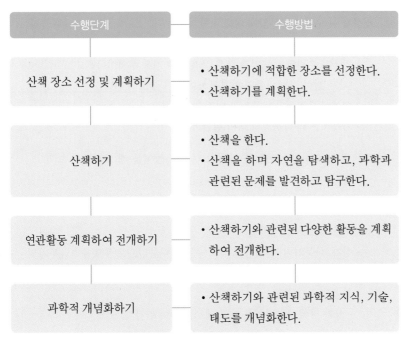

[그림 7-4] 산책을 통한 자연탐구활동 수행단계와 수행방법

⚛️〈표 7-2〉 산책하기를 통한 과학활동안

생활주제	가을	소주제	가을 나뭇잎	대상	만 4세
활동형태	소집단	적용 수업모형	산책하기를 통한 과학활동	시간	20분
주제	같은 나뭇잎 찾기				
목표	• 계절의 변화에 따른 나뭇잎의 변화를 알고 즐긴다. • 나뭇잎의 생김새와 특징을 알고 구분한다.				

단계	활동요소	활동내용	자료	유의점
산책장소 선정 및 계획하기 ↓ 산책하기 ↓		❖가을의 변화를 느끼고 즐기기 위해 유치원 주변을 산책하기를 계획하고 산책한다. ❖유아에게 '가을을 담아요' 비닐지퍼백을 나누어 주고 산책하기를 하는 동안 나뭇잎을 수집해 오도록 한다. ❖유아가 산책하기를 하는 동안 교사는 유아에게 변화된 가을의 모습을 인식하고 자연의 변화를 즐길 수 있는 기회를 제공해 주도록 한다. ❖교사는 유아가 안전하게 산책하기를 할 수 있도록 주의한다.	비닐 지퍼백	

연관활동 계획하여 전개하기	흥미유발	❖산책 시 수집한 나뭇잎에 대해 이야기 나눈다.	나뭇잎
		• 어떤 나뭇잎을 수집해 왔니?	
		• 친구가 수집한 나뭇잎과 같은 점과 다른 점은 무엇이니?	
		(같은 점이 있는 나뭇잎은 분류하여 모아 놓도록 한다.)	
		• 여름에 수집했던 나뭇잎과 어떤 점이 다르니?	
		• 가을에는 왜 나뭇잎의 색이 변할까?	
		❖산책 시 수집한 나뭇잎을 가지고 다양한 놀이를 해 보도록 한다.	
		• 수집한 가을 나뭇잎으로 무엇을 하면 좋을까?	
		❖준비한 재료를 소개한다.	상자, 나뭇가지, 종이컵
		• 상자, 나뭇가지, 종이컵 그리고 수집한 나뭇잎으로 무엇을 할 수 있을까?	
		• 활동을 소개한다.	
		−상자 위에 나뭇가지를 가로 세로로 놓아 칸을 만든다.	
		−칸마다 같은 점이 있는 나뭇잎 한 쌍을 놓아둔다.	
		−나뭇잎을 종이컵으로 덮는다.	
		−순서를 정한다.	
		−2개의 종이컵을 뒤집어 유사한 모양의 나뭇잎이 나오면 갖고, 그렇지 않으면 다시 종이컵으로 덮는다.	

과학적 개념화 하기		❖게임을 한다.	
		• 나뭇잎의 어떤 점이 같니?	
		• 나뭇잎의 어떤 점이 다르니?	
		❖활동을 마무리한다.	
		• 어떤 점이 재미있었니?	
		• 우리가 수집한 나뭇잎으로 어떤 놀이를 할 수 있을까?	

2. 유아과학교육을 위한 문학적 접근

1) 유아과학교육을 위한 문학적 접근의 의의

아동문학은 유아의 삶과 생각을 반영하고 있는 매체로서 유아교육현장에서 빈번히 사용된다. 문학을 과학의 매개로 사용할 경우 다음과 같은 의의가 있다. 첫째, 유아는 그림책에 있는 내용을 자신의 경험과 관련지어야 보다 쉽게 흥미가 유발되고 과학적 관심을 가질 수 있기 때문에 과학적 현상을 이해하는 데 효과적이다([그림 7-5]). 둘째, 그림책 속에 내재된 과학적 개념은 과학이 일반 사람들의 생활의 일부라는 생각을 강화시켜 준다. 다시 말해, 유아는 문학을 통해 과학적 개념을 더 잘 이해할 수 있고 기억할 수 있으며, 과학적 용어도 보다 친숙하게 익힐 수 있다. 셋째, 그림책은 주로 인지능력과 관련된 과학교육에 감정이입이나 이타심 등을 더해 주므로 정서적 측면에서도 효과적으로 사용될 수 있다.

[그림 7-5] 과학 활동을 돕는 다양한 주제의 그림책

2) 유아과학교육을 위한 문학활동 수행방법

유아과학교육을 위한 문학활동을 수행하는 데 있어서는 무엇보다도 유아의 흥미, 발달, 생활주제를 고려하여 과학적 개념과 과정기술이 적합하게 포함된 문학작품을 선정하는 것이 중요하다. 다음으로 문학작품을 들려주기 전, 도입으로 문학작품의 겉표지를 보며 이야기를 예상해 보거나 줄거리와 연관된 사진이나 그림을 보며 토의하기, 수수께끼, 손유희 등 간단한 활동을 통해 유아의 문학활동에 대한 동기를 유발시킨 후 문학작품을 들려준다. 그 후에는 문학작품 속의 과학적 용어나 개념에 대해 유아와 함께 탐구하고 토의하도록 한다. 또한 문학작품과 관련하여 과학적 탐구능력을 자극하고 격려할 수 있는 다양한 과학적 활동을 계획하여 전개하는 것이 바람직하다. 나아가 문학작품과 관련된 타 영역과 연계하여 유아가 습득한 과학적 개념이나 과정을 보다 의미 있게 표상하고 확장할 수 있도록 한다. 이와 같은 유아과학을 위한 문학 활동의 수행단계와 수행방법은 다음과 같은 과정을 거치는 것이 바람직하다.

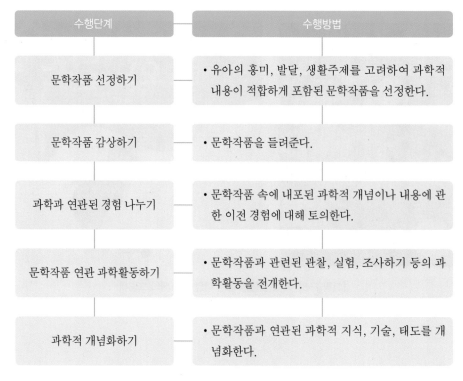

수행단계	수행방법
문학작품 선정하기	• 유아의 흥미, 발달, 생활주제를 고려하여 과학적 내용이 적합하게 포함된 문학작품을 선정한다.
문학작품 감상하기	• 문학작품을 들려준다.
과학과 연관된 경험 나누기	• 문학작품 속에 내포된 과학적 개념이나 내용에 관한 이전 경험에 대해 토의한다.
문학작품 연관 과학활동하기	• 문학작품과 관련된 관찰, 실험, 조사하기 등의 과학활동을 전개한다.
과학적 개념화하기	• 문학작품과 연관된 과학적 지식, 기술, 태도를 개념화한다.

[그림 7-6] 문학을 통한 과학활동 수행단계와 수행방법

〈표 7-3〉 문학을 통한 과학활동안

생활주제	여름	소주제	여름 해충	대상	만 4, 5세
활동형태	이야기 나누기	적용 수업모형	문학을 통한 과학활동	시간	30분
주제	여름 해충				
목표	• 해충의 의미와 그 종류를 안다. • 여름철 해충으로부터 자신의 몸을 건강하게 지키는 방법을 알고 실천할 수 있다.				

단계	활동요소	활동내용	자료	유의점
문학작품 감상하기 ↓	해충 일기	❖'즐거운 여름' 노래를 부르며 주의집중하여 앉는다. ❖주변에서 보았던 벌레에 대해 이야기 나눠 본다. 　• 여름에 볼 수 있는 벌레는 무엇이 있을까요? 　• 그중에서 사람들을 괴롭히는 벌레가 있나요? ❖『모기는 여름이 좋아요』 동화를 감상한다(사진 1). ❖모기한테 물린 경험에 대해 이야기 나눈다. 　• 살이 빨갛게 되고요, 딴딴해져요, 아파요. 　• 막 간지럽고 긁게 돼요, 많이 긁으면 피도 나요. 　• 따가워요, 살이 불룩 튀어나와요.	노래 악보 벌레 그림	유아 스스 로 과학 연 관개념을 발견해 가 도록 유도 한다.
과학과 연관된 경험 나누기 ↓		❖사람에게 나쁜 영향을 주는 벌레를 해충이라고 한다. 　• 해충은 어떻게 사람을 괴롭힐까요? 　（파리는 음식에 병균을 옮기고 모기는 뇌염이라는 병을 옮겨요, 바퀴벌레도 병균을 옮겨요 등） 　• 해충은 어떻게 생겨날까요? 　（쓰레기를 쌓아 놓은 더러운 장소에서 생겨나요, 깨끗이 청소하지 않은 곳에서 더러운 벌레가 나타날 수 있어요 등） 　• 해충에게 물리면 어떻게 해야 할까요? 　（약을 발라요, 긁지 않아야 해요, 차가운 물로 깨끗이 닦아 줘요, 벌레에게 물리지 않도록 항상 깨끗이 목욕해요 등）		다양한 방 법으로 개 념의 의미 를 확장 시키도록 한다.
문학작품 연관 과학활동 하기 ↓	여름의 해충과 곤충 분류하기	❖여름에 보이는 해충의 종류를 분류해 본다(사진 2). 　• 모기, 파리, 바퀴벌레, 진드기 등 ❖각 해충의 특징을 살펴보며 그물짓기를 해 본다. 　• 모기: 파리보다 몸이 작아요, 몸의 색이 검은색으로 보여요, 사람의 피를 먹고 살아요 　• 파리: 모기보다 몸집이 커요, 날아다닐 때 윙~ 소리도 나요	그림 자료 및 도서, 그림동화, 평가활동지	

| 과학적
개념화
하기 | 개념화-
해충 예방
방법 알기 | • 바퀴벌레: 몸의 색이 밤색이에요, 몸이 딱딱해요, 주
　방이나 구석진 곳에서 많이 볼 수 있어요.
• 진드기: 눈에 안 보일 정도로 작아요, 동물의 털에 붙
　어 살아요, 침대나 이불에 붙어 살아요.

❖반대로 사람들에게 해를 끼치지 않는 여름 곤충의 종류
　도 분류해 본다.
• 매미, 귀뚜라미, 여치, 방아깨비, 사슴벌레, 메뚜기,
　물방개, 무당벌레, 반딧불이 등

❖각 해충에 대한 이야기를 마인드맵(생각 모으기)으로
　정리해 보며 개념화한다(그림 1).

❖우리 몸을 해충으로부터 지키려면 어떻게 해야 좋을지
　정리해 본다.
　(청소를 깨끗이 한다, 소독을 자주 한다, 모기약을 뿌린
　다, 목욕을 자주 한다, 손을 비누로 씻는다 등) |
| | 해충 개념
확인 | ❖동화『모기는 여름이 좋아요』를 들으며 마무리하고 해
　충에 관한 도서를 볼 수 있도록 언어 영역에 준비해 줌
　으로써 해충에 대한 개념을 정교화하도록 돕는다.

＊ 해충에 대한 개념학습이 잘 이루어졌는가?
＊ 해충으로부터 자신의 몸을 지키는 방법을 아는가? |

관련 활동 모습

〈사진 1-해충 관련된 동화 듣기〉

〈사진 2-해충의 종류를 분류해 보았어요〉

여름
해충에 대한
유아의
생각 모으기

해충이란?

- 나쁜 곤충을 말해요.
- 파리, 모기, 진드기, 바퀴벌레 등이
  있어요.
- 사람을 괴롭혀요.
- 병균을 옮겨요.
- 뇌염에 걸려요.
- 몸이 더러워지고 아파요.

건강을 지키려면?

- 모기장을 사용해요.
- 청소를 깨끗이 해요.
- 모기약을 뿌려요.
- 예방주사를 맞아요.
- 목욕을 자주 해요.
- 비누로 깨끗이 씻어요.
- 소독을 자주 해요.

이
론
편

3. 유아과학교육을 위한 창의적 실험 접근

1) 유아과학교육을 위한 창의적 실험 접근의 의의

유아과학교육을 위한 창의적 실험은 유아가 마치 과학자처럼 구조적이고 체계적인 실험을 계획하고 실행하는 과정 중심의 과학교수방법으로, 발견학습 접근법의 한 유형으로도 소개된 바 있다. 유아는 본능적으로 주변 세계에 대해 호기심과 탐구심을 가지고 있으며 자발적 질문을 끊임없이 하므로 실험을 통해 질문에 대한 답을 스스로 발견할 수 있도록 하는 것이 바람직하다. 특히 창의적 실험 접근방법은 유아의 호기심과 궁금증에 대해 직접적인 정보를 제공해 주는 것이 아니라 유아로 하여금 궁금증에 대한 답을 구하기 위해 현상을 지속적으로 관찰하고 정리하여 결국 질문에 대한 답을 유아 스스로 발견할 수 있도록 한다. 이 접근방법은 미리 계획된 실험방법이 있을지라도 이를 그대로 재현하는 것이 아니라 현상에 대한 의문을 제시하고 체계적인 과정을 통해 다양한 방법을 경험하도록 하는 것이다.

2) 유아과학교육을 위한 창의적 실험활동 수행방법

유아과학교육을 위한 창의적 실험활동 수행을 위해서는 무엇보다도 유아의 호기심을 유발할 수 있는 현상을 함께 발견하고 탐색해야 한다. 예를 들어, 유아는 추운 겨울 비닐하우스 속의 파릇파릇한 식물이나 하늘을 나는 종이비행기를 신기해한다. 이러한 호기심은 유아로 하여금 '왜?'라는 의문을 제기할 수 있도록 해 주며 유아의 의문은 토의를 통해 창의적 실험활동의 기초인 문제제기를 설정하도록 해 준다. 예를 들어, '왜 비닐하우스 안은 따뜻할까?' 혹은 '어떻게 하면 비닐하우스를 만들 수 있을까?' 등 현상에 대한 문제를 보다 명료화하고 구체화하는 과정을 통해 문제제기를 한다. 다음으로 제기된 문제에 대한 답을 구하기 위해 가설을 설정하고 이와 관련된 실험절차를 계획한다. 기존에 제시된 절차가 있을 수도 있지만 실험절차는 유아와 토의하는 과정 중에 수정될 수도 있고 변화될 수도 있음을 기억해야 하며 유아의 다양한 의견을 존중해 주어야 한다. 이러한 실험을 수행하는 동안 발생하는 다양한 자료를 유아와 함께 수집하고 이를 정리하여 결론을 도출해 내는 과정을 거치면서 유아는 과학적 개념을 습득할 수 있을 뿐 아니라 과학자처럼 실험을 설계하고 직접 수행해 보는 과정을 통해 과학적 경험을 할 수 있다. 이에 유아과학교육을 위한 창의적 실험 수행단계와 수행방법은 다음과 같은 과정을 거치는 것이 바람직하다.

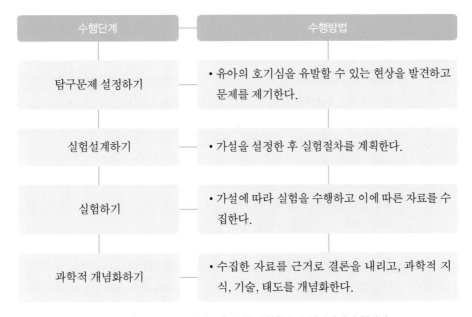

[그림 7-7] **창의적 실험 접근을 통한 과학활동 수행단계와 수행방법**

⚛〈표 7-4〉 창의적 실험 접근을 통한 과학활동안

생활주제	기계와 도구	소주제	기계와 도구	대상	만 4, 5세
활동형태	소집단	적용 수업모형	창의적 실험 접근	시간	40분
주제	빙그르르 프로펠러				
목표	• 프로펠러를 날려 보는 놀이를 하면서 프로펠러의 크기와 무게에 따라 움직임이 달라짐을 안다.				

단계	활동요소	활동내용	자료	유의점
탐구 문제 설정 하기	프로펠러 수수께끼	❖이야기 나누기로 프로펠러에 대한 흥미를 유발한다. • 오늘은 선생님이 하늘을 나는 것의 멋진 사진을 가지고 왔어요. 하늘을 나는 것에는 무엇이 있을까요? (독수리요, 비행기요, 잠자리요.) • 선생님이 수수께끼를 내면 잘 듣고 알아맞혀 보세요. • 잠자리를 본떠 만든 모양이에요. 사람을 태우고 날 수 있어요. 군대에서 많이 사용해요. 나는 무엇일까요? (배요, 비행기요.) • (그림을 보여 주면서) 그래요. 비행기인데 정확한 이름은 헬리콥터예요. 본 적이 있나요? • 비행기와 다른 점은 뭐가 있을까요? (위에 큰 날개가 있어요. 비행기가 더 커요.) • 그래요. 비행기보다 작고요. 빙글빙글 도는 프로펠러라고 하는 큰 날개가 있어요. 날개가 빙글빙글 돌아가면서 하늘에서 나는 걸 도와준답니다. • 우리도 프로펠러를 만들어서 하늘을 날아 보게 할까요?	헬리콥터, 비행기 사진	
↓	프로펠러 비교 예측하기	❖노랑이, 분홍이, 파랑이, 프로펠러에 대해 이야기 나눈다. (돌려요, 입으로 바람을 불어요, 잡고 달려요.) • 노랑이와 분홍이, 파랑이의 크기와 무게를 비교해 보면 어떻게 다를까요? (노랑이와 파랑이는 모양은 같은데 무게가 다르고, 노랑이와 분홍이는 무게는 같은데 날개 크기가 달라요.) • 어떤 프로펠러가 제일 오래 날 수 있을까요?	미리 만든 프로펠러	

실험 설계 하기 ↓	프로펠러 만들기	❖프로펠러 활동지를 이용해 프로펠러를 만들어 본다(사진 1, 2). • 프로펠러를 가로로 오리고 접어서 프로펠러를 만든다. • 분홍색과 노란색 프로펠러 아랫부분에 풀이나 테이프를 붙이고 클립을 끼운다. • 파란색 아랫부분에 풀이나 테이프로 붙이고 동전(와서) 또는 고무찰흙을 붙인다. 각 프로펠러에 자기 이름을 쓴다. • 세 가지 색깔 프로펠러의 날개 크기를 비교해 본다. • 세 가지 색깔 프로펠러의 무게를 비교해 본다.	프로펠러 활동지, 동전, 클립, 고무찰흙, 가위, 테이프나 풀	프로펠러 활동지 1을 두꺼운 일 반 용지에 복사한다.
실험 하기 ↓	프로펠러 돌리기	❖프로펠러 떨어뜨리기 실험을 해 본다(사진 3). • 분홍색 프로펠러와 노란색 프로펠러를 양손에 하나씩 잡고, 같은 높이에서 떨어뜨려 보세요. • 노란색 프로펠러와 파란색 프로펠러를 양손에 하나씩 잡고, 같은 높이에서 떨어뜨려 보세요. • 날개가 큰 프로펠러와 날개가 작은 프로펠러를 떨어뜨려 어느 쪽이 더 빨리 떨어지는지 관찰해 보세요. • 날개의 크기가 같은 노란색과 파란색 프로펠러의 경우 클립을 끼운 프로펠러와 동전을 붙인 프로펠러 중 어느 쪽이 더 빨리 떨어지는지 관찰해 보세요. • 친구와 함께 프로펠러가 어떻게 하면 빙그르르 잘 돌면서 내려오는지 이야기를 나누어 보고, 몸으로 표현해 보세요.	완성된 프로펠러 3개, 프로펠러 활동지 2, 수직이착륙 기, 공기부 양쾌속정 사진	높은 곳에 서 실험하 므로 안전 에 유의하 도록 지도 한다.
과학적 개념화 하기 ↓	프로펠러 가 떨어지 는 이유 알기	❖프로펠러가 빙그르르 돌면서 천천히 떨어지는 이유는 프로펠러의 날개가 떨어지면서 공기와 부딪히기 때문이다. 노랑이가 더 천천히 떨어지는 이유는 프로펠러의 날개가 클수록 공기와 부딪히는 면이 많아져서 더 천천히 떨어지게 되는 것이다. 무게가 다른 노랑이와 파랑이의 경우 동전은 클립보다 무겁기 때문에 동전을 붙인 프로펠러가 더욱 빠르게 돌면서 먼저 떨어지는 것이다.		
결과 및 작용	프로펠러 를 이용한 물건 찾기	❖프로펠러 활동지 2를 통해 우리 주위에서 프로펠러를 활용해 만든 기계와 도구를 찾아본다(사진 4).		

이론편

비고	❖프로펠러의 크기와 무게에 따른 움직임을 아는가? • 프로펠러를 만들 때 두꺼운 종이로 인쇄를 해야 공기에 저항하는 힘이 있어 더 오래 뜰 수 있다. 유아가 환호성을 지르며 실험활동에 흥미 있어 하고, 몸으로 표현하며, 서로 같은 색끼리, 또는 다른 색끼리 게임을 하기도 한다. • 바람개비는 앞에서 부는 바람의 힘으로 돌아가지만 프로펠러는 떨어지면서 공기와 부딪치는 힘으로 돌아가기 때문에 무게가 많이 나가면 더 빠르게 돌아가는 것을 볼 수 있다. 프로펠러는 한 가지 색으로 하고 찰흙 무게를 다르게 붙여서 실험을 해도 결과를 쉽게 확인할 수 있다.

관련 활동 모습

〈사진 1-프로펠러 만들기(소집단)〉

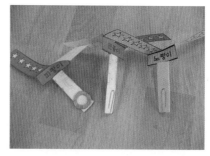

〈사진 2-완성된 프로펠러〉

〈사진 3-날리는 실험하기〉

〈사진 4-프로펠러 활동지〉

〈빙그르르 프로펠러 활동지〉

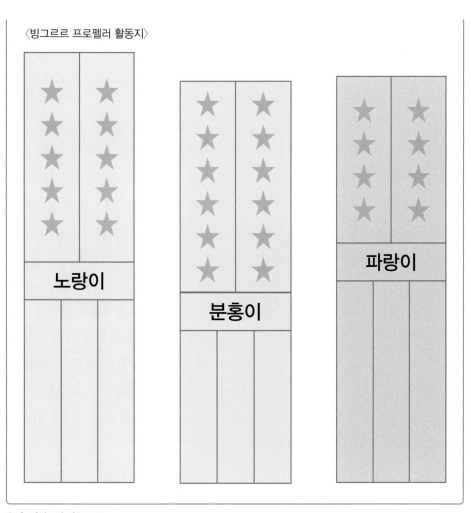

출처: 전남교육청(2004).

4. 유아과학교육을 위한 요리활동 접근

1) 유아과학교육을 위한 요리활동 접근의 의의

유아를 위한 요리활동은 요리 종류의 선택에서 재료의 구입, 재료의 탐색, 음식 만들기, 맛 보고 정리하기에 이르는 전 과정을 말한다. 요리를 하기 위해서는 정해진 방법이나 요리 순서표에 따라서 음식을 만들고, 이러한 요리과정 중에 재료의 변화를 관찰하고 더 좋은 맛을 내기 위해 다양한 방법을 시도해 보기도 한다. 이러한 과정이 과학실험과정과 매우 유사하기 때문에 요리는 과학을 직접적으로 경험할 수 있는 접근방법이라고 할 수 있다(유윤영, 2004).

예를 들어, 요리 재료를 고르고 손질하는 활동은 재료를 가까이에서 탐색할 기회를 제공해 준다. 또한 끓이기, 얼리기, 데우기, 볶기 등의 요리과정 및 요리 후의 화학적 변화를 관찰, 예측하게 함으로써 과학적 과정기술을 경험할 수 있다. 이때 시간과 온도는 요리활동의 필수적 요소로서 이 중 어느 한 가지라도 부적합하면 원하는 대로 요리가 완성되지 않으므로 요리활동에는 양과 무게의 측정 개념뿐 아니라 시간과 온도의 측정을 경험할 수 있다.

2) 유아과학교육을 위한 요리활동 수행방법

유아과학교육을 위한 요리활동은 다음과 같은 수행단계와 수행방법을 거치는 것이 바람직하다.

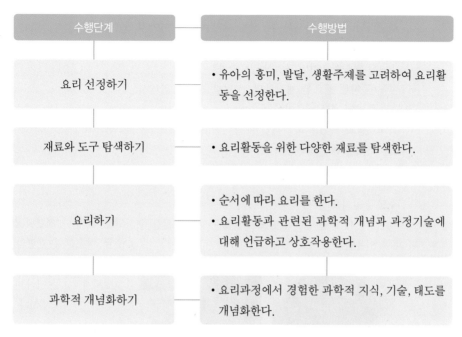

[그림 7-8] 요리활동을 통한 과학활동 수행단계와 수행방법

다음은 앞서 제시한 유아과학교육을 위한 요리활동 수행방법에 따라 달걀 삶기 요리활동을 한 예다.

⟨표 7-5⟩ 요리활동을 통한 과학활동안

생활주제	동식물	소주제	닭	대상	만 3세
활동형태	소집단	적용 수업모형	요리를 통한 과학활동	시간	30분
주제	달걀 삶기				
목표	• 달걀을 삶으면(열을 가하면) 달걀의 상태가 변화하는 과정을 탐색해 본다. • 삶은 달걀의 맛과 촉감을 느껴 본다.				

단계	활동요소	활동내용	자료	유의점
요리 선정하기 ↓ 재료와 도구 탐색하기	흥미유발	❖동식물 주제를 전개하는 동안 닭에 관심을 가지고 닭이 낳은 달걀을 삶아 보는 요리활동을 해 보기로 한다. ❖달걀에 대해 이야기해 본다. 　• 달걀을 본 적 있니? 　• 달걀은 어떻게 생겼니? 　• 달걀로 무엇을 할 수 있을까? 　• 달걀 안에는 무엇이 들어 있을까?	달걀	

↓

요리
하기

❖준비된 재료를 탐색한 후, '달걀 삶기'에 대해 이야기
  나눈다.   달걀
  • 달걀을 삶으려면 무엇이 필요할까?
  • (준비된 재료를 제시하면서) 달걀을 삶기 위해서
    준비된 재료는 무엇이 있을까?
  • 소금과 식초는 왜 준비했을까?
  • 주걱은 왜 준비했을까?
  • 어떻게 하면 달걀을 잘 삶을 수 있을까?

❖달걀 삶기를 한다.
  • 냄비에 물을 얼마나 넣으면 달걀을 맛있게 삶을 수   달걀, 냄비,   *계란의 물
    있을까?   소금, 식초,   은 계란의
                                                        주걱, 물,   4/5 정도 넣
                                                        초시계   는 것이 바
                                                                        람직하다.

  • 냄비에 물을 담은 후, 소금과 식초를 넣어 준다.   *소금은 흰
  • 달걀을 삶는 동안 주걱으로 달걀을 살살 저어 준다.   자를 빨리
  • 물이 끓는 시점부터 7~8분이 되면 달걀을 하나 건   도마, 칼   굳어지도
    져 낸다.   록 하여 달
  • 물이 끓는 시점부터 10~12분이 되면 불을 끄고 달   걀이 잘 깨
    걀을 건져 낸다.   지지 않도
  • 냄비의 불을 끄고, 달걀을 꺼내 찬물에 담가 식힌다.   록 한다.
  • 달걀의 껍질을 벗겨 반으로 자른다.
                                                                    *식초는 달
                                                                    걀 껍질을
                                                                    녹이는 역
                                                                    할을 하여
                                                                    삶은 달걀
                                                                    껍질이 쉽
                                                                    게 벗겨지
                                                                    게 하는 역
                                                                    할을 한다.

과학적 개념화 하기	❖준비된 재료를 탐색한 후, '달걀 삶기'에 대해 이야기 나눈다. • 달걀을 삶아 보았는데 달걀의 모양과 색이 어떻게 되니? • 달걀을 삶기 전, 달걀을 삶는 중간에 꺼낸 것, 달걀을 끝까지 삶은 것은 색, 모양, 맛이 어떻게 다른 것 같니? • 왜 달걀의 색, 모양, 맛이 다를까? • 왜 열을 가하면 달걀의 색, 모양, 맛이 달라질까? • 달걀을 삶을 때 주의해야 할 점은 무엇일까?

〈날달걀〉　　〈반숙〉　　〈완숙〉

이
론
편

제8장

유아과학교육을 위한
환경

1. 유아과학교육을 위한 바람직한 환경 구성의 원리를 이해한다.

2. 탐구력 증진을 위한 과학환경 구성의 중요성을 인식한다.

3. 유아과학교육에 앞서 과학교육을 위한 바람직한 교실을 구성할 수 있다.

이상적인 교육환경이란 학습자가 능동적으로 지식을 구성하는 공간으로서 자기 주도성, 실험, 문제해결, 사회적 상호작용이 격려되는 곳이다. 물론 유아의 과학활동은 유아가 호기심을 갖는 주변 어디에서나 이루어질 수 있지만 의도적으로 잘 구성된 과학친화적인 환경이 있다면 더없이 좋을 것이다. 이 장에서는 유아과학교육을 위한 환경을 유아교육기관과 지역사회로 구분하여 살펴보고자 한다.

1. 유아과학교육을 위한 유아교육기관 환경

유아의 탐색을 지원하는 과학 교육환경은 직접적인 조작을 통한 경험이 가능하도록 마음껏 만지고, 보고, 느낄 수 있는 다양하고 풍부한 자료를 제공해야 한다. 환경 구성은 심리적 환경과 물리적 환경으로 구별할 수 있다. 먼저, 탐구가 가능한 심리적 환경을 제공하기 위해서 교사는 과학에 대한 긍정적인 태도를 가지고 유아가 자발적으로 학습할 수 있는 수용적이고 따뜻한 분위기를 제공할 수 있어야 한다. 특별히 교사에 대한 신뢰감이 형성되어 있다면 더욱 좋을 것이다. 또한 물리적 환경 제공자로서 유아의 궁금증과 호기심을 촉진할 수 있는 자료를 준비하고 유아 스스로 새로운 사실을 발견할 수 있는 환경을 구성함으로써 과학적 탐구과정을 도와야 한다(Chaille & Britain, 2003).

[그림 8-1] 유아과학교육 관련 환경 영역

환경 제공자로서 교사의 역할은 유아의 탐구활동을 촉진시킬 수 있는 과학 영역을 구성하고, 과학활동에 필요한 자료를 활동 주제별로 선별하여 수집하며, 과학활동을 위해 필요한 도구와 자료를 준비하고 이를 실내외에 배치하는 것이다. 유아과학교육을 위한 유아교육기관 환경은 실내 환경, 실외 환경으로 구분할 수 있다(신은수, 안경숙, 김은정, 안부금, 2006).

1) 실내 환경

유아를 위한 과학활동 영역은 교실의 크기, 과학 영역의 구조, 자료의 선정 및 적절한 배치, 과학활동 내용 등에 따라서 달라질 수 있다. 유아과학교육을 위한 환경은 유아의 과학적 호기심과 탐구심을 유발시킬 수 있는 사물과 과학적 현상에 대해 흥미를 갖고 몰입할 수 있도록 풍부한 자료가 구비되어야 한다. 과학활동을 위해 환경을 구성하는 것은 과학교육과정의 중요한 부분으로 다음과 같은 점이 고려되어야 한다.

첫째, 과학활동을 위한 도구나 자료는 유아에게 적합한 것으로 호기심을 자극할 수 있어야 하되 스스로 쉽게 꺼내 사용할 수 있도록 배치하여야 한다.

둘째, 교실에서 동식물을 기르는 경우 햇빛과 그늘이 동시에 필요하므로 과학 영역이 창가에 위치한 경우 필요에 따라 커튼이나 블라인드를 설치한다. 동식물을 기르는 경우 유아가 돌볼 수 있도록 당번이나 규칙을 정해 생명을 존중하는 태도를 기르도록 한다.

셋째, 과학 영역의 환경은 개별 및 소집단으로 활동 공간을 확장하거나 심화하여 진행할 수 있도록 자료와 공간의 융통성을 고려하여 구성되어야 한다.

넷째, 과학 영역이 관련 자료의 전시장으로 전락하지 않도록 유의한다. 과학 영역은 관련 자료나 현상에 대한 관찰과 실험, 탐구가 활성화되는 공간으로 주기적으로 관리되어야 한다.

다섯째, 과학 영역은 조용하되 물을 사용하기 쉬우면서 출입이 빈번하지 않아 방해를 받지 않으면서 여러 물건을 안전하게 사용할 수 있는 곳에 자리 잡는 것이 좋다.

여섯째, 과학활동자료는 유아에게 필요한 만큼 적절한 수량으로 제공한다.

일곱째, 과학활동자료는 탐색과 조작에 앞서 안전한 것을 제공하되, 활동자료, 특히 생물을 다룰 때 생명의 소중함이 강조되어야 한다.

여덟째, 활동자료를 사용하고 난 다음에는 스스로 정리 정돈할 수 있도록 지도하고, 재활용할 자료가 있는 경우에는 분리수거하여 재활용의 가치를 알게 한다.

이러한 유아를 위한 과학 영역의 구성은 교실의 다른 흥미 영역과 연결될 수 있도록 구성하되, 확장 및 통합 요소도 고려하여 배치한다.

[그림 8-2] 과학 환경구성

(1) 과학 영역

과학 영역이란 과학 학습을 위한 다양한 교구와 자료, 책 등을 별도로 모아 설치한 공간으로, 과학 영역을 구성하기 위해서는 몇 가지 기본적인 원리를 고려해야 한다(황의명, 조형숙, 2009). 먼저, 과학 영역은 동식물 기르기와 실험하기 등의 동적인 측면과 관찰 및 조사하기 등의 정적인 측면을 고려하고, 활동의 독립성을 보장할 수 있도록 소음 정도도 고려해야 하며 과학활동에 필요한 여러 자료를 편리하고 안전하게 사용할 수 있어야 한다.

과학 영역은 대체로 유아나 교사가 수집한 자료를 감각적으로 탐색할 수 있는 감각 테이블과 교육 주제에 관련된 과학활동 자료를 제시한 학습 테이블, 과학활동에 필요한 자료를 정리해 놓은 정리장, 그리고 과학에 관한 도서, 동식물 기르기 테이블, 유아가 활동할 수 있는 책상과 의자 등으로 이루어진다.

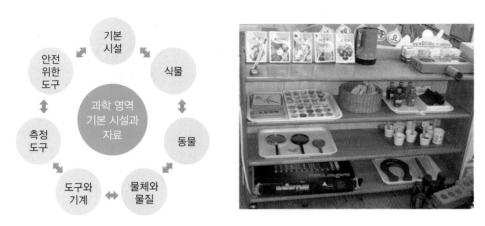

[그림 8-3] 과학 관련 환경영역

과학 영역 주요 구성요소				
감각 코너	학습 코너	과학도서	동식물 기르기 코너	정리장, 책상, 의자

[그림 8-4] 과학 영역 5대 구성요소

① 감각 코너

　감각 코너에 제공되는 자료는 활동 주제와 꼭 맞지는 않더라도 계절에 따라 수집한 자연물이나 다양한 감각자료를 주기적으로 교체해 주면서 구성할 수 있다. 과학영역 감각 코너에 비치할 수 있는 자료는 5감각(시각, 촉각, 후각, 미각, 청각) 중 두 가지 이상의 감각을 활용하여 사물을 주의 깊게 관찰할 수 있는 자료를 마련해 둔다. 유아들은 과학 영역 감각 코너에서 다양한 감각을 활용해 물체와 물질을 탐색하며 자연스러운 호기심을 유발할 수 있다.

[그림 8-5] 과학 영역 감각 코너

출처: theimaginationtree.com

② 학습 코너

학습 코너에는 생활주제와 관련된 대소집단활동 과학활동 자료나 실험거리를 마련해 둔다. 학습 코너에 마련된 과학실험 활동자료는 연령별로 '물에 뜨는 것과 가라앉는 것' '자석에 붙는 것과 붙지 않는 것'처럼 즉각적인 반응을 관찰할 수 있는 활동으로부터 뼈의 부식과정 관찰활동(식초에 계란이나 물고기 뼈를 담가 두어 몇 주 동안

[그림 8-6] 과학 영역 학습 코너

출처: teachermagazine.com

관찰함으로 부식과정을 실험할 수 있는 활동) 등을 마련해 둘 수 있다. 유아들은 학습
코너에 준비된 다양한 실험활동에 참여하면서 생활주제와 연관된 과학활동을 심도
있게 탐구할 수 있도록 돕는 코너다. 또한 학습 코너에는 이전에 제시된 과학활동
중 유아가 흥미로워 하는 창안활동이 있다면 생활주제가 종료되었더라도 계속적으
로 실험, 탐구할 수 있도록 도울 수 있다. 과학 영역 감각 코너와 학습테이블 구성에
참조할 수 있는 자료는 다음 〈표 8-1〉과 같다.

〈표 8-1〉 과학 영역 감각 코너와 학습 코너 비치 자료의 예

구분	과학 영역 비치 자료
여러 가지 물체와 물질	각종 암석, 돌, 모래, 흙, 자갈, 조개껍데기, 코르크, 철, 구리, 주석, 니켈, 못, 나사못, 클립, 고무밴드, 테이프, 비닐류, 철사, 모루, 이쑤시개, 빨대, 노끈, 랩, 포일, 종이 타월, 헝겊, 요리용 재료(설탕, 소금, 밀가루, 식용유, 전분), 단추, 고리, 모래종이, 비닐장갑, 양초, 스펀지, 세제
	튜브, 플라스틱 관, 상자, 종이 접시, 냄비, 주전자, 수저, 병, 각종 끈
	종이, 연필, 테이프, 분필, 휴지
일반적인 도구 및 기계	각종 거울(손거울, 탁상용, 벽걸이용, 오목거울, 볼록거울, 자동차 백미러)
	자석류, 확대경, 이중 확대경, 프리즘, 쌍안경, 건전지, 도르래, 손전등, 악기류, 카메라, 청진기, 녹음기, 만화경, 온도계
	망치, 톱, 송곳, 드라이버, 너트와 볼트, 열쇠와 자물쇠
	고장 난 라디오, 고장 난 시계, 고장 난 카메라
	바퀴 달린 물건
	믹서, 핀셋, 수저, 국자, 각종 용기, 계량 컵, 계량 스푼, 저울, 천칭
측정을 위한 도구	각종 저울(요리용 저울, 체중계, 양팔저울 등)
	자(삼각자, 막대자, 줄자, 자동자)
	비커, 깔때기, 각종 그릇, 계량 스푼
	온도계(실내외용, 수중 온도계)
	시계(초침 있는 것), 모래시계
안전을 위한 도구	앞치마, 면장갑, 작업용 장갑, 작업복, 안전 안경

이론편

[그림 8-7] 과학 영역 환경 구성의 예

③ 과학도서

도서는 언어 영역에 국한되어 비치되기보다 과학 영역에도 비치되어 유아의 제한적으로 발현된 궁금증을 충족할 수 있도록 도울 수 있다. 다만, 과학 영역에 놓아 줄 수 있는 도서는 스토리가 없는 과학정보에 국한된 식물도감, 동물도감 같은 정보 그림책을 비치해 주는 것이 좋다.

식물 도감(도서출판 보리)　　곤충 도감(도서출판 보리)　　나무 목재 도감(한스미디어)

[그림 8-8] 과학도서

생활주제와 연관되어 언어 영역에 비치하여 유아의 탐구심 확장을 돕기에 유익한 과학 관련 도서는 〈표 8-2〉와 같다.

〈표 8-2〉 과학 관련 그림책

	과학 관련 그림책	글/그림	출판사
우리몸	뼛속 마을 꼭꼭이	안나 러셀만	현암사
	우리 몸의 구멍	허은미	천둥거인
	너랑 나랑 뭐가 다르지?	빅토리아 파시니	비룡소
	뼈	호리 우치 세이치	한림출판사
	콧구멍 이야기	야규 켄이치로	한림출판사
	손가락 토끼	뤼시 알봉	솔
생물	이상한 자연사 박물관	에릭 로만	미래아이
	네가 달팽이니?	주디 앨런/튜더 험프리스	다섯수레
	동물은 언제나 행복할까요?	앙드레 엘레	산하
	흰기러기의 여행	데보라 킹	유아중앙
	개구리가 알을 낳았어	이성실/이태수	다섯수레
	씨앗은 무엇이 되고 싶을까?	김수한/김인경	천둥거인
	날개를 기다리며	루이스 엘럿	베틀북
	상상해 봐	앨러슨 레스터	중앙출판사
	살아 있는 모든 것은	브라이언 멜로니/로버트 잉펜	마루벌
자연현상	까치와 소담이의 수수께끼 놀이	김성은/김종도	사계절
	달님은 밤에 무얼 할까요?	안 에르보	베틀북
	엄마 난 이 옷이 좋아요	권윤덕	재미마주
	비 오는 날 또 만나자	사토우치 아이/히로노 다카코	한림출판사
	바람이 멈출 때	샬로트 졸로트/스테파노 비탈레	풀빛
	갯벌이 좋아요	유애로	보림
	사계절	존 버닝햄	시공주니어
	난 달이 뭔지 알아	스티븐 액셀 앤더슨/그렉코치	문학사상사
	누가 해를 먹고 있어요	루스 선본/에릭 거니	미래아이
	천둥 케이크	패트리샤 폴라코	시공주니어
	무지개를 잡았어요	돈 프리먼	마루벌
물체와 물질	침대 밑에는 뭐가 있을까?	믹 매닝/브리타 그란스트룀	그린북
	소금이 온다	도토리/백남호	보리
	눈사람	안데르센 원작, 함영연/오현아	종이나라
	퐁당퐁당 물감놀이	엘렌 스톨 월시	(주)아가월드

도구와 기계	도로 공사를 마치자! 뚝딱뚝딱	디안 레드먼드	베틀북
	녹슨 못이 된 솔로몬	윌리엄 스타이그	시공주니어
	아빠의 선물	단 수테르크만스/안느 베스테르다인	아이 에듀테인먼트
	파란 의자	클로드 부종	비룡소
	아씨방 일곱 동무	이영경	비룡소
	우산	야시마 타로	미래아이
	빨간 단추	박은영	비룡소
	신기한 텔레비전	고미 타로	베틀북
	크리스마스 선물	존 버닝햄	시공주니어

④ 동식물 기르기 코너

교실에서 동물이나 식물을 키우면서 주기적으로 돌보는 경험이 이루어지는 공간으로 유아들이 동물의 성장과정을 관찰하고 먹이를 주거나, 식물을 가꾸며 계절에 피는 꽃과 열매를 관찰할 수 있는 기회를 제공할 수 있다.

- 식물: 교실에서 유아가 식물을 기르려면 쉽게 자라고 주변에서 쉽게 볼 수 있는 식물에서 생소한 식물까지 순차적으로 배치하되, 식물이 성장하는 데 방해받지 않는 공간에 심어야 한다. 식물을 돌보기 위해 물 주는 당번이나 물 주는 날 표시, 확대경, 온도계, 모종삽, 팻말 등을 준비해 준다. 또한 안전에 위해가 되는 식물이나 위험한 수액이 나오는 식물은 기르지 않도록 한다. 만약 식용식물의 경우에는 특정 알레르기나 독소가 있는 식물인지 확인할 필요가 있다.
- 동물: 유아와 함께 동물이나 곤충을 기를 때 가장 유의할 점은 동물과 곤충을 보호하는 마음과 청결과 안전에 주의하는 것이다. 교사는 발생 가능한 모든 위험요소를 예상하여 유아나 동물 모두 상해를 입지 않도록 유의해야 한다. 특별히 교실에서 키우던 동물이 죽은 경우 신속히 처리해야 한다. 특정 온혈동물에는 벼룩, 진드기와 같은 것이 있어 병균을 옮길 수 있다. 동물이나 곤충을 키울 때는 적절한 크기의 깨끗한 사육장이 마련되어야 하며, 사육장에는 안전장치가 있어야 한다. 동물병원이나 곤충가게에서 구입하는 경우 질병에 감염된 것을 구입하지 않도록 주의한다. 또한 동물을 만질 때는 장갑을 착용하여 물리는 일이 없도록 주의해야 하며 유아가 동물을 돌본 후에는 즉시 손을 씻도록 지도해야 한다.

[그림 8-9] 과학 영역 동식물 기르기

〈표 8-3〉 과학 영역의 동식물 기르기 관련 자료

구분		과학 영역 비치 자료
기본 시설		전시대, 책상, 게시판, 선반, 자료장
식물	곡식	쌀, 보리, 각종 콩, 팥, 조, 수수, 옥수수, 깨
	야채	무, 배추, 감자, 고구마, 당근, 홍당무, 양파
	씨앗	해바라기씨, 나팔꽃씨, 채송화씨, 코스모스씨, 물잔디씨, 은행, 잣, 밤, 깨, 대추, 땅콩, 호두
	화초	테라리움, 나팔꽃
	잎, 꽃잎	계절에 따라 수집할 수 있는 종류
	기구	여러 가지 크기의 화분, 상자, 물통, 모종삽, 호미, 호스, 물뿌리개, 삽, 곡괭이, 울타리
동물		• 열대어, 물고기(송사리, 미꾸라지 등), 금붕어, 달팽이, 개구리, 올챙이, 다람쥐, 토끼, 병아리, 닭, 오리, 공작, 십자매, 잉꼬, 청거북, 자라 • 각종 동물의 뼈, 알, 털, 깃털
		• 기구: 어항, 수족관, 새장, 동물 우리, 먹이와 먹이 그릇, 관찰 기록지, 망, 새둥지
곤충		• 개미, 나비, 잠자리, 메뚜기, 여치, 무당벌레, 사마귀, 매미, 귀뚜라미 • 먹이, 개미집, 곤충 채집망, 채집통, 관찰기록지, 곤충상자

　　이외에도 과학 영역에는 유아가 흥미 있어 하는 자료를 자유롭게 꺼내 활용할 수 있도록 교구장, 책상과 의자, 게시판, 자료장 등의 기본 시설을 배치한다.

과학영역 구성 점검 사항

즐거운 과학활동을 위해 교실의 물리적 배치는 중요하다. 교실 크기. 유아의 이동 동선. 기둥과 벽. 전기콘센트. 출입구 등은 공간 구성 시 고려해야 할 기본요소다. 학기 초는 영역 구성을 위해 배치도를 그려 본 후 다음 사항을 확인해 본다.

- 주어진 공간을 활용할 수 있는 최선의 방안으로 구성하였는가?
- 과학 영역에 활동의 내용(관찰–비교–측정–시험–창안 등)은 편중됨 없이 비치되었는가?
- 과학활동에 활용할 재료의 종류는 충분한가?
- 교구장의 배치는 적절한가?
- 추가로 필요한 교재. 교구. 비품은 없는가?
- 이미 있는 교재. 교구. 비품 중 교체할 것은 없는가?
- 교실의 바닥은 활동 용도에 맞게 적절한가?
- 교실의 출입구와 비상구는 적절한 곳에 있는가?
- 과학 영역은 유아의 연령과 발달특성을 고려했는가?
- 구성된 과학 영역에 위험요소는 없는가?
- 과학 영역이 유아의 호기심과 탐구심을 증진하기에 충분한가?

(2) 과학 게시판

유아를 위한 과학환경에는 과학 영역뿐 아니라 게시판과 전시 영역도 포함된다. 과학 게시판(bulletin boards)에는 생활주제와 관련된 그림이나 사진 자료 등이 전시될 수 있으며 게시판 글씨는 교실 전체에서 쉽게 읽을 수 있는 크기로 제작한다. 만약 게시판에 질문이나 과학 정보를 소개하고 싶다면 과학적 개념에 대해 초점을 맞추어 간략히 게시하는 것이 좋다. 너무 긴 문장을 사용하거나 유아가 이해하기 어려운 낱말을 사용하기보다는, 문장은 간략하게 약술하여 제시한다. 글자의 색, 크기와 모양을 너무 다양하게 사용할 경우 다루어야 할 중요한 내용을 놓칠 수 있으므로 유의한다.

[그림 8-10] 예비교사들이 꾸민 생활주제 봄(꽃과 꿀벌) 관련 게시판

(3) 과학 영역의 교재교구

유아를 위한 과학활동은 적절한 도구와 자료를 사용할 때 폭넓게 확장된다. 유아는 자료를 직접 조작해 보는 기회를 통하여 그 자료의 특성과 도구의 용도에 따른 사용법도 알게 된다. 과학 영역에 비치해야 할 교재교구는 전문기관에서 구입할 수 있는 재료와 주변에서 쉽게 구할 수 있는 재료나 재활용품으로 구분할 수 있다.

① 전문기관에서 구입할 수 있는 재료
• 과학 전문업체에서 구입할 수 있는 재료
  −현미경, 슬라이드, 앞치마, 온도계, 자석과 전구, 식물, 동물, 곤충 등
• 구입 시 고려할 점
  −제품 카탈로그를 검토한다.
  −적어도 2개 업체의 가격과 질을 비교한다.
  −해당 재료를 구입했던 교사의 평가를 살펴본다.
  −재정 지출에 대한 계획을 세운다.
  −살아 있는 동식물 표본을 구매할 때에는 필요한 시간에 공급받을 수 있도록
   계획한다.

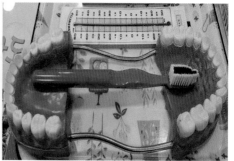

[그림 8-11] 전문기관에서 구입할 수 있는 과학활동자료

② 주변에서 쉽게 구할 수 있는 재료

창의적인 과학활동을 위해서 분리수거함이나 재활용센터도 훌륭하게 활용할 수 있다. 정기적으로 가정과 연계하여 학부모로부터 도움을 받는 것도 하나의 방법이다. 만약 교실에 재활용 영역을 구성한다면 유아에게 재활용의 중요성을 가르칠 수 있다. 또한 우리 동네와 연관된 주제활동을 다룬다면 동네 식당, 채소가게나 마트, 목재소 등에서 필요한 재료를 조달할 수도 있다. 빨대, 공 등 유아가 좋아하는 단순한 장난감도 다양한 과학적 개념을 다루는 데 유용하다. 종이컵, 클립, 마스킹 테이프, 배터리, 철사, 껌, 풍선 등도 과학활동의 훌륭한 소재로서 흥미로운 수업을 유발할 수 있다.

[그림 8-12] 재활용품을 활용한 과학활동

2) 실외 환경

과학활동은 실외 영역에서도 즐겁고 흥미롭게 이루어질 수 있다. 실내 영역에서 이미 이루어졌던 활동도 실외로 나가 다시 해 볼 수 있다. 그런 경우 이미 실내에서 했던 활동을 통해 습득한 지식이나 개념을 실외에서 보다 확장된 지식으로 재구성할 수 있다. 그러나 활동을 전개할 때에는 실내와 실외의 특성과 유아의 개인차를 고려하여 계획해야 한다.

발달적으로 유아의 초기 물리적 경험은 바깥놀이터에서 자연스럽게 이루어진다. 실외놀이를 하면서 유아는 에너지, 운동, 마찰, 속도, 비율, 공간, 방향, 중력과 균형 등에 대해 경험할 수 있다.

유아는 놀이터에서 시소를 타며 균형을 이해할 수 있고, 공을 튀기거나 미끄럼틀을 타고 내려오면서 중력을 이해할 수 있다. 또한 유아는 교실에서뿐 아니라 실외에서 미술, 블록이나 타이어 상자 등을 이용한 블록놀이 경험을 즐길 수 있으며, 운동장이나 놀이터 혹은 정원에서 극화놀이활동도 할 수 있다. 실내 경험이 텔레비전, 컴퓨터, 비디오, 책 등에 의한 이차원적인 경험을 제공하는 데 비해, 실외 경험은 실제 유아가 사물을 직접적으로 만져 보고 느껴 볼 수 있는 살아 있는 경험을 제공하기 때문에 유아에게 유익한 탐구 환경이다.

(1) 바깥놀이터

바깥놀이터는 유아가 마음껏 뛰어노는 곳이며, 동시에 자신의 신체를 움직이면서 과학을 경험할 수 있는 장소다. 유아는 자신의 몸을 움직여 봄으로써 신체의 성장과 변화에 관한 과학적 개념을 학습하게 된다. 시소, 그네 타기, 미끄럼 타기 등을 통해 균형, 중력, 방향, 속도, 공간, 비율, 마찰, 에너지에 관한 물리적 경험을 하거나, 바퀴와 자전거, 마차, 수레 등의 기계와 도구를 통해 과학 경험을 하게 되므로 실외 놀이활동에서는 이와 같은 도구를 제공해 주면 좋다.

(2) 정원 및 텃밭

정원과 텃밭은 유아가 식물, 꽃, 채소는 물론 식물 곁에서 여러 종류의 곤충이나 벌레를 관찰할 수 있는 학습의 기회를 제공한다. 유아교육기관에 정원이나 텃밭이 없을 경우, 사용하지 않는 수조나 욕조를 이용하여 조그만 정원을 만들어 주거나, 주변 숲이나 공원, 산으로 산책을 나가 자연을 탐색할 수 있게 한다.

2. 유아과학교육을 위한 지역사회 환경

지역사회는 유아의 학습을 돕는 잠재적 요소를 많이 가지고 있다. 실제로 지역사회의 자연적·물리적 환경 및 인적 환경 특성은 유아의 과학활동에 많은 영향을 미친다. 지역사회의 자연환경은 유아에게 좋은 교육 경험을 제공해 줄 수 있다. 이는 자연 세계 자체가 유아들이 직접 경험하고 조작할 수 있는 생생한 자원이기 때문에 지역사회의 물리적 환경을 효과적으로 활용한다면 보다 의미 있는 탐구활동을 할 수 있다.

지역사회로의 소풍, 견학 등은 유아가 교실에서 제공받을 수 없는 과학 경험을 보충해 준다. 소풍이나 견학은 유아가 주변 환경에서 일어나는 여러 가지 과학적 현상이나 사건을 쉽게 접할 수 있는 기회를 제공해 준다. 따라서 견학을 할 때 유아가 자유로운 분위기에서 충분히 관찰할 수 있는 기회를 제공해 주어야 한다. 동물원이나 식물원은 유아가 실제 동물이나 식물을 관찰할 수 있는 최적의 장소. 견학을 할 때 교사는 유아를 안전하게 돌보아야 하는 책임감 때문에 자칫 견학이 갖는 본래의 목적 대신, 유아 돌보기에만 힘을 기울이기도 한다. 교사는 유아의 안전을 감안하되 견학을 통해 탐색의 기회를 잘 포착하여 안내해야 하며, 유아에게 많은 정보를 알려 주기보다는 주변의 사물에 대해 느끼고 관찰할 수 있도록 격려해 주어야 한다. 견학에 필요한 도구는 날씨, 지리적 특성, 견학의 목적에 따라 다르나, 기본적으로는 책, 종이, 휴지, 약상자, 연필 등이 필요하며 이외 손전등, 돋보기, 줄자, 실, 테이프, 거울, 솜이나 붓, 모종삽이나 투명한 플라스틱 용기 등이 필요할 때도 있다. 또한 바람개비, 휴지, 매다는 저울, 곤충 잡이망, 프리즘, 망원경 등이 첨가될 수 있다.

또한 지역사회의 자연환경(산, 나무, 숲속, 언덕, 시냇물, 논, 밭 등)과 과학관, 박물관, 도서관, 동물원, 수족관, 식물원, 농장, 회사, 지역사회 사업체, 고물상 및 다양한 지역 사람들의 경험과 지식은 과학활동에 유익한 도움을 줄 수 있다. 지역사회 환경을 효율적으로 활용할 때 얻게 되는 이점을 살펴보면 다음과 같다.

첫째, 교실에서 경험할 수 없는 과학 자료들을 직접 경험하고 탐색할 수 있다.

둘째, 동물, 식물 등을 자연 그대로의 현장에서 탐색함으로써 환경의 다양한 요소 간의 관계를 탐구할 수 있는 기회를 제공해 준다.

셋째, 과학과 관련된 문제 발견과 자연 그대로의 모습을 탐색하도록 돕는다.

넷째, 과학 분야에 연관된 사람들을 직접 만나 봄으로써 과학의 본질을 잘 이해할 수 있도록 도와준다.

다섯째, 과학을 일상생활 속에 적용할 수 있는 기회를 제공해 준다.

〈표 8-4〉 유아과학교육과 관련된 지역사회

구분		장소
생명과학	식물	식물원, 수목원, 연못, 꽃시장, 농산물 공판장, 과수원, 논밭, 비닐하우스, 쌀가게, 목공소
	동물	동물원, 연못, 갯벌, 동물병원, 수족관, 양계장, 목장
	인체	병원, 한의원, 치과, 목욕탕, 보건소, 약국
지구과학	천체	천문대, 전망대, 국립서울과학관
	지질	산, 공원, 갯벌, 강, 호수, 바다, 부동산, 중개소
	기상	기상청, 계절 및 날씨를 관찰할 수 있는 야외공간
물리화학	물리	놀이터, 놀이동산, 수영장, 볼링장
	화학	김치공장, 아이스크림 가게, 방앗간
	도구와 기계	방송국, 철도박물관, 가전제품 대리점, 전자상가, 폐차장, 고물상, 자전거 수리소, 엑스포 공원(자동차관, 자기부상열차관)

[그림 8-13] 지역사회 식물원 견학

제9장

유아과학교육 평가

유아의 성취도를 평가하는 것은 유아가 학습하고 새로운 맥락 안에서 그 내용에 대해 이해한 것을 적용할 수 있는지에 대해 알아보기 위해서 필수적인 과정이다. 특히 유아과학교육의 평가란 유아의 과학에 대한 정보―유아가 아는 것과 할 수 있는 것에 관한 정보―를 수집하는 것을 의미한다. 교사는 유아의 성취 정도를 알 수 있는 의미 있는 자료를 모으기 위해서 좀 더 적극적인 역할을 수행할 수 있어야 한다.

1. 유아과학교육 평가의 원리와 기준

유아 평가는 유아의 발달 및 학습상의 변화에 대한 정보를 수집, 분석하는 것으로 교육과정의 계획 및 실행, 개선을 위한 정보를 제공한다. 따라서 효율적인 유아 평가자로서 역할수행 능력은 교사가 갖추어야 할 기본적인 역량 중 하나다.

또한 유아 평가의 궁극적인 목적은 교육의 질 향상으로, 교육적 목적과 의의를 실현할 수 있어야 한다. 따라서 교사는 평가를 통해 유아의 현재 상태를 파악하여 교수-학습활동의 계획과 반성의 근거로 활용하고 교수-학습과정에서 적절한 교수전략을 선택하는 기준으로 활용할 수 있어야 한다. 또한 평가 결과를 학부모와 공유하여 유아의 발달 및 학습 상황을 이해하고 가정에서 지도를 연계할 수 있도록 하며, 유아에게도 자기 평가의 기회를 주고 공유하여 학습동기를 유발할 수 있어야 한다.

유능한 유아교사는 과학교육 평가가 유아와 교육과정 모두를 아우르는 이중의 과정임을 인식한다. 유아과학교육의 평가는 교실에서 이루어지는 과학활동이 어떻게 유아의 학습을 증진 혹은 방해하는지를 관찰하고 기록하고 해석하여 궁극적으로 과학활동을 통해 유아가 무엇을 알고, 무엇을 행하며, 어떻게 추론하는가에 대한 정보를 수집하는 과정이다. 평가는 하루 일과 중 진행되는 모든 활동을 통해 교육과정을 완성해 가기 때문에 바람직한 과학활동에 대한 평가는 교육과정과 평가를 구분하지 않는다.

> **유아의 과학활동 평가를 위한 주요 질문**
>
> - 유아가 무엇을 아는가?
> - 유아가 무엇을 하고 있는가?
> - 유아가 무엇에 주목하는가?
> - 유아가 어떻게 추론하는가?
>
> **유아 평가와 교육과정, 학습 환경과의 관계에서 교사의 역할을 위한 질문**
>
> - 유아는 여기에서 무슨 지식을 구성하는가?
> - 이것은 가치 있는 목표인가?
> - 유아에게 흥미 있는 교구와 활동과 경험을 제공하는가?
> - 유아의 학습을 증진시키기 위하여 무엇을 변화시켜야 하는가?

1) 유아과학교육 평가 수행을 위한 원리

유아과학교육 수행에 대한 평가 시 적용할 수 있는 원리는 다음과 같다.

첫째, 일과 중 교육활동에 대한 평가를 수행한다. 바람직한 과학교육의 평가는 교육과정 내용과 교실에서 일어나는 일상생활 속의 상황에서 일어나는 교육적인 실제를 반영한다.

둘째, 평가 증거를 모으기 위해서 다양한 출처를 활용한다. 유아에 관한 다양한 출처로부터 정보를 수집함으로써 가장 훌륭한 평가를 할 수 있다. 교사의 일일 일지, 일화 기록, 체크리스트, 유아의 산출물(미술, 작품, 필기한 것), 녹음기, 비디오카메라 등이 사용될 수 있다.

셋째, 유아를 체계적으로 관찰하기 위한 시간을 정한다. 정한 시간 외에라도 교사는 계속적으로 유아를 관찰하고, 평가를 위해 의미 있는 장면이 관찰되면 머릿속으로 유아의 행동과 사용하는 어휘를 기록해 두었다 관찰지에 기록할 수도 있다. 이 경우에는 관찰하고 기록해 둔 것을 잊지 않도록 가능하면 신속히 기록으로 옮기는 것이 좋다. 관찰을 실시할 때에는 사전에 어느 유아 혹은 유아를 직접 관찰할지, 어떤 종류의 정보를 원하는지, 유아가 그들의 지식을 가장 잘 보여 줄 수 있는 활동이 어떤 유형인지, 어떻게 기록할지를 계획해야 한다.

넷째, 평가를 여러 차례에 걸쳐 일어나는 하나의 과정으로 본다. 과학적 사실과 현상을 유아가 어느 정도 이해하고 있는지에 대해 평가하는 것은 하나의 사건이라기보다 여러 차례에 걸친 증거의 수집으로 간주되어야 하기 때문에 여러 번의 평가를 수행한다.

다섯째, 관찰된 유아의 행동과 말을 통해 유아의 추론을 탐색한다. 일반적으로 유아의 추론에 대한 탐색을 평가를 향한 발견적 자세 혹은 태도라고 정의한다. 유아가 어떻게 생각하는지를 발견하는 작업에 진정으로 몰입하는 가운데 객관적인 평가가 이루어진다.

여섯째, 유아의 언행을 통하여 교육과정을 탐색한다. 교육과정에 대해 교사가 지속적으로 탐색하도록 이끄는 추진력 있는 질문을 한다. '활동은 유아의 흥미를 계속 유지시킬 수 있는가?' '유아가 무엇을 어떻게 할지 발견하고 있는가?'와 같은 질문에 대한 최고의 답변을 얻기 위해서는 유아의 말뿐만 아니라 행동도 잘 관찰해야 한다.

일곱째, 협동적 작업을 통해 평가한다. 즉, 모든 평가에 동료, 학부모, 유아가 평가과정에 포함될 수 있어야 한다. 유아를 잘 아는 사람들과 기록물, 자료 등을 함께 수집하고 토의하는 일은 자료 해석에 깊이를 더해 주고 확장시켜 준다. 하지만 무엇보다 유아 자신이야말로 교사가 평가하는 과정의 협력자 역할을 담당해야 할 것이다.

2) 유아과학교육 평가의 기준

유아과학교육 평가는 유아 중심, 과정 중심, 발달과 경험 중심, 다면적이고 종합적인 평가 기준을 지켜 실행하여야 한다.

(1) 유아 중심의 평가

유아 간 차이의 비교가 아니라 개별 유아의 발달 영역별 차이와 변화를 중심으로 평가한다. 다른 유아와 비교하여 우열을 판정하는 것이 아니며 개인적 특성에 대한 이해에 중심을 둔다. 평가가 유아에게 부담을 주지 않고 유능감을 키워 주는 의미 있는 교육적 경험이 되도록 한다.

(2) 과정 중심의 수행 평가

결과보다는 과정 자체가 의미 있는 방법을 사용하여 교수–학습 상황 속에서 지속적으로 평가한다. 교육목표와 연관된 유아의 노력, 진보, 성취를 나타내는 수행을 중심으로 평가한다.

(3) 발달과 경험 중심의 평가

유아의 발달 및 학습 수준, 경험에 맞는 내용과 방법으로 평가한다. 평가의 내용과 방법이 유아에게 발달적으로 적절하고 가치가 있으며 경험과 연관되도록 한다. 특히 연령차를 고려한 타당한 평가도구 및 방법을 사용하며 개인차를 존중한다.

(4) 다면적이고 종합적인 평가

관찰, 면접, 검사, 작업 표본 분석 등 다양한 방법을 통해 모든 영역에 걸쳐 다면적이고 종합적인 평가를 실시한다. 따라서 일회성이 아니라 구체적이고 체계적으로 수립된 평가 계획에 의해 지속적·누적적으로 평가한다.

2. 유아과학교육을 위한 평가내용

1) 과학 탐구기술의 평가

유아과학의 기본목표는 주위의 여러 가지 사물과 자연현상에 대하여 호기심과 관심을 가지고 탐구하는 데 필요한 기초 능력과 태도를 기르는 것이다. 즉, 유아가 과학에서 필요한 탐구과정의 기술을 능숙하게 할 수 있는 기초 소양을 개발하는 것이다. 그러므로 탐구기술의 평가는 유아가 호기심을 가지고 얼마나 능동적으로 탐구할 수 있는가를 조사하는 것이다. 과학의 탐구과정은 탐구과정의 능숙 정도를 보여 주는 하위 척도로 나눌 수 있으므로 탐구과정의 평가는 이들의 내용을 포함해야 한다.

이론편

〈표 9-1〉 과학 탐구기술의 평가 영역

탐구기술	내용	
관찰하기	• 물체나 현상을 식별한다. • 관찰을 위해 하나 이상의 감각을 이용한다. • 관찰을 위해 적절한 모든 감각을 이용한다. • 대상의 특성을 정확히 묘사한다. • 물체를 바르게 관찰한다. • 물체를 정량적으로 관찰한다. • 물체의 변화를 묘사한다.	• 여러 종류의 야채에 대한 특성을 말하기 • 여러 종류의 야채를 다양한 감각을 활용하여 관찰하기 • 돌의 특성과 유사점, 차이점을 말하기
비교하기	• 비교할 수 있는 특징을 식별한다. • 유사점과 차이점을 제시한다. • 유사점과 기준을 설명한다. • 복잡한 비교체계를 만든다. • 비교되는 특징을 정확하게 묘사한다.	• 같은 것과 다른 것 찾기 • 큰 것에서 작은 것 순서대로 놓아 보기
분류하기	• 대상을 분류할 수 있는 주요한 특성을 식별한다. • 한 표본 안에 모든 대상과의 유사한 특성을 식별한다. • 정확하게 두 그룹으로 분류한다. • 하위 그룹을 구성한다. • 자신의 분류 기준을 세운다. • 분류를 위한 논리적인 근거를 제시한다.	• 복잡한 분류체계 만들기 • 여러 종류의 씨앗을 묶음으로 나누고 이름 붙이기
측정하기	• 적절한 측정의 형태를 선택한다(길이, 부피, 무게 등). • 적절한 특정 단위를 선택한다. • 측정 기구를 적절히 사용한다. • 특정 기술을 적절히 적용한다. • 표준단위와 비표준단위를 사용한다.	• 나무토막의 길이와 넓이를 측정하기 • 나무토막 2개 중 무거운 것을 찾고 그 이유를 말하기
예상하기	• 유형을 구성한다. • 유형을 확장한다. • 간단한 예상을 한다. • 상황에 적절한 예상을 하여 탐구과정에 적용한다. • 예상에 대한 이유를 논리적으로 옳게 말로써 나타낸다.	• 어떤 물건이 물에 뜰지 또는 가라앉을지 예상하기

추론하기	• 대상과 관찰된 사실 사이의 관계에 대해 말한다. • 추리하기 위해 모든 적절한 정보를 사용한다. • 존재하지 않는 정보를 사용하지 않는다. • 비핵심적인 정보를 적절히 분리한다. • 논리적 이유를 말로써 나타낸다. • 상황에 적절한 추리과정을 적용한다. • 그래프, 표 그리고 다른 실험 자료를 해석한다.	• 상자 속에 무엇이 있는지 이야기하기 • 그림자 보고 해의 위치 말하기
의사소통 하기	• 대상을 정확히 묘사한다. • 알려지지 않은 대상을 다른 사람들이 식별할 수 있도록 묘사한다. • 생각을 말로 표현한다.	• 비밀상자 속의 물건에 대해 설명하기

2) 탐구능력의 평가

유아과학교육에서 두 번째 중요한 목표는 탐구능력의 숙달이다. 탐구라는 것은 활동 과제에 대한 흥미, 호기심, 인지적 갈등을 해결하기 위한 개인적인 필요와 만족스러운 해결을 위해 질문을 계속하는 욕구 등을 일컫는다. 상호주의적 입장에서는 과정 중심적인 탐구 과학을 위해 개방적인 활동을 제안한다. 유아는 이러한 개방적인 활동에서 기초적인 이해를 구성하고, 좀 더 깊이 있는 탐구활동을 계속할 수 있다.

또한 유아는 탐구에서 부가적으로 제기된 새로운 문제를 탐구하고, 그들 자신만의 잠정적인 결론을 도출하는 과정에서 탐구능력이 신장되고 이것은 과학교육 진보의 중요한 요소가 된다. 그러므로 유아의 탐구능력은 과학교육 평가에 있어서 중요한 요소다. 탐구학습을 위한 탐구능력 평가에서 고려해야 할 요소는 다음과 같다.

과학 탐구능력 평가 내용

• 탐구과정을 적절하게 선택하고 적용한다.
• 탐구과정에서 나타난 현상에 대하여 질문한다.
• 탐구과정에서 자신의 생각을 이야기한다.

- 탐구과정에서 자신의 의문점과 새로운 생각을 계속 탐구한다.
- 다양한 정보 자원을 사용한다(인터넷 정보, 인쇄자료, 부모 또는 교사).
- 탐구를 이전 경험과 관련시킨다.
- 탐구과정에서 관찰한 것의 원인을 제안한다.
- 합리적이고 논리적인 방법으로 사고과정을 설명한다.
- 다른 사람들에게 탐구에 관한 생각과 개념을 소개한다.
- 탐구에 관한 사실에 대해 토의한다.
- 탐구 기회를 계속 가지려고 한다.
- 탐구과정의 결과를 유아교육기관 밖에서도 적용시킨다.

3) 탐구태도의 평가

유아과학교육의 세 번째 평가 영역은 탐구태도다. 특히 긍정적 태도는 과학적 판단, 과학적 소양, 과학과 기술의 발전으로 인한 사회 이익을 가치 있게 여길 때 길러질 수 있다. 어떤 면에서는 태도와 관련된 요소인 협동심, 반성적 사고, 호기심과 같은 것이 과학에 대한 긍정적인 태도를 나타내는 요소로서 탐구 목록에 함께 포함될 수 있다. 탐구태도 평가의 주요 내용으로는 다음과 같은 것이 있다.

과학 탐구태도 평가 내용

- 기회가 있을 때마다 언제나 과학탐구를 하려고 한다.
- 과학이 재미있고 흥미 있다고 느낀다.
- 호기심을 언어로 표현한다.
- 탐구과정을 기관 밖의 상황에서도 적용한다.
- 과학적 지식탐구를 위해 인쇄자료를 이용하고, 박물관, 식물원 등을 방문한다.
- 과학과 관련된 인쇄자료나 텔레비전 프로그램을 골라 본다.
- 실내 또는 실외에서 식물과 동물을 기른다.

3. 유아과학교육을 위한 평가방법

1) 관찰

관찰은 교육현장에서 일반적으로 사용되는 기본적인 유아 평가방법이다. 일상의 활동 속에서 나타나는 유아의 행동에 대해 특별한 조작 없이 있는 그대로 기록하는 관찰은 특히 자연스러운 상황 속에서 반복적으로 나타나는 유아의 행동으로부터 개별 유아의 독특한 개성을 발견하여 유아를 객관적으로 이해하도록 돕는다. 관찰을 위해서는 객관적이고 구체적인 기록이 중요하며 결과를 기록하는 방법에 따라 일화기록, 체크리스트, 평정 척도 등으로 구분할 수 있다. 관찰방법은 한 가지만 적용하기보다 한두 가지를 함께 사용하여 평가의 정확도를 높이는 것이 좋다.

(1) 일화기록

일화기록은 유아의 특성을 나타내는 하나의 사건에 대해 객관적이고 상세하게 기록하는 것이다. 시간이나 틀에 얽매이지 않아도 되는 장점이 있으나 시간이 많이 소모되는 것이 단점이다. 유아의 성격 및 행동 양식을 이해하기 위해 구체적인 사례와 상황에 초점을 두는 것이 특징이며, 누적된 일화기록은 개별 유아에 대한 이해뿐

〈표 9-2〉 과학교육에 일화기록을 적용한 관찰의 예

관찰 유아: 이지후	현재 연령: 5.1세
관찰자: 김수지	관찰일: 20**년 5월 1일
관찰장면: 실외 식물 키우기 영역	관찰시간: 오전 11시 10~20분

내용: 실외놀이 시간에 지후는 텃밭에 심어 놓은 상추에 물을 주다가 쪼그려 앉아 상추를 들여다보고 있었다. 지후가 "어, 상추 잎이 여기는 반짝반짝하는데 뒤는 안 반짝거려요." 하며 다른 친구들에게도 그 사실을 알려 주자, 다른 유아 3~4명도 함께 쪼그려 앉아 흥미로운 듯 상추 잎을 자세히 관찰하였다. 곧이어 다른 채소 잎도 살피며 관찰하더니 "다른 건 안 그래. 상추만 그래." "신기하다. 그치?"라며 다른 채소 잎도 관찰하였다.
요약: 지후는 식물 키우기와 성장에 관심이 많으며 세밀한 관찰을 하고 발견한 것을 나누기 좋아한다. 체계적인 식물관찰 일지 작성법을 소개하여 기록으로 남기고 발표할 수 있도록 지도해야겠다.

아니라 문제의 발견 및 해결을 돕는다.

(2) 체크리스트

체크리스트는 관찰할 유아의 행동 목록을 미리 만들어 놓고 해당되는 사례가 나타나는지를 기록하는 방법이다. 시간이 절약되고 사용이 간편하나 목록에 포함되지 않은 다양한 측면의 행동을 기록할 수 없다는 문제점이 있다. 기본 생활 습관, 신체, 인지, 언어, 사회성 등 각 영역별로 행동발달 체크리스트를 이용해서 주기적으로 그 행동의 존재 유무에 대해 기록하는 방식이 일반적이나, 처음 그 행동이 관찰된 날짜를 표시하는 방식도 있다.

〈표 9-3〉 과학에 대한 긍정적 태도 체크리스트의 예

내용	예	아니요
1. 과학이 재미있고 흥미 있다고 느낀다.		
2. 호기심을 언어로 표현한다.		
3. 유아교육기관 이외의 과학활동에 자발적으로 참여한다.		
4. 과학과 관련된 TV 프로그램을 골라서 본다.		v
5. 교실에서 식물과 동물 기르기에 관심을 갖는다.	v	

(3) 평정 척도

평정 척도는 미리 정해 놓은 척도에 따라 유아의 특정 행동의 성취 수준이나 특성의 정도를 평정하는 것이다. 평정 척도는 행동이나 특성의 존재 유무를 넘어서 그 정도나 질적 수준을 평가할 수 있다는 장점이 있으나, 일화기록이나 체크리스트와 달리 관찰 결과 자체가 아니라 관찰 결과에 따른 교사의 판단을 기록하는 것이어서 주관성의 배제가 어렵다는 단점이 있다. 매우 그렇다, 보통, 전혀 그렇지 않다와 같은 기술식 척도와 숫자식 척도, 선으로 표시된 도식 척도가 있으며 3점, 5점, 7점 척도가 일반적이다.

⚛〈표 9-4〉 과학활동 평정 척도(기술식)의 예

내용	그렇지 않다	그렇다	매우 그렇다
1. 밀가루 색, 모양, 맛, 촉감, 냄새를 아는가?			V
2. 밀가루와 물의 관계를 아는가?			V
3. 밀가루 반죽의 특징을 이해하는가?			V
4. 밀가루와 밀가루 반죽의 차이를 아는가?		V	
5. 밀가루 반죽에 식용유, 소금을 넣었을 때 밀가루 반죽의 변화를 아는가?	V		

평정 척도 사용 시 유의점

• 관찰 결과에 기초해 척도 간 기준을 제시하여 객관적으로 평정한다.

• 관찰의 대상이 되는 행동을 정확히 이해하여 평정한다.

• 다양한 상황에서 충분히 관찰한 후 평정한다.

이
론
편

2) 면담

유아가 얼마나 배웠고 배운 것을 얼마나 잘 이해하는지를 알 수 있는 방법 중 하나가 질문일 것이다. 개방적이고 부분적으로 구조화된 면담은 유아의 성취와 생각에 대한 정보를 획득하기에 좋은 방법이다(Seda, 1991: 우수경, 2009 재인용). 개방형 면담은 일정한 형식 없이 학습 목표와 관련된 질문을 할 때 유아가 질문에 대해 아는 것을 자유롭게 답변하는 형식이다. 이것은 유아가 지금 현재 정보를 어떻게 구성하고 있는지를 알 수 있는 효과적인 방법이다. 교사가 유아의 생각을 이해하도록 돕는 질문으로는 "이것은 무슨 뜻이니?" "이것을 어떻게 했니?" "그것을 어떻게 알았니?" 등이 있다.

부분적으로 구조화된 면담은 교사가 학습한 내용에 기초하여 미리 질문을 구성하고 모든 유아에게 같은 질문을 하는 형식이다. 교사는 유아에게 질문하여 토론하게 하고 그것을 관찰하여 유아가 생각하고 있는 것을 이해하게 된다. 유아의 생각은 또래와의 상호교환으로 인해 명료화되고 한걸음 더 발전된다. 이처럼 부분적으로 구조화된 면담은 주어진 질문에 대해 유아가 자유롭게 답하고 그 대답을 통해 유아의 학습 정도를 평가하는 것이나, 질문이 미리 정해져 있기 때문에 개방형 면담만큼 유아의 깊이 있는 생각을 파악할 수 없다는 단점이 있다. 예를 들어, 과학활동 '가을 열매 관찰하고 분류하기'에서 유아가 보고 이해한 정보를 얻기 위해 교사는 다음과 같은 질문을 할 수 있다. "가을에 수확되는 열매에는 어떤 것이 있을까?" "사과를 반으로 자르면 어떤 모양일까?" "대추가 익으면 어떤 맛이 날까?" 등이다. 유능한 교사는 유아의 활동에 따라 개방형 면담과 부분적으로 구조화된 면담을 계속적으로 사용한다.

〈표 9-5〉 유아의 실험활동 평정 척도 및 면담 기록의 예

탐구생활 영역–실험활동(밀가루 변화)

유아명	이○○(만 4세)		활동명	밀가루 반죽하기		
평가시기	1차: 20**년 10월 1주		평가 유형	평정 척도, 면담		
평가내용 및 관점	• 과학적 기초 능력 기르기 – 물질에 대해 알아보기 물질의 변화에 관심을 가지고 물질을 변화시킬 수 있는 다양한 방법을 탐색할 수 있는가? • 수학적 기초능력 기르기 – 기초적인 측정해 보기 활동 시 측정과 관련된 말을 사용하는가?					
내용	평정 척도			그렇지 않다	보통	그렇다
	1. 밀가루의 색, 모양, 맛, 촉감, 냄새를 아는가?					V
	2. 밀가루와 물의 관계를 아는가?					V
	3. 밀가루 반죽의 특징을 이해하는가?					V
	4. 밀가루와 밀가루 반죽의 차이를 아는가?				V	
	5. 밀가루 반죽에 식용유, 소금을 넣었을 때 밀가루 반죽의 변화를 아는가?			V		

면담 내용	작업표본
1. 밀가루 반죽에 물을 더 넣으면 어떻게 될까? –말랑말랑하고 찐득찐득해요.	
2. 소금 반죽의 느낌은 어떠니? –조금 까칠까칠해요.	
3. 소금 반죽과 그냥 반죽은 무엇이 다르니? –소금 반죽은 따뜻하고 그냥 반죽은 차가워요.	
4. 식용유 반죽은 느낌이 어떠니? –말랑말랑해요.	

5. 식용유 반죽과 그냥 반죽의 무엇이 다르니?

　－식용유 반죽은 조금 따뜻하고 그냥 반죽은 차가워요.

해석	○○(이)는 밀가루와 밀가루 반죽에 많은 관심을 갖고 관찰한다. 밀가루와 밀가루 반죽의 색, 모양, 맛, 냄새, 촉감 등의 특징에 대해 관찰한 내용을 이야기할 수 있고, 밀가루와 반죽의 차이점에 대해 촉감으로 표현할 수 있다. 또한 밀가루를 물로만 반죽했을 때와 식용유나 소금을 넣어 반죽했을 때의 차이에 대해서도 말할 수 있다.

유아의 답변을 3초만 기다릴 수 있다면 얻게 되는 것

- 유아의 대답은 4~8배 길어질 것이다.
- 적절하고 자발적인 대답이 증가할 것이다.
- 유아가 대답에 실패할 확률이 감소할 것이다.
- 유아의 자신감단계는 증가할 것이다.
- 낮은 성취자이더라도 37% 이상으로 성취 수준이 증가할 것이다.
- 추리적으로 예측적인 사고가 7배 증가할 것이다.
- 유아 간 상호작용이 증가할 것이다.
- 문제행동이 감소할 것이다.

3) 유아작업표본 분석과 포트폴리오

최근 구성주의 관점의 과학교육에서는 유아의 쓰기 자료, 그림, 작품, 교사의 기록, 이야기가 녹음된 테이프와 토의, 사진 등 다양한 자료를 수집해서 유아의 과학 개념 이해 정도를 알아본다. 교사는 유아와 활동을 진행하는 동안 관찰과 대화를 통해 평가하며, 평가를 통해 알아낸 결과를 다음 단계의 활동을 위한 계획, 결정의 기초자료로 사용하여 장기적 계획 수립에 참고자료로 쓸 수 있고, 교사는 과학교육에 좀 더 적극적으로 참여하도록 하기 위해서 과학과 관련된 상호작용을 기록한다. 이를 통해 교사는 자신의 교육활동에 자신감을 갖게 된다.

유아작업표본 분석은 일상의 교육활동 속에서 유아의 특정 능력에 대한 진보 정도를 확인하기 위하여 유아의 작업 과정 및 결과에 대한 표본을 누적적으로 수집·분석하여 그 변화를 알아보는 것이다. 인물화, 입체작품, 이야기 나누기, 발표자료,

학습일지 등이 작업표본으로 분석될 수 있으며, 이를 통해 유아의 개별적인 흥미나 성향을 파악할 수 있고 평가 결과를 유아나 부모와 공유하기 쉽다는 장점이 있다.

또한 포트폴리오 평가를 유아과학교육에 사용할 경우 다음과 같은 효과를 얻을 수 있다. 첫째, 유아의 자기 평가를 통하여 반성적 사고를 돕는다. 둘째, 유아의 개인차를 고려할 수 있다. 셋째, 유아의 향상, 노력, 성취에 초점을 맞춘다. 넷째, 유아의 과학활동을 수준별로 평가할 수 있다. 다섯째, 과학 학습에 평가와 교수를 연결시킬 수 있다. 포트폴리오를 통한 성취평가에서는 유아의 진보와 성장의 모든 양상을 고려할 수 있으며 이를 통하여 유아의 태도, 흥미, 생각, 학습양식, 인지발달, 탐구과정과 기능, 탐구의 숙달, 내용 습득 등 유아의 전반적인 발달 양상의 변화과정을 알 수 있다.

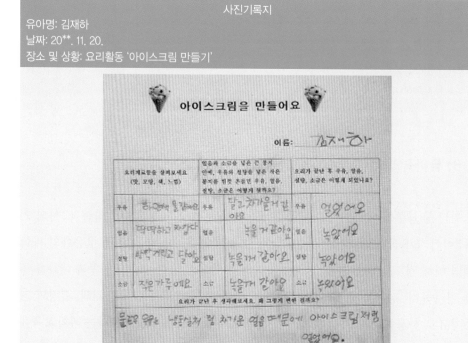

- 활동 설명: 요리에 필요한 재료의 양을 직접 측정하고 순서에 따라 재료를 배합하고 변화를 관찰하여 기록지에 기록한다.
- 발달 요약 및 평가: 요리재료를 관찰하고 변화를 예측할 줄 알며 변화된 상태를 기록하였다. 얼음이 우유를 얼도록 한 것은 인지하였으나 소금의 촉매 역할은 인지하지 못하였다.

작업표본 분석 시 유의점

- 작업표본 수집과 분석은 계획된 일정에 따른다.
- 교수–학습활동과 연관된 표본을 수집한다.
- 작업표본에는 반드시 일시와 작업명, 유아의 이름을 기록한다.
- 작업(표본)에 대한 유아의 생각, 특정한 상황 정보, 교사의 의견을 기록한다.
- 교사가 작업표본에 수정을 가하지 않는다.

〈표 9-6〉 유아의 학습일지 양식의 예

날짜:	이름:	교사:
• 무엇을 알게 되었어요?		
• 무엇을 더 알고 싶어요?		
• ○○을 알아보기 위해 어떤 계획을 세웠어요?		
〈교사의 의견〉		

출처: 황해익, 송연숙, 정혜영(2007).

4. 유아교사와 프로그램 평가

1) 유아과학교사에 대한 평가

과학교육에서의 평가는 학습자인 유아에 대한 평가와 더불어 교수자인 교사에 대한 평가 및 과학교육 프로그램에 대한 평가도 실행하여 교수-학습의 효과를 높여야 한다. 유아에 대한 평가가 유아의 활동을 안내하는 지침으로서 목적, 목표, 평가의 관계를 고려하여 목적의 진술에 따라 구체적인 행동목표를 수행했는지를 점검하기 위함인 것과 같이 교사에 대한 평가도 같은 맥락에서 교사의 교수 행동에 초점을 맞추어 수행하게 된다. 교사를 위한 평가는 구체적으로 다음과 같은 내용을 포함한다.

- 유아에게 과학기구를 조절하고 작동시킬 수 있는 기회를 자주 주는가?
- 과학활동과 더불어 유아가 과학 경험을 얻을 수 있도록 다음과 같은 접근 기회를 주는가?
- 유아가 과학활동을 하고 난 이후 개념을 정리할 기회를 주는가?
- 개방적이고 확산적인 질문을 하는가?
- 질문에 대한 유아의 반응이 비록 관련이 적은 것일지라도 가치 있게 받아들이는가?
- 유아가 참여한 활동으로부터 어떤 의미를 이끌어 내도록 돕는가?
- 활동에 일반화된 목적이 포함되어 있는가?
- 활동의 행동목표가 구체적으로 기술되어 있는가?
- 유아가 목표를 성취할 수 있도록 다양한 접근방법을 시도하고 있는가?
- 과학활동이 진행되는 동안 활동과정, 성취, 성장에 대한 기록을 누가적으로 계속하고 있는가?
- 과학활동을 계획할 때 유아의 입장을 고려하여 함께 참여시키는가?
- 의문과 문제를 다루기 위해 유아로부터 방법과 절차를 이끌어 내는가?
- 과학활동에서 일어난 것을 유아가 그들의 경험과 연관시켜 보도록 질문하는가?

- 유아가 이용하게 되는 새로운 과학자료, 자원, 정보를 체계적으로 살펴보도록 허용하는가?
- 과학 관련 참고 도서를 읽고, 매체를 통해 과학 프로그램을 경험하고, 과학에서 얻어진 결과를 이용하도록 배려하고 있는가?

2) 과학 프로그램에 대한 평가

교사 자신에 대한 평가와 더불어 과학 프로그램에 대한 평가도 해야 하는데 그 목적은 유아로 하여금 과학활동에 더 많은 관심과 열정으로 참여하게 하고, 활동을 통해 즐거움과 만족감을 느끼게 하기 위해서다. 그러므로 과학 프로그램에 대한 평가는 아동의 입장에서 하도록 하여 보다 더 다양하고 적극적인 경험이 유아에게 적용되도록 해야 한다.

〈표 9-7〉 과학 프로그램에 대한 평가지

수업자	반:		직위:		성명:		
생활주제			대상:	세	남아:		총인원:
주제					여아:		
활동명			일시				
			활동시간				
활동목표							

5: 매우 그렇다 4: 그렇다 3: 보통이다 2: 그렇지 않다 1: 매우 그렇지 않다

구분	수업 내용	5	4	3	2	1
학급 운영	1. 활동의 특성을 살릴 수 있는 환경(교실구조 및 배치)으로 구성되었는가?					
	2. 주제와 관련된 과학활동(실험 내용)인가?					
	3. 교사는 소집단 과학활동의 목표를 명확하게 진술하였는가?					
	4. 교사는 과학활동(실험)에 대한 정확한 지식을 가지기 위해 사전 실험의 경험이 있는가?					
	5. 유아가 활동에 능동적으로 참여할 수 있을 만큼 자료가 충분히 준비되었는가?					
	6. 자료는 활동의 특성을 이해할 수 있을 만큼 적절한가?					
	7. 교사는 유아의 수준에 적절한 자료를 준비하였는가?					
	8. 과학활동(실험)의 내용이 목표 도달에 적합한가?					
	9. 실험과 관련된 안전에 대해 고려했는가?					
	10. 교사는 학습활동 전개 시 유아의 개인차를 극복할 수 있는 전략을 사전에 준비하였는가?					
	11. 활동의 방향을 전환시키거나 새로운 활동방법을 제시하려는 시도를 하였는가?					
	12. 학습목표 도달에 적합한 전략으로 전개하였는가?					
	13. 교사는 활동의 진행에 방해되는 요소를 없애려는 노력을 하였는가?					
	14. 활동(실험)에서 획득한 정보와 과정을 다른 유아와 함께 공유할 기회를 제공하였는가?					
	15. 소집단 과학활동의 특성에 적합한 시간대인가?					
	소계					/75

구분	문항				
학급 분위기	16. 소집단 과학활동 시 유발되는 소음을 수용하는가?				
	17. 교사는 본시 활동 내내 온화하며, 수용적인가?				
	18. 교사는 활동의 흐름에 따라 목소리의 고저, 장단 등을 조절하는가?				
	19. 모든 유아가 골고루 반응하도록 기회를 제공하는가?				
	소계				/20
정적 강화	20. 교사는 각 개별 유아의 특성을 잘 파악하고 있는가?				
	21. 교사는 각 개별 유아의 특성에 따라 강화하는가?				
	22. 교사는 유아의 활동에 즉각적으로 강화하는가?				
	23. 다양한 정적 강화방법(표정, 끄덕거림, 언어 등)을 적용하는가?				
	24. 유아의 학습성취도는 개별적으로 평가하는가?				
	25. 학습을 수행한 성취도에 대한 보상을 집단으로 제공하는가?				
	소계				/30
협동 학습	26. 협동학습의 장점을 살릴 수 있는 과학활동인가?				
	27. 소집단 구성은 활동 및 유아의 특성에 따라 적합한가?				
	28. 소집단활동 전개 전 활동을 위한 규칙을 정하는가?				
	29. 활동에 적극적으로 참여하지 못하는 유아에 대해 배려하는가?				
	30. 우수한 유아가 우수하지 못한 유아를 도와줄 수 있도록 격려하는가?				
	소계				/25
상호 작용의 빈도와 질	31. 활동 전개 시 도입단계는 유아의 동기를 유발하기에 적합한가?				
	32. 본시 활동에 관련된 선행학습 여부를 파악하는가?				
	33. 유아의 주의가 학습활동에 초점이 맞추어져 있는가?				
	34. 모든 유아와 골고루 상호작용하는가?				
	35. 교사는 유아-유아의 다양한 상호작용을 격려하는가?				
	36. 교사-유아보다 유아-유아 간 언어적 상호작용의 기회를 더 많이 제공하는가?				
	37. 유아-교구 간의 상호작용이 원활한가?				
	소계				/35
질문 하기	38. 질문을 완전한 문장으로 제시하는가?				
	39 유아의 탐구능력과 태도에 따라 적절한 질문을 하는가? (예: 예견하기-이것을 넣으면 무슨 일이 일어날 것 같니?)				
	40. 가능한 한 높은 수준의 질문(확산적·평가적)을 하려고 노력하는가?				

	41. 유아가 학습한 것을 재생할 수 있는 충분한 시간(3초 이상)을 제공하는가?				
	42. 유아의 반응을 놓치지 않고 재반응하는가?				
	소계				/25
초인지 전략	43. 유아가 실험의 과정을 인식할 수 있는 전략을 사용하는가?				
	44. 유아의 실험활동에 적합한 일지를 사용하도록 권장하는가?				
	45. 활동의 과정을 재인식할 수 있는 전략을 사용하도록 권장하는가?				
	소계				/15
	총계				/225

제2부

실제편

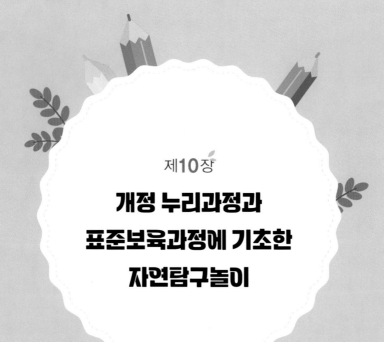

제10장

개정 누리과정과
표준보육과정에 기초한
자연탐구놀이

1. 개정된 표준보육과정에 기초한 "영아를 위한 자연탐구놀이"의 실제에 대하여 이해한다.

2. 개정된 누리과정에 기초한 "유아를 위한 자연탐구놀이"의 실제에 대하여 이해한다.

1. 영아를 위한 자연탐구놀이

1) 탐구과정 즐기기

> 1) 탐구과정 즐기기
>
> # 모빌을 바라보아요

◆ 연령: 0~1세
◆ 놀이자료: 모빌

4차 표준보육과정 관련요소
탐구과정 즐기기 > 주변 세계와 자연에 대해 호기심을 가진다.

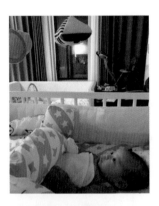

도움이 돼요
• 모빌에 관심을 가지고 잡기를 시도한다.
• 손을 뻗어 물체를 잡으며 눈과 손의 협응을 시도한다.

이렇게 해 봐요
1. 영아가 모빌에 관심을 갖고 바라보거나 손을 뻗으면 함께 언어적 상호
   작용을 한다.
   −○○아, 무엇이 보이니?
   −동그라미가 보이네. 뱅글뱅글 돌아가네.
   −손으로 만져볼까?
2. 모빌을 보여 모빌의 소리와 움직임을 반복적으로 탐색한다.
   −아름다운 음악 소리가 나네.
3. 영아의 눈의 움직임과 팔 등의 움직임을 반영하여 언어적 상호작용
   (행동반영)을 한다.
   −○○의 눈이 붕붕 꿀벌을 보고 있구나.
   −꿀벌을 만져 보고 싶구나.

유용해요
영아의 머리 위 30cm 떨어진 곳에 모빌을 걸어두고, 가끔씩 모빌의 모양
을 바꾸어 준다. 영아의 집중력이나 관찰력을 높일 수 있다. 생후 100일 이후가 되면 색의 구분이 가능하기 때문에 흑백 모빌에서 컬러 모빌로 교체해 준다.

1) 탐구과정 즐기기

우리 동네 산책하기

◆ 연령: 2세
◆ 놀이자료: 비상약품, 물

4차 표준보육과정 관련요소
탐구과정 즐기기 > 주변 세계와 자연에 대해 호기심을 가진다.

도움이 돼요
자신이 살고 있는 주변 세계에 대해 관심을 가진다.

이렇게 해 봐요
1. 우리 동네 산책을 하며 영아가 살고 있는 주변 세계에 대해 관심을 가질 수 있도록 함께 언어적 상호작
   용을 한다.
   −○○아, 무엇이 보이니?
   −옛날 집과 성곽이 있단다.
   −옛날 집에 들어가 보고 성곽을 직접 걸어보니 어떤 느낌이 드니?
2. 역사의 고장 수원의 성곽을 산책하며 주변 세계를 반복적으로 탐색한다.
   −어떤 것이 기억에 나니?
   −주변 환경은 어떠했니?
   −성곽의 돌의 크기는 어떠했니?
   −돌을 만져 보니 느낌이 어떠했니?

실
제
편

1) 탐구과정 즐기기

다양한 놀잇감을 가지고 놀아요

◆ 연령: 0~1세
◆ 놀이자료: 여러 가지 놀잇감(딸랑이, 치발기, 공 등) 혹은 사물

4차 표준보육과정 관련요소
탐구과정 즐기기 > 사물과 자연 탐색하기를 즐긴다.

도움이 돼요
• 다양한 사물에 관심을 가지고 잡기를 시도한다.
• 사물 탐색하기를 즐긴다.

이렇게 해 봐요
1. 영아가 다양한 사물에 관심을 갖고 입과 손으로 만지거나 탐색할
   때 언어적 상호작용을 한다.
   −○○아, 무엇이 보이니?
   −딸랑딸랑 딸랑이, 올록볼록 달걀 마라카스…….
   −손으로 만져 볼까? 어떤 소리가 날까?
2. 다양한 사물을 반복적으로 탐색할 수 있도록 한다.
   −딸랑이를 여기에 붙여 볼까?
   −딸랑이를 떼어 볼까?
3. 다양한 사물을 다양한 방법으로 탐색할 수 있도록 한다(만져 보기,
   붙였다 떼어 보기, 굴려 보기, 눌러 보기 등등).

유용해요
영아의 일상생활 속에서 쉽게 접할 수 있는 놀이감과 사물을 제공해 준다.

〈치발기〉

〈떼굴떼굴 공〉

〈에어팩 위에서 둥둥〉

〈지퍼백 속 비즈〉

〈볼풀공 놀이〉

〈액티비티 놀이상자〉

〈물감 놀이〉

〈물병 속 자연물〉

여러 가지 놀잇감을 탐색해요

〈신문지〉

〈차가운 얼음〉

〈셀로판지〉

〈색깔블록〉

〈수수깡〉

〈자갈〉

여러 가지 놀잇감을 탐색해요

1) 탐구과정 즐기기

흙 탐색 놀이

◆ 연령: 2세
◆ 놀이자료: 모래 또는 흙, 삽, 나뭇가지, 돌멩이 등

4차 표준보육과정 관련요소
탐구과정 즐기기 > 사물과 자연을 반복하여 탐색하기를 즐긴다.

도움이 돼요
• 자연물에 관심을 갖고 탐색한다.
• 자연물 놀이를 통해 즐거움을 경험한다.

이렇게 해 봐요
1. 흙을 탐색하며 영아가 관심을 가질 수 있도록 한다.
　−흙을 만져 보니 어떤 느낌이 나니?
　−흙에서는 어떤 냄새가 나니?
　−왜 그런 냄새가 날까?
2. 흙을 반복적으로 탐색하며 흙으로 할 수 있는 다양한 놀이에 대해 이야기 나누어 본다.
　−흙으로 무엇을 할 수 있을까?
　−흙으로 더 재미있는 놀이를 하기 위해 무엇이 필요할까?
　−흙을 파 보기도 하고, 그림도 그려 보자.
　−자연물을 주워 와 흙과 함께 놀이해 보자.
3. 영아의 흙놀이를 반영하여 언어적 상호작용(행동반영)을 한다.
　−흙을 파서 두꺼비 집을 만들어 주었구나.
　−흙 위에 이름도 쓸 수 있구나.

유용해요
흙놀이 후에는 손을 꼭 깨끗이 씻어 청결과 위생에 힘쓴다.

실제편

2) 생활 속에서 탐구하기

• • • 1. 영아를 위한 자연탐구놀이

2) 생활 속에서 탐구하기

미끌미끌 국수 놀이

◆ 연령: 0~1세
◆ 놀이자료: 삶은 국수, 볼, 비닐 장판

4차 표준보육과정 관련요소
생활 속에서 탐구하기 > 친숙한 물체를 감각으로 탐색한다.

도움이 돼요
• 다양한 감각(시각, 청각, 후각, 미각, 촉각) 등을 활용하여 친숙한 물체를 탐색한다.
• 다양한 방법으로 사물 탐색하기를 즐긴다.

이렇게 해 봐요
1. 삶은 국수를 볼에 담아 영아들과 탐색한다.
   −○○아, 이것이 무엇일까?
   −미끌미끌 삶은 국수, 보글보글 끓는
   　물에 삶아서 따뜻해요.
2. 삶은 국수를 오감으로 탐색할 수 있도
   록 한다.
   −손으로 만져 볼까?
   −어떤 냄새가 날까?
   −어떤 맛이 날까?
3. 다양한 방법으로 탐색할 수 있도록 격
   려한다.
   −그릇에 국수를 담아 볼까?
   −국수를 손에 붙여 볼까?

유용해요
영아에게 친숙한 식재료는 오감을 활용하여 탐색할 수 있는 적합한 놀이재료가 될 수 있다.

〈달콤한 반죽 놀이〉

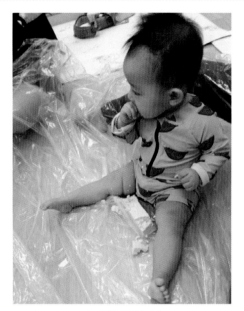

〈고소한 두부 놀이〉

〈달콤한 뻥튀기 놀이〉

〈촉촉이 모래 놀이〉

실
제
편

생활 속 친숙한 물체 탐색놀이

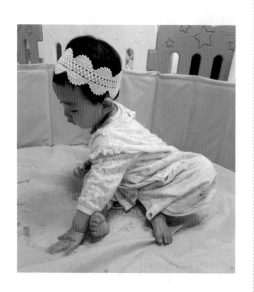

〈콩가루 놀이〉

〈반죽 놀이〉

〈까칠까칠 오트밀 놀이〉

〈동글동글 콩 놀이〉

생활 속 친숙한 물체 탐색놀이

2) 생활 속에서 탐구하기

빛과 그림자 놀이

◆ 연령: 2세
◆ 놀이자료: 플라스틱 필름통(검정, 투명, 반투명 등), 다양한 꾸미기 재료(비즈, 반짝이, 스팽글 등),
오공본드, 라이트테이블

4차 표준보육과정 관련요소
생활 속에서 탐구하기 > 친숙한 물체의 특성과 변화를 감각으로 탐색한다.

도움이 돼요
• 라이트테이블을 활용하여 플라스틱 통 속에 다양한 꾸미기 재료를 넣고 물체의 특징과 변화를 탐색한다.
• 다양한 방법으로 사물 탐색하기를 즐긴다.

이렇게 해 봐요

1. 플라스틱 필름통(검정, 투명, 반투명
   등)을 탐색한다.
   −○○아, 이것이 무엇일까?
   −필름통으로 무엇을 할 수 있을까?
2. 필름통 안에 다양한 꾸미기 재료를 넣
   거나 겉에 꾸미기 재료를 붙인다.
3. 꾸민 필름통을 라이트테이블 위에 올
   려놓고 탐색한다.
   −라이트테이블 위에 꾸민 필름통을 올
   려놓아 보니 어떠니?
   −필름통으로 어떤 놀이를 해 볼 수 있
   을까?

4. 다양한 방법으로 물체를 탐색하고 놀이해 볼 수 있도록 격려한다.

유용해요
플라스틱 필름통 외에도 투명 페트병을 이용하여도 된다. 다양한 물체를 페트병 안에 넣거나 페트병 겉
을 꾸며 라이트테이블 위에 올려놓고 물체의 특성과 변화를 다양한 방법으로 탐색해 보도록 한다.

실제편

〈편백나무 지게차 놀이〉

〈캠핑장 놀이〉

2) 생활 속에서 탐구하기

영차영차 농부가 되어 보아요

◆ 연령: 2세
◆ 놀이자료: 다양한 종류의 농기구(수레, 쟁기, 삽 등), 농부옷, 밀짚모자, 장화

4차 표준보육과정 관련요소
생활 속에서 탐구하기 > 생활 도구에 관심을 가진다.

도움이 돼요
• 농기구에 관심을 가진다.
• 농부가 되어 농작물을 가꿀 때 필요한 농기구를 사용한다.

이렇게 해 봐요
1. 농부가 되어 다양한 농기구를 탐색한다.
　　−농부가 되어 보자.
　　−농사를 지으려면 어떤 도구들이 필요할까?
　　−수레, 쟁기, 삽 등 농기구는 어떻게 생겼니?
　　−농기구들로 무엇을 할 수 있을까?

2. 농사를 짓는 데 필요한 도구에 관심을
　　가지고 농부가 되어 직접 도구를 사용
　　해 보며 농사짓는 놀이를 해 본다.
　　−농부가 되려면 어떤 소품이 필요할까?

3. 농부가 되어 농기구를 사용해 본 경험
　　에 대해 이야기 나눈다.
　　−어떤 농기구를 사용해 보았니?
　　−농기구를 사용해 보니 어떤 기분이 들
　　　었니?
　　−어떤 점이 재미있었니?

유용해요
영아가 안전하게 사용할 수 있는 도구들을
준비하도록 한다.

실제편

〈청소를 해요〉

〈스마트폰 놀이〉

〈나는 컴퓨터 프로그래머〉

〈나는 요리사〉

〈나는 포클레인 운전사〉

〈돌을 날라요〉

생활도구를 활용한 탐색놀이

3) 자연과 더불어 살기

3) 자연과 더불어 살기

동물에게 먹이 주기

◆ 연령: 0~1세
◆ 놀이자료: 동물먹이(당근 등)

4차 표준보육과정 관련요소
자연과 더불어 살기 > 주변의 동식물에 관심을 갖는다.

도움이 돼요
• 동물에게 관심을 갖는다.
• 동물에게 먹이를 주어 본다.

이렇게 해 봐요
1. 영아들과 함께 동물을 탐색한다.
   - ○○아, 이것이 무슨 동물일까?
   - 어떻게 생겼니?
2. 동물의 특징을 언어로 표현하며 영아와 상호작용한다.
   - 얘는 작고 귀여운 기니피그야.
   - 히힝 조랑말이야.

3. 동물들에게 먹이를 함께 주어 본다.
   - 동물들이 배가 고프대. 동물들에게 맛있는 먹이를 주어 보자.
   - 조심조심 먹이를 주어 보자.
   - 냠냠냠…… 맛있게 먹는다.
4. 동물 흉내를 내어 보도록 격려한다.
   - 기니피그는 오물오물 당근을 먹어. 어떻게 먹는지 ○○이가 흉내를
     내 볼 수 있겠니?
   - 조랑말은 어떤 소리를 내니? ○○이가 흉내를 내 볼 수 있겠니?

유용해요
영아의 컨디션, 성향 등을 고려하여 동물 먹이주기를 해 본다. 동물들은 돌발행동을 할 수 있기 때문에 동물에게 먹이를 줄 때에는 성인과 함께 안전을 고려하도록 한다. 동물을 만진 후, 깨끗하게 손을 씻는다.

실제편

3) 자연과 더불어 살기

꽃(식물) 탐색 놀이

◆ 연령: 2세
◆ 놀이자료: 물조리개

4차 표준보육과정 관련요소
자연과 더불어 살기>주변의 동식물에 관심을 갖는다.

도움이 돼요
• 꽃에게 관심을 가지고 탐색한다.
• 꽃에게 물을 주어 보며 돌본다.

이렇게 해 봐요
1. 영아들과 함께 산책을 하며 주변에서 볼 수 있는 꽃(식물)을 찾아
   본다.
   −햇님이 반짝반짝, 시원한 바람도 부는구나.
   −예쁜 꽃을 찾아볼까?
2. 꽃(식물)의 특징을 언어로 표현하며 영아와 상호작용한다.
   −이 꽃은 어떻게 생겼니?
   −이 꽃은 어떤 냄새가 나니?
   −이 꽃을 보니 어떤 기분이 드니?
   −이 꽃의 이름은 무엇일까?
3. 꽃에 관심을 가지고 어떻게 돌볼 수 있을지 생각해 본다.
   −예쁜 꽃을 어떻게 돌봐 주면 좋을까?
   −물도 주어 보고, 삽으로 흙을 꾹꾹 다져 보자.
   −예쁜 말도 해 줘 보자.
4. 지속적으로 꽃에 관심을 가지고 변화를 살펴볼 수 있도록 한다.

유용해요
영아가 꽃가루 알레르기가 있는지 미리 건강상태를 확인하고, 지속
적으로 꽃에 관심을 가질 수 있도록 한다.

3) 자연과 더불어 살기

날씨가 더워져요

◆ 연령: 0~1세
◆ 놀이자료: 모자, 물

4차 표준보육과정 관련요소
자연과 더불어 살기 > 날씨의 변화를 감각으로 느낀다.

도움이 돼요
산책을 하며 날씨가 점점 더워짐을 느껴 본다.

이렇게 해 봐요
1. 영아들과 함께 산책을 한다.
2. 날씨와 관련하여 특징을 언어로 표현하며 영아와 상호작용한다.
   - 여름이 다가오고 있어.
   - 날씨가 어떠니?
   - 덥고, 땀이 나. 햇빛이 밝고 눈이 부셔.
3. 날씨에 적합한 옷차림과 준비에 대해 상호작용한다.
   - 날씨가 더우면 어떤 옷을 입어야 할까?
   - 반팔, 반바지, 모자, 선글라스…… 햇빛이 뜨거워서 준비해야 할 것들이 무엇이 있을까?
4. 여름 날씨를 즐길 수 있도록 격려한다.
   - 날씨가 더워졌어. 그늘에 가면 시원해.
   - 어떻게 여름을 보낼 수 있을까?

유용해요
산책을 할 때에는 날씨를 고려하여 적합한 옷을 입을 수 있도록 하고, 여름에는 더위에 대비하여 자외선 차단제, 모자, 물 등을 준비하여 외부 환경에 대응할 수 있도록 한다.

실제편

3) 자연과 더불어 살기

뜨거운 여름 햇살

◆ 연령: 2세
◆ 놀이자료: 선글라스, 부채, 양산

4차 표준보육과정 관련요소
자연과 더불어 살기 > 날씨와 계절의 변화를 감각으로 느낀다.

도움이 돼요
• 산책을 하며 여름철 날씨의 무더위와 강한 햇살을 느껴 본다.
• 더운 날씨에 대비할 수 있다.

이렇게 해 봐요
1. 영아들과 함께 산책을 한다.
2. 날씨와 관련된 특징을 언어로 표현하며 영아와 상호작용한다.
   −여름이 되니 날씨가 어떻게 변했니?
   −햇살은 어떻게 변했니?
   −덥고, 땀이 나고, 햇빛이 밝고 눈이 부셔.
3. 여름철 강한 햇살을 피할 수 있는 방법에 대해 이야기 나눈다.
   −뜨거운 햇살을 피하지 않고 계속 쬐면 어떻게 될까?
   −어떻게 하면 뜨거운 햇살을 피할 수 있을까?
4. 여름 날씨에 대비할 수 있는 방법에 대해 이야기 나눈다.
   −어떻게 하면 뜨거운 여름을 잘 보낼 수 있을까?

유용해요
여름철 날씨에 대비하여 건강하게 여름을 보낼 수 있는 다양한 방법을 살펴본다.

2. 유아를 위한 자연탐구놀이

1) 자연탐구적 접근

생활주제 1. 가을

가을이 되어 바깥놀이 중 변화된 가을의 날씨와 자연환경(나무, 낙엽, 열매 등)에 관심을 가지고 다양한 놀이를 진행하게 됨.

- 알록달록 가을(자연탐구적 접근: 산책하기)
- 울퉁불퉁 가을 나무
- 나무를 따뜻하게 해 주려면?
- 가을 열매
- 가을 낙엽
- 낙엽 글자 놀이
- 낙엽 청소 놀이

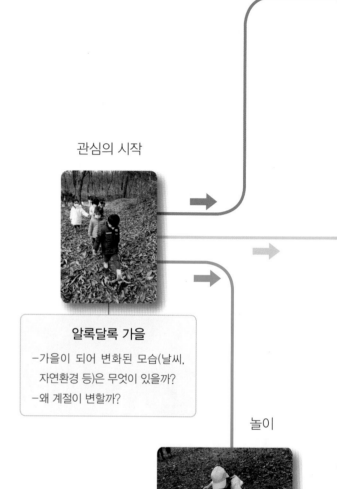

관심의 시작

알록달록 가을

-가을이 되어 변화된 모습(날씨, 자연환경 등)은 무엇이 있을까?
-왜 계절이 변할까?

놀이

가을 낙엽

-수집한 낙엽으로 만들어 볼 수 있는 것은?

놀이

놀이

울퉁불퉁 가을 나무

-나무를 만져 보면 어떤 느낌이 날까?

-나무의 냄사는 어떨까?

-나무들 간 다른 점은 무엇일까?

나무를 따뜻하게 해 주려면?

-점점 추워지는 날씨에 나무를 따뜻하게 해 주려면 어떻게 해 주면 좋을까?

놀이

가을 열매: 도토리 깍정이 팽이 놀이

-내가 주운 열매로 만들 수 있는 것은 무엇이 있을까?

실제편

놀이

놀이

낙엽 글자 놀이

-낙엽으로 내가 아는 글자를 어떻게 만들어 볼 수 있을까?

낙엽 청소 놀이

-낙엽이 쌓이면 어떤 문제가 발생할까?

-낙엽을 어떻게 청소할 수 있을까?

1) 자연탐구적 접근

알록달록 가을

◆ 공간: 바깥놀이터 혹은 유치원/어린이집 인근 공원
◆ 놀이자료: 자연물채집통(지퍼백), 카메라, 약상자
◆ 상호작용

질문하기	-가을 날씨는 어떠니? -가을이 되니 주변 자연의 모습은 어떻게 변화했니?
조사하기	-가을 날씨의 기온 조사하기 -가을 나무의 나뭇잎의 색 관찰 및 조사하기
예상하기	-날씨가 점차 추워지면 나뭇잎의 모습은 어떻게 될까? -가을 나무에서 찾을 수 있는 색깔은 몇 가지나 될까?
탐색실험	-나뭇잎 탐색(나뭇잎의 색깔, 느낌, 냄새 등)하기 -가을 열매 안과 밖의 모습 관찰 및 비교하기
추론하기	-가을이 되어 나뭇잎이 변화는 무얼까? -가을이 되어 나뭇잎은 왜 떨어지는 것일까?

숲에서 볼 수 있는 자연물은 어떤 것들이 있을까??

숲에서 볼 수 있는 여러 가지 자연물에 대해 이야기 나눈 후 자연물을 이용해 어떤 놀이를 할 수 있을 지 이야기 나누어요.
　"저번처럼 솔방울 던지기 놀이해요!"
　" 나무에 매 달리기 !"
　"열매를 많이 찾기 놀이 어때요?"
　" 도토리랑 밤을 굴리는 놀이!!"
　" 밤송이를 들어 보는 놀이를 해 봐요! 그거는 엄청 어려울 거예요!"
　" 밤이랑 도토리를 던져서 나무가지를 맞히는 놀이는 어때요?"
솔방울, 낙엽, 나무가지, 열매, 밤송이, 나무, 밤, 도토리 등
여러 가지 자연물에 대해 이야기 하는 선반 친구들!!
오늘은 낙엽과 나무가지를 이용해 연산놀이를 해 보았어요.

재활용 액자에 담은
가을 숲

〈가을 숲의 모습을 나의 액자에 담는 다면?〉

"낙엽을 많이 넣어야 더 푹신한 방석이 될 것 같아.!"

재활용 박스는
멋진 액자가 되고

휴지심은 무엇이든
관찰하고 싶어지는
망원경이 되고

"아~ 방석 말고
베개로 써야겠어.
폭신하니 좋다!
우리 좀 잘게요~"

비닐은 낙엽을
가득 담아
바스락바스락
소리 나는
방석이 되었어요.

출처: 씨알유치원 제공.

1) 자연탐구적 접근

나무를 따뜻하게 해 주려면?

◆ 공간: 실내
◆ 놀이자료: 직조 틀, 다양한 털실
◆ 상호작용

질문하기	-날씨가 추워지면 나무들은 어떻게 될까?
조사하기	-나무가 따뜻하게 지내도록 도울 수 있는 방법이 있을까?
예상하기	-어떻게 하면 나무가 겨울을 따뜻하게 지낼 수 있을까? -나무에게 옷을 입혀 주면 어떻게 될까?
탐색실험	-털실을 활용하여 나무 옷 직조하기
추론하기	-털실을 활용하여 옷을 만들 수 있는 직조의 원리 추론하기

• • 2. 유아를 위한 자연탐구놀이

1) 자연탐구적 접근

가을 열매

◆ 공간: 실내
◆ 놀이자료: 산책길에 수집한 가을 열매(도토리, 솔방울 등), 이쑤시개, 송곳, 가위
◆ 상호작용

질문하기	−가을이 되면 왜 열매가 맺을까? −도토리와 가을 열매의 생김새는 어떠니?
조사하기	−도토리와 가을 열매 관찰하기
예상하기	−도토리와 가을 열매를 활용하여 무엇을 해 볼 수 있을까? −도토리 깍정이와 가을 열매로 팽이를 만들면 어떻게 될까?
탐색실험	−도토리 깍정이와 가을 열매로 팽이 만들기 〈팽이 만드는 방법〉 1. 도토리 열매와 깍정이(가을 열매)를 분리한다. 2. 도토리 깍정이(가을 열매) 꼭지를 가위로 잘라 평평하게 만들어 본다. 3. 도토리 깍정이(가을 열매) 중앙에 송곳으로 구멍을 뚫어 준다. 　(구멍을 뚫을 때는 교사가 도와준다). 4. 뚫린 구멍에 이쑤시개를 잘라 넣어 준다.
추론하기	−도토리 깍정이(가을 열매) 팽이가 균형을 잡는 이유와 그렇지 않은 이유 추론하기

실제편

1) 자연탐구적 접근

가을 낙엽

◆ 공간: 바깥놀이터 혹은 유치원/어린이집 인근 공원
◆ 놀이자료: 낙엽
◆ 상호작용

질문하기	-가을이 되니 낙엽의 색이 어떻게 변했니?
조사하기	-낙엽 색 관찰하기 -떨어진 시간에 따른 나뭇잎의 모습 비교하기
예상하기	-여름의 나뭇잎과 가을의 나뭇잎의 색은 어떻게 다른가요? -떨어진 시간에 따른 나뭇잎의 모습의 차이점 예상해 보기
탐색실험	-나뭇잎을 이용한 비행기 모형 만들어 오려 날려 보기
추론하기	-가을이 되어 나뭇잎이 떨어지는 이유 추론하기

1) 자연탐구적 접근

낙엽 글자 놀이

◆ 공간: 바깥놀이터
◆ 놀이자료: 낙엽, 글자판(양각 또는 음각) 등
◆ 상호작용

질문하기	−낙엽으로 무엇을 할 수 있을까?
조사하기	−낙엽으로 할 수 있는 탐구놀이, 역할놀이, 미술놀이 조사하기
예상하기	−낙엽으로 어떻게 글자(양각 혹은 음각 글자)를 만들 수 있을까?
탐색실험	−낙엽을 주워 글자 만들기
추론하기	−나무마다 나뭇잎과 낙엽의 색이 서로 다른 이유 추론하기

실제편

1) 자연탐구적 접근

낙엽 청소 놀이

◆ 공간: 낙엽이 쌓인 바깥놀이터, 산책로, 공원 등
◆ 놀이자료: 빗자루, 망태기, 눈 치우는 삽, 젓가락, 손풍기, 집게 등 다양한 생활도구, 비닐장갑 등
◆ 상호작용

질문하기	−쌓인 낙엽을 보니 어떠니? −쌓인 낙엽으로 무엇을 할 수 있을까?
조사하기	−낙엽의 쓰임새 조사하기 −낙엽을 빠르게 수거할 수 있는 방법 조사하기 −도구별(집게, 빗자루, 삽, 젓가락, 손풍기 등)로 수거할 수 있는 낙엽의 양 예상해 보기
예상하기	−낙엽으로 거름 만드는 방법 예상하기 −주변 낙엽을 치우지 않으면 주변 모습이 어떻게 변할지 예상해 보기
탐색실험	−다양한 도구를 활용하여 낙엽을 모아 주변 청소하기
추론하기	−나무를 이롭게 하는 낙엽의 쓰임새 추론해 보기 −낙엽을 치울 수 있는 방법 추론하기

생활주제 2. 나비

바깥놀이 중 날아다니는 나비를 따라다니는 유아들이 나비에 대해 관심을 보였다.

- 나비모양 관찰하기
- 나비가 사는 곳, 먹는 것, 생김 새 알아보기
- 나비와 나방의 차이 알아보기
- 나비날개 꾸미기
- 나비가 되어 보기

관심의 시작

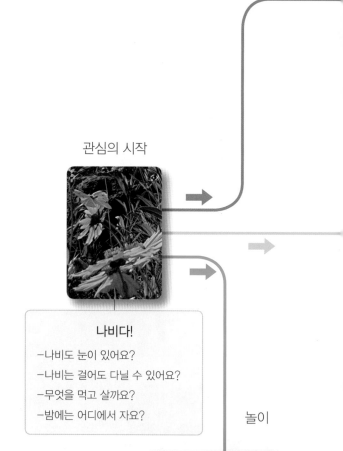

나비다!
- 나비도 눈이 있어요?
- 나비는 걸어도 다닐 수 있어요?
- 무엇을 먹고 살까요?
- 밤에는 어디에서 자요?

놀이

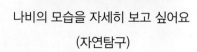

나비의 모습을 자세히 보고 싶어요
(자연탐구)
- 나비의 눈과 날개의 문양, 색, 더듬이 모양, 다리 개수와 입의 모양 등을 찾아본다.

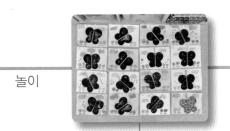

놀이

나비날개 꾸미기(미술)

–나비의 날개를 다양한 방법으로 장
식하거나 꾸미기

놀이

나비날개 움직이기(창의적 실험)

–나비날개를 움직이도록 하려면?

놀이

나비의 생애(자연탐구/지식)

–나비의 습성과 생애주기, 먹이 등에 대
해 알아보기

실
제
편

놀이

나비와 나방의 차이점 관찰하기
(자연탐구)

–나비와 나방은 어떤 점이 달라요?

놀이

나비의 파티(창의적 신체표현)

–나비로 변신한 우리들의 댄스파티

1) 자연탐구적 접근

나비날개 꾸미기

◆ 공간: 실내 또는 실외
◆ 놀이자료: 다양한 나비 사진이나 동영상, 나비날개 꾸미기 재료(종이, 천, 플라스틱류 등 다양하고
   창의적 표현을 할 수 있는 재료)
◆ 놀이방법
   1. 나비날개의 모양과 무늬에 대해 이야기한다.
      -(사진이나 동영상을 보며) 나비날개에는 어떤 무늬가 있니?
      -나비날개에 어떤 무늬를 선물해 주고 싶니?
   2. 선택한 재료를 사용하여 나비날개 꾸미기
   3. 다양하게 꾸며진 나비날개 감상하기

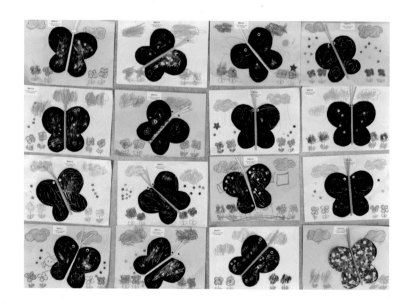

1) 자연탐구적 접근

나비날개 움직이기

◆ 공간: 실내
◆ 놀이자료: 나비를 만들 수 있는 종이, 나무젓가락, 고무줄이나 끈, 테이프 등
◆ 상호작용

질문하기	−나비는 날개를 어떻게 움직일까? −움직이는 나비의 날개를 어떻게 만들 수 있을까?
조사하기	−나비의 움직임 관찰하기 −날개를 움직이기 위한 방법을 조사하고 의논하기
예상하기	−제작한 날개의 움직임 예상하기
탐색실험	−제작한 나비의 날개를 움직여 보기
추론하기	−어떤 방법으로 나비의 날개를 움직이게 했니?

1) 자연탐구적 접근

나비의 생애

◆ 공간: 실내
◆ 놀이자료: 나비의 생애 동영상, 그림책, 그림카드나 사진, 융판, 나비 인형 등
◆ 상호작용

질문하기	−나비는 어떻게 태어날까? −나비는 어떻게 자랄까? −아기 나비는 어떻게 생겼을까?
조사하기	−나비의 생애에 대해 조사하기 −나비는 무엇을 먹고 사는지 조사하기 −나비의 종류에는 어떤 것들이 있는지 조사하기 −나비는 어디에서 잠을 자는지 조사하기 −나비도 집이 있는지 조사하기
발표하기	−나비에 대해 어떤 점을 알게 되었니?

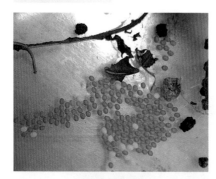 

〈누에나방의 생애〉

 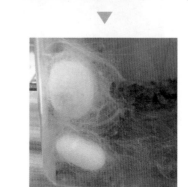

• • 2. 유아를 위한 자연탐구놀이

1) 자연탐구적 접근

나비의 모습을 자세히 보고 싶어요

◆ 공간: 실내
◆ 놀이자료: 나비표본, 상세 모형, 전자현미경, 돋보기, 인터넷 검색, 곤충 도감, 나비 관련 정보 그림
　　　 책 등
◆ 상호작용

질문하기	–나비는 어떤 얼굴을 하고 있을까? –나비의 몸은 어떻게 생겼을까? 다리는 있을까? 있다면 몇 개가 있을까? –나비는 다리로 무엇을 할까?
조사하기	–나비의 실물 표본을 보며 궁금한 점 알아보기
예상하기	–나비의 몸의 구조와 각 기관이 하는 역할 예측해 보기
탐색실험	–나비 몸의 각 기관의 역할에 대해 알아보기 –'나비의 일생'에 관한 영상을 살펴보며 나비의 모습 알아보기
의사소통하기	–나비의 생김새에 대해 무엇을 알게 되었니? –나비의 각 기관은 어떤 역할을 하나요?

실제편

1) 자연탐구적 접근

나비와 나방의 차이점 관찰하기

◆ 공간: 실내
◆ 놀이자료: 나비와 나방 표본들, 상세 모형, 전자현미경, 돋보기, 인터넷 검색, 곤충 도감, 관련 정보
　　　　　 그림책 등
◆ 상호작용

질문하기	–나비와 비슷하게 생긴 나방은 어떤 점이 같을까? –나비와 비슷하게 생긴 나방은 어떤 점이 다를까?
조사하기	–표본을 보며 궁금한 점 알아보기
의사소통하기	–나비와 나방의 같은 점과 다른 점에 대해 조사한 내용 발표하기

1) 자연탐구적 접근

나비의 파티

◆ 공간: 실내 강당 또는 유희실이나 체육실

◆ 놀이자료: 음원(느린 곡과 빠른 곡), 나비를 표현할 수 있는 스카프나 천 등 소품, 나비 성장 동영상, 나비의 움직임 동영상

◆ 놀이방법

　1. 준비된 동영상을 보며 나비의 성장과 움직임에 대하여 이야기 나눈다.

　2. 몸으로 나비의 성장 단계에 따른 표현을 해 본다.

　3. 음악을 들으며 제시되는 상황에 따라 표현해 본다.

　－나비 알

　　－알에서 나오는 애벌레

　　－애벌레의 다양한 움직임(친구와 노는 애벌레, 먹이를 먹는 애벌레, 하품을 하는 애벌레 등)

　　－모험을 떠나는 애벌레

　　－고치가 된 애벌레

　　－바람에 흔들리고 비를 맞는 애벌레

　　－고치를 뚫고 나비가 되어 날아다니는 애벌레 등

생활주제 3. 지렁이

산책 중 지렁이를 발견한 후 관심을 가지고 다양한 관련 탐구 놀이를 진행함.

- 지렁이를 찾아라
- 지렁이를 위한 집 구상
- 지렁이가 좋아하는 것(관찰)
- 지렁이 분변토 관찰하기
- 지렁이 동화 듣고 이야기 나누기
- 지렁이 땅따먹기
- 지렁이 상상놀이
- 지렁이집 구성하기

관심의 시작

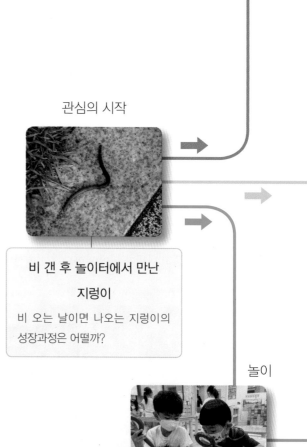

비 갠 후 놀이터에서 만난 지렁이

비 오는 날이면 나오는 지렁이의 성장과정은 어떨까?

놀이

지렁이 분변토 관찰하기

지렁이의 성장과정 탐색에 알맞은 환경구성을 어떻게 지원해 줄 수 있을까?

놀이  놀이

지렁이 친구를 찾아라

지렁이에 대한 유아들의 관심을 어떻게 지원할 수 있을까?

지렁이 관찰하기

지렁이 관찰과 탐색을 유지 및 확대시켜 줄 수 있는 방법은 무엇일까?

놀이

지렁이 먹이 관찰하기

유아들이 지렁이 먹이를 어떻게 예상할 수 있도록 도울 수 있을까?

놀이  놀이

지렁이 땅따먹기 놀이

지렁이 움직임을 효과적으로 표현할 수 있도록 지원할 수 있는 놀이에는 무엇이 있을까?

지렁이 가족에게 보내 주기

과학적 지식 이외에 자연을 보호하는 마음과 태도를 어떻게 길러 줄 수 있을까?

실제편

1) 자연탐구적 접근

• • 2. 유아를 위한 자연탐구놀이

지렁이 친구를 찾아라

◆ 공간: 산책로, 유치원 텃밭
◆ 놀이자료: 수집통, 휴대용 확대경(루뻬), 돋보기
◆ 상호작용

질문하기	-지렁이는 비 오는 날 나와요? -지렁이는 왜 꿈틀꿈틀 기어가요?
조사하기	-낙엽으로 할 수 있는 탐구놀이, 역할놀이, 미술놀이 조사하기
예상하기	-지렁이 몸의 길이 변화 예상해 보기
탐색실험	-지렁이 생김새 관찰하기 -맑은 날과 비 오는 날 지렁이 모습 관찰하기
추론하기	-지렁이가 살아가기 좋은 환경 추론하기
과학지식 연계 상호작용	-지렁이는 왜 비 오는 날에 나올까? -지렁이는 흙 속에서 어떻게 움직일까?
과학기술 연계 상호작용	-지렁이들의 모습은 모두 같니?
과학태도 연계 상호작용	-바깥놀이터에서 지렁이 모습을 보니 어떤 느낌이 나니? -지렁이를 보호하기 위해 무엇을 할 수 있을까?

1) 자연탐구적 접근

지렁이 관찰하기

◆ 공간: 유치원 교실
◆ 놀이자료: 관찰통, 루빼, 확대경, 실물화상기
◆ 상호작용

질문하기	-지렁이의 생김새는 어떠니?
조사하기	-지렁이 생김새 관찰하기 -지렁이 몸의 길이 측정하기
예상하기	-지렁이가 좋아하는 먹이 예상해 보기
탐색실험	-빛과 물에 대한 지렁이 반응 관찰하기
추론하기	-흙 속 지렁이의 움직임 모습 추론하기
과학지식 연계 상호작용	-지렁이 몸의 생김새는 어떠니?
과학기술 연계 상호작용	-지렁이를 관찰해 보니 생김새는 어떠니? -지렁이 몸의 주름의 모양은 어떠니?
과학태도 연계 상호작용	-지렁이의 모습을 관찰하면서 어떤 기분이 들었나요? -지렁이를 보호하기 위해 무엇을 할 수 있을까?

실제편

1) 자연탐구적 접근

지렁이 먹이 관찰하기

◆ 공간: 유치원 교실
◆ 놀이자료: 지렁이집, 루빼, 확대경, 실물화상기
◆ 상호작용

질문하기	-지렁이는 무엇을 먹을까? -지렁이는 입의 모양은 어떨까?
조사하기	-지렁이 입 관찰하기 -지렁이가 좋아하는 먹이 조사하기
예상하기	-지렁이의 분변 모양 예상해 보기
탐색실험	-흙의 여러 가지 모습 관찰하기
추론하기	-흙 속 여러 가지 성분 추론하기
과학지식 연계 상호작용	-지렁이가 좋아하는 먹이는 어떤 것들이 있니?
과학기술 연계 상호작용	-지렁이 몸속의 먹이는 어떤 과정으로 소화될까? -지렁이를 만져 보니 촉감은 어떠니?
과학태도 연계 상호작용	-교실에서 지렁이의 모습을 관찰한 느낌은 어떠니? -지렁이를 보호하기 위해 무엇을 할 수 있을까?

• •2. 유아를 위한 자연탐구놀이

1) 자연탐구적 접근

지렁이 분변토 관찰하기

◆ 공간: 교실, 바깥놀이터, 산책로
◆ 놀이자료: 지렁이집, 루뻬, 확대경
◆ 상호작용

질문하기	–지렁이 분변토의 색은 어떠니? –지렁이 분변토의 모양은 어떠니?
조사하기	–지렁이 분변토 분류하기
예상하기	–지렁이 분변토 촉감, 냄새 예상해 보기
탐색실험	–지렁이 분변토 촉감, 냄새 관찰하기
추론하기	–지렁이 배변과정 추론하기
과학지식 연계 상호작용	–지렁이 몸의 생김새는 어떠니?
과학기술 연계 상호작용	–지렁이를 관찰해 보니 생김새는 어떠니? –지렁이 몸의 주름은 어떻게 생겼니?
과학태도 연계 상호작용	–지렁이의 모습을 관찰하면서 어떤 기분이 들었나요? –지렁이를 보호하기 위해 무엇을 할 수 있을까?

실제편

1) 자연탐구적 접근

지렁이 땅따먹기 놀이

◆ 공간: 바깥놀이터, 강당

◆ 놀이자료: 분필이나 나뭇가지, 바둑알(병뚜껑, 작은 돌 등)

◆ 놀이방법

　1. 바깥놀이터 넓은 공간에 분필이나 나뭇가지로 큰 원(사각형)을 그린다.

　2. 편을 나누어 각 팀이 한 구석을 정하여 자기 집을 둥글게 그린다(뼘이나 발뒤꿈치).

　3. 가위바위보로 순서를 정한다.

　4. 순서가 정해지면 자기 집에서 세 번 만에 튀겨서 다시 집에 돌아오면 바둑알이 지나간 지점의

　　안쪽이 자기 집이 된다.

　5. 땅을 튀길 때는 손가락으로 밀지 말고 엄지와 집게손가락 또는 가운데 손가락의 손톱으로 튀긴다.

　6. 만약 세 번 만에 자기 집으로 돌아오지 못하면 차례가 다음 사람에게 넘어간다.

　7. 따 먹을 땅이 없을 때까지 계속하고, 가장 많은 땅을 차지한 사람이 이기게 된다.

　※ 놀이방법은 연령에 따라 조절하여 운영함.

• • 2. 유아를 위한 자연탐구놀이

1) 자연탐구적 접근

지렁이 가족에게 보내 주기

◆ 공간: 바깥놀이터, 텃밭
◆ 놀이자료: 지렁이집
◆ 상호작용

질문하기	−지렁이가 살기 좋은 환경은 어디일까?
조사하기	−지렁이가 살기에 적합한 땅 찾아보기
예상하기	−흙 색깔에 따라 수분 정도 예상해 보기
탐색실험	−휴지로 흙의 수분 흡수 관찰하기
과학태도 연계 상호작용	−지렁이가 자기 집에 가도록 어떻게 도울 수 있을까? −지렁이가 흙과 더불어 오래 살도록 하려면 무엇을 할 수 있을까? −지렁이를 보호하기 위해 무엇을 할 수 있을까?

실제편

2) 문학적 접근

생활주제 1. 색깔

『색깔을 훔치는 마녀』 동화를 유아들에게 읽어 주고, 유아들이 색에 관심을 가지고 다양한 색놀이를 하게 됨.

• 『색깔을 훔치는 마녀』 동화책 읽고 이야기 나누기
• m&m 초콜릿 색 분리 실험
• 알록달록 과일과 채소 꼬치
• 뱅글뱅글 색깔팽이 만들기
• 자연 속 숨겨진 색 찾기
• 자연의 색 물들이기
• 봉숭아물 들이기

관심의 시작

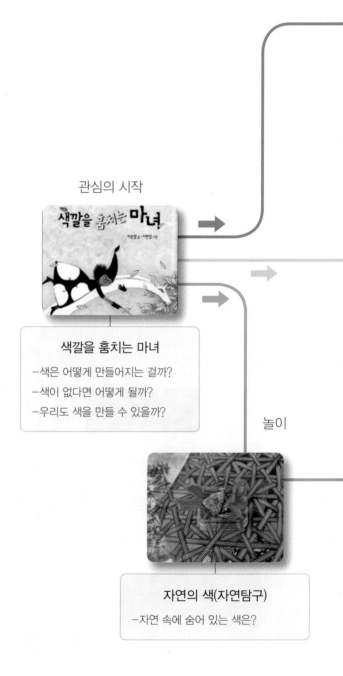

색깔을 훔치는 마녀

−색은 어떻게 만들어지는 걸까?
−색이 없다면 어떻게 될까?
−우리도 색을 만들 수 있을까?

놀이

자연의 색(자연탐구)

−자연 속에 숨어 있는 색은?

놀이  놀이

음식 속에 있는 색(창의적 실험)

−음식 속에도 색이 있을까?

−음식으로 만들 수 있는 색패턴은?

알록달록 꼬치(요리)

−과일과 야채에는 어떤 색이 숨어 있을까?

−같은 음식의 색이어도 어떤 점이 다를까?

놀이

뱅글뱅글 색깔팽이(창의적 실험)

−색깔팽이를 돌리면 어떤 색이 나올까?

실
제
편

놀이  놀이

자연의 색 만들기(자연탐구)

−흰색 천에 자연의 색을 어떻게 물들일 수
있을까?

−눈에 보이는 색과 물들인 색은 어떤 점이
다를까?

봉숭아물 들이기(창의적 실험)

−봉숭아물은 어떻게 들이는 걸까?

−봉숭아물이 빠지지 않으려면?

2) 문학적 접근

색깔을 훔치는 마녀

◆ 공간: 실내
◆ 놀이자료: 동화책 『색깔을 훔치는 마녀』
◆ 상호작용

질문하기	−색은 어디에서 온 것일까? −색은 어떻게 만들어지는 것일까? −색이 없다면 세상은 어떻게 될까?
조사하기	−주변에서 볼 수 있는 다양한 색 조사하기
예상하기	−색이 없다면 세상은 어떻게 될까?
탐색실험	−주변 자연에서 얻을 수 있는 색 탐색하기

2) 문학적 접근

음식 속에 있는 색

◆ 공간: 실내
◆ 놀이자료: m&m 초콜릿, 흰색 접시, 물, 나무젓가락
◆ 상호작용

질문하기	−m&m 초콜릿은 무슨 색이니? −초콜릿의 색을 어떻게 분리해 볼 수 있을까?
조사하기	−음식 속에 있는 다양한 색 조사하기
예상하기	−초콜릿의 색을 다 섞으면 어떻게 될까?
탐색실험	−음식 속에 있는 색 분리하기 〈m&m 초콜릿 색 섞는 방법〉 1. 흰 접시에 m&m 초콜릿을 올려놓는다. 2. 따뜻한 물을 부어 준다. 3. 색소의 번짐을 관찰한다. 4. 나무젓가락으로 색소를 섞어 보며 자유롭게 놀이한다.

실
제
편

2) 문학적 접근

알록달록 꼬치

◆ 공간: 소집단 요리활동이 가능한 공간
◆ 놀이자료: 오이, 당근, 바나나, 키위, 방울토마토, 꼬치용 막대, 도마, 빵칼
◆ 상호작용

질문하기	−과일과 채소에는 어떤 색이 숨어 있을까? −같은 과일/야채의 색은 모두 같을까?
조사하기	−과일과 야채의 색 조사하기
예상하기	−과일과 야채의 껍질 색과 알맹이의 색은 어떤 차이가 있을까? −시간이 지나면 과일과 야채의 색은 어떻게 변할까? −열을 가하면 과일과 야채의 색은 어떻게 변할까?
탐색실험	−과일·채소 꼬치 만들기(요리하기) 1. 오이, 당근, 바나나, 키위, 방울토마토 등 과일과 야채를 준비하고 색을 관찰한다. 2. 과일과 야채는 적당한 크기로 자른다. 3. 꼬치 막대에 준비된 재료를 끼운다. 4. 준비된 재료를 유아가 자유롭게 꽂아 보도록 한다.
추론하기	−같은 종류의 음식이 똑같은 색이어도 각자 차이가 있는 이유 추론하기

2) 문학적 접근

뱅글뱅글 색깔팽이

◆ 공간: 실내
◆ 놀이자료: 동그란 모양의 두꺼운 종이, 이쑤시개, 사인펜이나 네임펜
◆ 상호작용

질문하기	−색깔팽이를 만들 때 어떤 색으로 만들면 좋을까? −색깔팽이가 돌아가면 우리가 칠한 색은 어떻게 변할까?
조사하기	−색 혼합 조사하기
예상하기	−색깔팽이가 돌아가지 않을 때와 돌아갈 때 색은 어떻게 될까?
탐색실험	−색깔 팽이 만들기 1. 두꺼운 도화지를 동그랗게 잘라 팽이의 본체를 만들어 준다. 2. 중심에 구멍을 뚫어 놓는다. 3. 사인펜이나 네임펜을 이용하여 팽이의 색을 칠해 준다. 4. 뚫은 구멍에 이쑤시개를 넣고 고정한다. 5 팽이를 돌려 나타나는 색을 관찰한다.
추론하기	−팽이가 돌아가면서 만들어지는 색 추론하기

실
제
편

2) 문학적 접근

자연의 색

◆ 공간: 실외
◆ 놀이자료: 빨주노초파남보 무지개색 색종이, 자연물
◆ 상호작용

질문하기	−자연에서 발견할 수 있는 색은 무엇이 있을까?
조사하기	−자연물의 색을 무지개색과 대응하여 조사하기
예상하기	−빨간색 자연물은 무엇이 있을까?

• • • 2. 유아를 위한 자연탐구놀이

2) 문학적 접근

자연의 색 만들기

◆ 공간: 실외
◆ 놀이자료: 흰색 광목천, 자연물, 돌멩이
◆ 상호작용

질문하기	−자연물로 물들이기(염색)를 할 수 있을까?
조사하기	−물들일 수 있는 자연물 조사하기
예상하기	−실제 자연물과 흰색 광목천에 물들이기를 했을 때의 색은 어떤 점이 다를까?
탐색실험	−자연물 광목천에 물들이기 1. 자연물을 수집한다. 2. 자연물에 광목천을 덮고 돌멩이로 찧어 본다. 3. 자연물의 색과 천에 물든 색을 비교한다.
추론하기	−자연물로 물들이기를 할 때 더 잘 들일 수 있는 방법 추론하기

2) 문학적 접근

봉숭아물 들이기

◆ 공간: 실내
◆ 놀이자료: 봉숭아꽃과 꽃잎, 백반, 빻는 도구(그릇과 방망이), 랩
◆ 상호작용

질문하기	−손톱에 봉숭아물을 들이면 어떤 색이 나올까? −봉숭아물은 왜 드는 것일까? −봉숭아물을 들이면 왜 지워지지 않을까?
조사하기	−손톱에 물을 들일 수 있는 자연물 조사하기
예상하기	−봉숭아물을 들일 때, 백반을 넣었을 때와 넣지 않았을 때 어떤 차이가 있을까? −백반은 얼마나 넣어야 손톱에 봉숭아물이 더 잘 들까? −봉숭아물을 들일 때, 꽃잎과 잎
탐색실험	−봉숭아물 들이기 1. 봉숭아꽃과 꽃잎을 그릇에 담아 잘 빻아 준다. 2. 백반을 넣고 잘 섞은 후 봉숭아를 다시 빻아 준다. 3. 손톱 위에 빻은 봉숭아를 적당히 올려 준다. 4. 랩으로 잘 감싼 후 일정 시간이 지나면 랩을 풀어 준다.
추론하기	−손톱에 봉숭아물이 드는 이유 추론하기

생활주제 2. 씨앗

『씨앗은 무엇이 되고 싶을까?(김순한 글/김인경 그림)』동화를 유아들에게 읽어 주고, 유아들이 씨앗에 관심을 가지고 식물의 성장에 관심을 갖고 식물 돌보기를 통하여 자연과 더불어 사는 태도를 기른다.

- 『씨앗은 무엇이 되고 싶을까?』 동화책 읽고 이야기 나누기
- 관찰을 통해 다양한 씨앗의 특성 알아보기
- 식물을 돌보고 키워 보기
- 씨앗의 성장과정을 창의적으로 신체 표현하기 꾸미기 놀이
- 자연환경에서 씨앗 찾기 놀이

관심의 시작

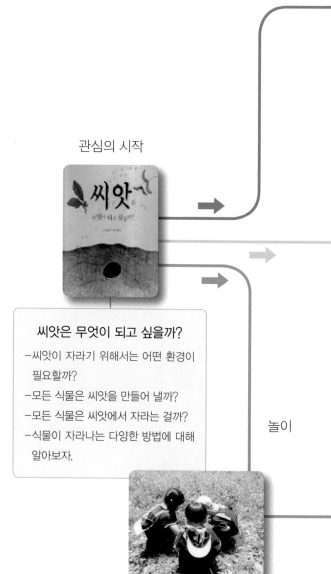

씨앗은 무엇이 되고 싶을까?

- 씨앗이 자라기 위해서는 어떤 환경이 필요할까?
- 모든 식물은 씨앗을 만들어 낼까?
- 모든 식물은 씨앗에서 자라는 걸까?
- 식물이 자라나는 다양한 방법에 대해 알아보자.

놀이

씨앗 찾아보기(자연탐구)
- 늦여름이나 가을 식물에서 씨앗 찾아보기

놀이

누구의 씨앗일까?(관찰하기)

-다양한 씨앗의 모양, 색, 크기를
관찰하고 식물 사진과 짝짓기

놀이

씨앗으로 꾸미기(꾸미기)

-다양한 색과 크기의 씨앗으로
액자 등 꾸미기

놀이

씨앗은 어떤 환경을 좋아할까?
(창의적 실험)

-다양한 조건에서 씨앗의 성장을 예
측해 보고 직접 싹 틔워 보기

놀이

식물 돌보기(자연탐구)

-씨앗에서 난 싹을 돌보고 기르기

놀이

꽃의 춤(창의적 신체표현)

-씨앗이 자라나는 과정과 꽃을 피우는
과정을 신체로 표현하기

실
제
편

2) 문학적 접근

누구의 씨앗일까?

◆ 공간: 실내
◆ 놀이자료: 다양한 크기, 형태, 모양의 씨앗 10종 정도(열매를 맺는 나무와 맺지 않는 나무를 섞어서
　　　　　준비), 준비한 씨앗의 성장한 식물 사진, 식물도감이나 동영상
◆ 상호작용

질문하기	-이 씨앗들은 자라서 무엇이 될까?
조사하기	-씨앗의 모양, 크기, 색 조사하기
예상하기	-사진의 식물은 어떤 씨앗이 자라서 되었는지 예측해 보기 -어떤 식물이 열매 속에서 씨앗을 얻을 수 있는지, 어떤 씨앗이 꽃에서 씨앗을 얻을 수 있는지 예측해 보기
탐색실험	-식물도감이나 동영상을 통하여 관찰한 씨앗과 사진 연결해 보기
추론하기	-씨앗의 모양, 색, 크기와 나무의 모양은 어떤 상관이 있을까?

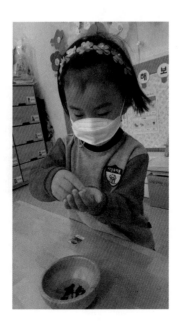

2) 문학적 접근

씨앗으로 꾸미기

◆ 공간: 실내

◆ 놀이자료: 다양한 씨앗, 액자, 상자, 종이 등 꾸밀 수 있는 재료, 씨앗을 붙일 수 있는 풀

◆ 놀이방법

   1. 씨앗으로 꾸밀 작품 구상하기

     –씨앗으로 아름다운 작품을 만들 수 있을까?

   2. 씨앗으로 꾸밀 재료 찾아보기

   3. 씨앗으로 선택한 재료 꾸미기

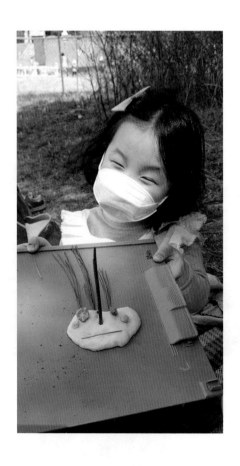

2) 문학적 접근

씨앗은 어떤 환경을 좋아할까?

◆ 공간: 실내 또는 실외(햇볕이 잘 드는 곳과 들지 않는 곳 모두 이용)

◆ 놀이자료: 쉽게 발아되는 씨앗, 다양한 조건의 흙(모래, 흙, 잔자갈흙, 진흙), 물뿌리개

◆ 상호작용

질문하기	−씨앗은 어떻게 싹이 날까?
조사하기	−씨앗이 발아되기 위한 조건 조사하기
예상하기	−어떤 흙에서 싹이 가장 빨리 자랄지 예측해 보기 −어떤 조건에서 싹이 가장 잘 자랄지 예측해 보기
탐색실험	−다양한 발아 조건(흙, 햇빛, 물, 공기순환)에 씨앗 심기
추론하기	−씨앗이 잘 자라게 하려면 어떻게 돌봐 주어야 할까?

2) 문학적 접근

씨앗 찾아보기

◆ 공간: 씨나 열매가 맺히는 계절의 실외 자연환경
◆ 놀이자료: 씨나 열매를 수집할 수 있는 투명 가방
◆ 상호작용

질문하기	−나무나 꽃들의 씨앗은 어떻게 찾을 수 있을까? −나무나 꽃들은 씨앗을 어디에 가지고 있을까?
조사하기	−자연환경에서 나무와 꽃의 씨앗 찾기
예상하기	−나무와 꽃의 씨앗이 있는 위치 예측하기
탐색실험	−나무나 꽃의 예측한 위치에 씨앗이 있는지 확인하기
추론하기	−꽃이 피는 나무의 씨앗은 어디에 생길까? −열매가 맺히는 나무의 씨앗은 어디에 생길까?

실제편

2) 문학적 접근

식물 돌보기

◆ 공간: 실외 텃밭이나 정원
◆ 놀이자료: 식물성장 기록지, 식물도감, 기르고 있는 식물에 관한 그림책
◆ 상호작용

질문하기	−식물이 잘 자라게 하려면 어떻게 해야 할까? −식물이 잘 자라려면 무엇이 필요할까?
조사하기	−식물의 성장을 돕는 방법과 식물성장에 좋은 환경 조사하기
예상하기	−나무와 꽃의 씨앗이 있는 위치 예측하기
탐색실험	−식물 돌보기
추론하기	−식물이 잘 자라게 된 이유는 무엇일까? −식물이 잘 자라지 못한 이유는 무엇일까?

2) 문학적 접근

꽃의 춤

◆ 공간: 실내 강당 또는 유희실이나 체육실
◆ 놀이자료: 음원(느린 곡, 꽃의 왈츠), 씨앗을 표현할 수 있는 어두운색 천, 꽃을 표현할 수 있는 스카프나 천, 식물성장 동영상, 꽃이 피는 과정 동영상 또는 식물을 키우며 기록해 놓은 사진
◆ 놀이방법
　1. 준비된 동영상이나 사진을 보며 식물의 성장에 대해 이야기 나눈다.
　2. 몸으로 식물 성장 단계에 따른 표현을 해 본다(씨앗, 떡잎, 새싹, 잎의 생성, 자란 나무).
　3. 음악을 들으며 제시되는 상황에 따라 표현해 본다.
　　　–땅속의 씨앗
　　　–땅을 뚫고 있는 씨앗
　　　–씨앗의 껍질을 벗고 나오는 떡잎
　　　–떡잎에서 새싹이 된 나무
　　　–바람과 비를 맞으며 자라는 새싹, 어린나무
　　　–튼튼하게 자라나 열매를 맺는 나무
　　　–열매 속의 씨앗

실
제
편

관심의 시작

생활주제 3. 내 몸의 구멍

더운 날 바깥놀이 활동 중 땀에 젖은 옷을 보고, 교사에게 "땀은 우리 몸의 어디에서 나와요?"라고 질문한 것에 관심을 갖고 탐구하게 됨.

더운 날 땀이 흘러요

무더운 말 신체의 건강한 기능 인식을 돕기 위한 구멍탐색 놀이를 제공해도 될까?

• 『우리 몸의 구멍』 그림책 읽고 이야기 나누기
• 우리 몸에 있는 구멍(피부털, 머리카락구멍, 귀구멍, 콧구멍)의 사진 찍어 생김새 관찰하기
• 우리 몸의 구멍 크기 재기
• 큰 구멍부터 작은 구멍 순서 짓기
• 동물들의 구멍과 차이점 찾아보기
• 소화과정 영상 보고 탐색하기
• 우리 몸의 구멍에 관련된 병원 알아보기

마무리와
새로운 관심의 시작

구멍 관련된 병원 알아보기

구멍으로 시작된 유아들이 관심을 어떻게 확장시켜 줄 수 있을까?

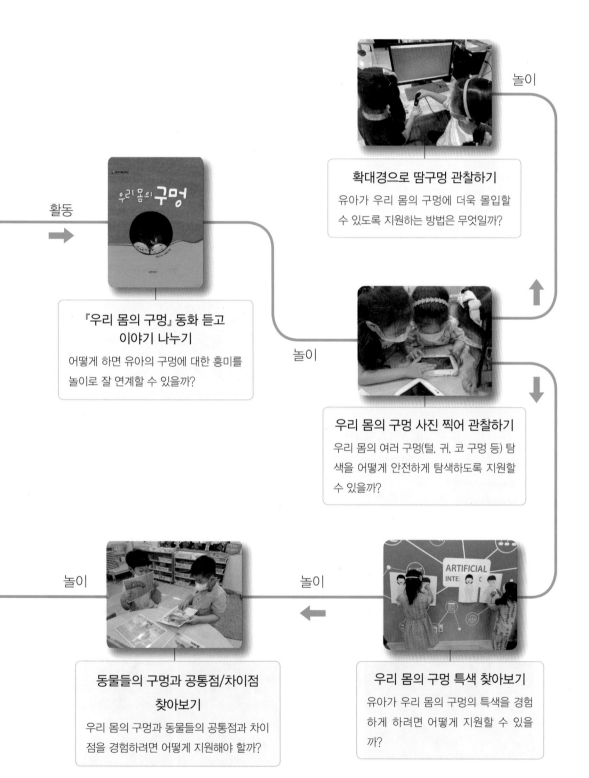

활동

놀이

『우리 몸의 구멍』 동화 듣고
이야기 나누기
어떻게 하면 유아의 구멍에 대한 흥미를
놀이로 잘 연계할 수 있을까?

확대경으로 땀구멍 관찰하기
유아가 우리 몸의 구멍에 더욱 몰입할
수 있도록 지원하는 방법은 무엇일까?

놀이

우리 몸의 구멍 사진 찍어 관찰하기
우리 몸의 여러 구멍(털, 귀, 코 구멍 등) 탐
색을 어떻게 안전하게 탐색하도록 지원할
수 있을까?

놀이

놀이

동물들의 구멍과 공통점/차이점
찾아보기
우리 몸의 구멍과 동물들의 공통점과 차이
점을 경험하려면 어떻게 지원해야 할까?

우리 몸의 구멍 특색 찾아보기
유아가 우리 몸의 구멍의 특색을 경험
하게 하려면 어떻게 지원할 수 있을
까?

실제편

2) 문학적 접근

더운 날 땀이 흘러요

◆ 공간: 산책로, 유치원 놀이터
◆ 놀이자료: 스포츠타월, 수건, 화장솜
◆ 상호작용

질문하기	-더운 날 움직이면 왜 땀이 날까?
조사하기	-바깥놀이 후 땀나는 모양 관찰하기
예상하기	-우리 몸 어디에서(어떻게) 땀이 나오는지 예상해 보기
탐색실험	-놀이하면서 땀이 가장 많이 나는 우리 몸 찾아보기 -놀이하면서 땀나는 곳에 종이(기름종이, 화장솜) 붙여 보기
추론하기	-우리 몸에 땀구멍이 왜 필요한지 추론하기
과학지식 연계 상호작용	-땀구멍은 왜 필요할까? -땀구멍이 없다면 어떤 일이 일어날까?
과학기술 연계 상호작용	-우리 몸의 땀구멍은 얼마나 많은 걸까?
과학태도 연계 상호작용	-우리 몸에 땀구멍과 같이 구멍이 있는 곳은 또 어디가 있을까?

2) 문학적 접근

동화 듣고 이야기 나누기

◆ 공간: 유치원 교실
◆ 놀이자료: 동화책『우리 몸의 구멍』
◆ 상호작용

질문하기	–우리 몸에는 어떤 구멍들이 있을까?
조사하기	–우리 몸의 구멍 찾아보기
예상하기	–우리 몸의 구멍이 몸속에 어떻게 연결되어 있을지 예상하기
탐색실험	–‘우리 몸의 구멍’ 동화 듣기
추론하기	–우리 몸의 구멍 역할 추론하기
과학지식 연계 상호작용	–우리 몸의 구멍은 왜 필요한가요? –우리 몸의 각 구멍의 역할들은 무엇이었나요?
과학기술 연계 상호작용	–『우리 몸의 구멍』그림책 속에 소개된 구멍들을 어떻게 안전하게 관찰할 수 있을까?
과학태도 연계 상호작용	–『우리 몸의 구멍』그림책을 보고 난 느낌이 어떤가? –우리 몸의 구멍들을 소중히 여기려면 우리가 할 수 있는 것은 무엇일까?

실제편

2) 문학적 접근

확대경으로 땀구멍 관찰하기

◆ 공간: 유치원 교실
◆ 놀이자료: 확대경, 루뻬
◆ 상호작용

질문하기	−바깥놀이 혹은 움직임 후에 땀을 흘린 후 땀은 우리 몸의 어디에서 나오는 걸까?
조사하기	−친구의 얼굴 혹은 손에서 땀이 나는 모습 자세히 관찰하기
예상하기	−땀나는 땀구멍 모양 예상하기
탐색실험	−땀나는 땀구멍 확대경으로 자세히 관찰하기
추론하기	−우리 얼굴의 땀구멍이 가장 많거나 큰 구멍이 왜 그럴지 추론하기
과학지식 연계 상호작용	−우리 몸의 땀구멍을 가장 쉽게 볼 수 있는 곳은 어디인가요? −만약 땀구멍이 막히면 어떻게 될까?
과학기술 연계 상호작용	−우리 몸에 가장 땀이 나는 곳을 어떻게 관찰할 수 있을까? −땀구멍의 크기를 어떻게 측정할 수 있을까?
과학태도 연계 상호작용	−땀구멍을 자세히 관찰한 기분이 어떠했니? −우리 몸의 땀구멍이 잘 숨쉬도록 우리가 할 수 있는 것은 무엇일까?

2) 문학적 접근

우리 몸의 구멍 사진 찍어 관찰하기

◆ 공간: 유치원 교실
◆ 놀이자료: 카메라, 직접 찍은 우리 몸의 구성 사진, 확대경, 자
◆ 상호작용

질문하기	−우리 몸의 구멍을 자세히 볼 수 있는 방법은 무엇일까?
조사하기	−머리카락 구멍, 피부(팔) 털구멍, 콧구멍, 귓구멍을 사진을 찍어 구멍의 크기를 비교해 본다.
예상하기	−코와 귀 구멍 안에 무엇을 볼 수 있을까? −우리 몸의 가장 큰 구멍은 무엇일까?
탐색실험	−우리 몸의 구멍 사진을 보고 구멍 안에 무엇이 있는지 관찰하고 이야기 나눈다. −우리 몸의 사진을 기준으로 (확대는 같은 비율로) 크기를 순서 짓는다. −우리 몸의 구멍 역할에 대한 영상을 본다.
추론하기	−구멍 안에 있는 것(예: 털)이 왜 필요가 있는지 추론하기 −각각 구멍의 크기가 다른 이유를 추론하기
과학지식 연계 상호작용	−우리 몸의 구멍에 관해 자세히 관찰하며 무엇을 알게 되었니? −각 머리카락, 피부, 코, 귀 구멍은 어떤 일을 할까?
과학기술 연계 상호작용	−구멍 안에 어떤 것들이 있는지 관찰하기 −각 구멍의 크기 측정하기
과학태도 연계 상호작용	−우리가 이 구멍들이 자기의 일을 잘 하도록 무엇을 할 수 있을까?

실
제
편

2) 문학적 접근

우리 몸의 구멍 특색 찾아보기

◆ **공간:** 교실

◆ **놀이자료:** 몸의 구멍 사진 혹은 책

◆ **놀이방법**

1. 우리 몸의 구멍 사진이나 책을 활용하여 각 특색을 이야기 나눈다. (귀, 코, 입, 배꼽 등)

2. 이야기 나누기 형식으로 앉은 상태에서 두 팀으로 나눈다.

3. 각 팀에서 퀴즈를 낼 유아를 몇몇 정한다. (가위바위보, 제비뽑기, 자원하기 등)

4. 퀴즈를 낼 유아와 순서가 정해지면 한 명씩 나와 자신이 퀴즈로 내고 싶은 구멍의 사진을 정하고 그것에 관해 2~3가지 힌트를 말한다. (구멍의 특색을 말한다.)

5. 앉아 있는 유아들이 무엇인지 맞추고 맞춘 유아가 있는 팀에 점수를 준다.

6. 많은 점수를 얻은 팀이 승리한다.

2) 문학적 접근

동물들의 구멍과 공통점/차이점 찾아보기

◆ 공간: 교실
◆ 놀이자료: 동물들 사진과 영상
◆ 상호작용

질문하기	-동물들도 몸에 구멍이 있을까? -어떤 구멍들이 있을까?
조사하기	-여러 동물들의 모습 사진과 영상으로 살펴보기
예상하기	-동물들의 몸에 있는 구멍들은 어떤 일을 할까?
탐색실험	-동물의 몸의 구멍과 역할을 자세히 관찰할 수 있는 영상을 보고 우리 몸의 　구멍과 공통점과 차이점 찾아보기
과학태도 연계 상호작용	-동물들의 구멍을 알아보며 무엇을 느꼈나요?

실
제
편

3) 창의적 실험 접근

생활주제 1. 다양한 길

쌍기놀이 영역에서 블록으로 쌓기놀이를 하던 중 자동차가 다니는 길을 만들게 되면서 자동차, 배, 로켓 등 여러 가지 교통기관이 다닐 수 있는 다양한 길에 관심을 갖게 되면서 길 만들기와 교통기관이 함께 진행됨.

- 쌍기놀이 영역의 길 만들기
- 우리 동네의 길은?
- 밤의 길(창의적 실험)
- 미끌미끌 내리막길
  (창의적 실험)
- 자연물로 만든 배가 다니는 길
  (창의적 실험)
- 로켓이 가능 길(창의적 실험)

관심의 시작

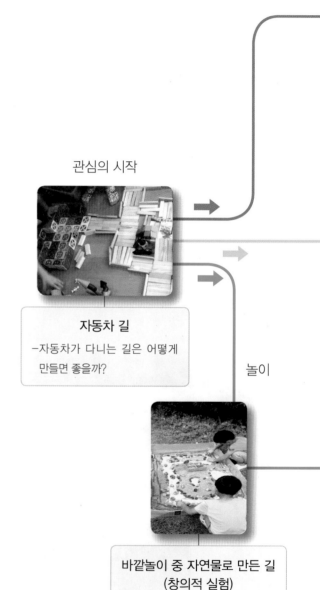

자동차 길

－자동차가 다니는 길은 어떻게 만들면 좋을까?

놀이

**바깥놀이 중 자연물로 만든 길
(창의적 실험)**

－자연물을 활용하여 어떻게 길을 만들 수 있을까?

놀이

우리 동네의 길은?

－우리 동네에 있는 길은 어떻게
　생겼을까?

놀이
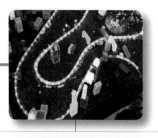

밤의 길(창의적 실험)

－밤에 다니는 길은 어떻게 생겼을까?
－어떻게 하면 밤에 위험하지 않게 길을
　다닐 수 있을까?

놀이

미끌미끌 내리막길(창의적 실험)

－어느 길에서 가장 빨리 갈까?

놀이

두둥실 고무찰흙 배(창의적 실험)

－어떤 배가 물에 뜰까?
－똑같은 재질에도 물에 뜨고 가라 앉는
　이유가 무엇일까?

놀이

로켓이 가는 길(창의적 실험)

－로켓은 어떤 길로 갈까?
－어떻게 하면 로켓이 더 빨리 더 높이
　날 수 있을까?

실제편

3) 창의적 실험 접근

자동차 길

◆ 공간: 쌓기놀이 영역
◆ 놀이자료: 다양한 종류의 블록, 다양한 종류의 자동차
◆ 상호작용

질문하기	−자동차가 가는 길은 어떤 모습일까?
조사하기	−여러 동물들의 모습 사진과 영상으로 살펴보기
예상하기	−자동차가 다니는 길을 어떻게 만들어 보면 좋을까?

◆ 놀이방법
  1. 다양한 블록을 활용하여 자동차가 가는 길을 만들어 본다.
  2. 자동차를 이용하여 블록으로 만든 길을 움직여 본다.
  3. 자동차 길을 탐색하며 이름(오르막길, 내리막길, 편평한 길 등)을 붙여 본다.

3) 창의적 실험 접근

우리 동네의 길은?

◆ 공간: 실외 및 실내
◆ 놀이자료: 지도, 블록 등 길을 표현할 수 있는 다양한 재료(끈, 나사, 줄, 바둑알, 클립, 천 등)
◆ 상호작용

질문하기	−우리 동네의 길은 어떻게 생겼을까?
조사하기	−우리 동네의 길 조사하기
예상하기	−우리 동네의 길을 어떻게 만들어 볼 수 있을까?

◆ 놀이방법
　1. 다양한 블록을 활용하여 우리 동네 길을 만들어 본다.
　2. 실제 우리 동네의 길과 다양한 재료로 표상한 길을 비교해 본다.

3) 창의적 실험 접근

밤의 길

◆ 공간: 실내
◆ 놀이자료: 라이트테이블, 전구, 전선, 투명블록 등
◆ 상호작용

질문하기	ㅡ밤에 다니는 길은 어떤 모습이니?
조사하기	ㅡ밤에 다니는 길 조사하기
예상하기	ㅡ밤에 다니는 길은 어떻게 만들 수 있을까?

◆ 놀이방법

1. 라이트테이블 위에 전구와 투명블록 등을 활용하여 밤의 길을 만들어 본다.
2. 구성한 밤길을 탐색해 본다.
3. 다양한 교통기관 피규어를 활용하여 밤길 놀이를 해 본다.

3) 창의적 실험 접근

바깥놀이에서 만든 자연물로 만든 길

◆ 공간: 실외
◆ 놀이자료: 다양한 종류의 자연물(나무, 모래, 자갈, 비닐, 나뭇잎, 꽃잎 등)
◆ 상호작용

질문하기	−자연물을 활용해서 어떤 길을 만들어 볼 수 있을까?
조사하기	−다양한 종류의 자연의 길(숲길, 모래길, 바닷길 등) 조사하기
예상하기	−자연의 길은 어떻게 만들 수 있을까?

◆ 놀이방법
1. 다양한 자연물을 수집한다.
2. 실외놀이터의 바닥이나 모래놀이터 혹은 큰 상자에 수집한 자연물을 활용하여 길을 만들어 본다.
3. 다양한 교통기관 피규어를 활용하여 자연의 길 놀이를 해 본다.

실
제
편

3) 창의적 실험 접근

로켓이 가는 길

◆ 공간: 실내 혹은 실외
◆ 놀이자료: 로켓도안, 색연필, 가위, 투명테이프, 빨대, 1회용 스포이드
◆ 상호작용

질문하기	−로켓이 가는 길은 어떤 모습일까?
조사하기	−로켓이 발사되는 모습 조사하기
예상하기	−로켓은 어떤 길로 갈까? −어떻게 하면 내가 원하는 방향의 길로 로켓이 움직일 수 있을까?
탐색실험	1. 로켓 도안을 색칠하고 모양대로 오린다. 2. 1회용 스포이드의 끝부분을 잘라서 로켓에 붙여 준다. 3. 빨대에 로켓이 붙어 있는 스포이드 끝을 끼워 준다. 4. 빨대에 입으로 바람을 불어서 로켓을 날려 본다.
추론하기	−로켓이 가는 길을 추론하기(각도, 바람의 세기, 위치 등)

생활주제 2. 흡수

물감으로 그림을 그리다 물통이
엎질러지자 유아들이 물을 닦기
위해 여러 가지 물건들을 가져
온다.

• 물을 빨아들이는 것과 빨아
  들이지 않은 물건은?
• 그 이유는?
• 물을 가장 많이 빨아들이는
  것은?
• 물을 빨아들이지 않는 것으
  로 우비 만들기

관심의 시작

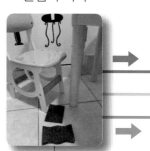

왜 수세미는 물을 빨아들이지 않지?
–스펀지는 물을 빨리 빨아들이는데 초록색
  수세미는 잘 빨아들이지 않아요.
–물을 잘 빨아들이는 것은 어떤 게 있을까?
–물을 빨아들이는 이유는? 물을 빨아들이
  지 않는 이유는?

놀이

**물을 빨아들이는 것은
어떻게 생겼을까?(자연탐구관찰)**
–물질의 구조를 들여다보기

놀이  놀이

스펀지로 물 나르기(게임)

-스펀지로 누가누가 더 물을 많이
나를 수 있을까?

비옷을 만들어 보자(미술)

-물을 흡수하지 않는 천이나 재질로
비옷 만들기

놀이

어떤 것이 물을 제일 많이 빨아들일까?

(창의적 실험)

-물을 빨아들이는 것 중 물을 가장 많이 빨아들이는 것은?

실
제
편

놀이  놀이

모든 종이는 물을 빨아들일까?

(창의적 실험)

-여러 가지 종이로 흡수 실험하기

물 먹은 스펀지 춤

(창의적 신체 표현)

-음악에 맞춰 스펀지 춤추기

3) 창의적 실험 접근

스펀지로 물 나르기

◆ 공간: 실외
◆ 놀이자료: 물 담을 큰 용기(투명하거나 눈금이 그려져 있는 것), 여러 가지 스펀지
◆ 상호작용

질문하기	−스펀지로 물을 옮길 수 있을까?
조사하기	−어떤 스펀지가 가장 물을 빨리 흡수하는지 조사하기
예상하기	−여러 종류의 스펀지 중 물을 가장 많이 옮길 수 있는 스펀지 예상하기
탐색실험	−선택한 스펀지로 게임해 보기
추론하기	−물을 가장 많이 나를 수 있던 스펀지와 그 이유를 추론해 보기

3) 창의적 실험 접근

비옷을 만들어 보자

◆ 공간: 실내 또는 실외
◆ 놀이자료: 비옷을 만드는 데 필요한 도구 및 재료, 비닐류를 포함한 다양한 천 종류
◆ 상호작용

질문하기	−비옷은 어떤 역할을 할 수 있어야 할까? −빗물에 젖지 않도록 하는 옷을 만들려면 어떤 재료를 사용해야 할까?
조사하기	−비옷을 만들기 위해 필요한 재료 찾기
예상하기	−여러 가지 재료 중 방수가 되는 재료 예측해 보기
탐색실험	−선택한 비옷의 재료에 방수 실험하기
추론하기	−실험 결과에 따라 비옷의 기능을 할 수 있는 재료 추론하기

3) 창의적 실험 접근

어떤 것이 물을 제일 많이 빨아들일까?

◆ 공간: 실내
◆ 놀이자료: 물 흡수기능이 있거나 없는 다양한 재료들, 실험 전 예상한 것을 기입하는 표, 실험 후 기
　　　　　록할 표
◆ 상호작용

질문하기	−물을 쏟으면 모든 물건이나 재료에 물이 스며들까?
조사하기	−유아들이 물의 흡수 여부를 궁금해하는 재료 선택하기
예상하기	−선택한 재료 중 물을 흡수할 것 같은 것과 흡수하지 않을 것 같은 재료 예상 　하여 분류하기(표 이용)
탐색실험	−재료들의 물 흡수 여부를 실험하기
추론하기	−실험 결과를 통하여 결과 발표하기

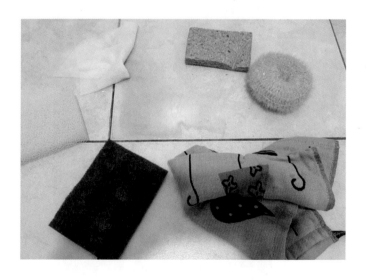

3) 창의적 실험 접근

물을 빨아들이는 것은 어떻게 생겼을까?

◆ 공간: 실내
◆ 놀이자료: 물을 흡수하는 물건들, 물을 흡수하지 않는 물건이나 재료, 전자현미경, 돋보기
◆ 상호작용

질문하기	-물을 흡수하는 이유는 무엇일까? -물을 흡수하는 물건과 흡수하지 않는 물건은 어떤 차이가 있을까?
예상하기	-물을 흡수하는 이유 예상해 보기
탐색실험	-전자현미경, 돋보기로 재료 탐색하기
추론하기	-관찰 결과와 '표면장력'에 대해 이해하기
과학지식 연계 상호작용	-표면장력이란?

실
제
편

3) 창의적 실험 접근

모든 종이는 물을 빨아들일까?

◆ 공간: 실내
◆ 놀이자료: 다양한 종류의 종이류(복사용지, 마분지, 머메이드지, 골판지, 하드보드지, 도화지, 색종이, 화선지, 코팅된 과자상자 등)
◆ 상호작용

질문하기	−종이에는 어떤 종류가 있을까? 모든 종이는 물을 빨아들일까?
조사하기	−재료 모으기
예상하기	−물을 빨아들일 것인지 빨아들이지 않을 것인지 분류하기
탐색실험	−실험하기
추론하기	−종이 종류에 따라 어떤 점이 차이가 나는지, 그 이유는 무엇인지 추론하기

3) 창의적 실험 접근

물 먹은 스펀지 춤

◆ 공간: 실내 강당 또는 유희실이나 체육실
◆ 놀이자료: 음원(느린 곡), 바닷속 풍경 배경, 바닷속 식물, 동물을 표현할 수 있는 소품, 스펀지 인형 등
◆ 놀이방법
　1. 애니메이션이나 준비된 동영상이 있다면 감상 후 이야기 나눈다.
　2. 몸으로 스펀지의 움직임을 표현해 본다.
　-스펀지가 물에 젖지 않았을 때/젖었을 때는 어떻게 움직일까?
　　3. 음악을 들으며 제시되는 상황에 따라 표현해 본다.
　-바싹 말라 있는 스펀지
　　-바닷속 친구네 집으로 놀러 가는 스펀지
　　-친구와 춤을 추며 노는 스펀지
　　-바닷속에서 나와서 몸을 비틀어 물을 짜내는 스펀지 등

관심의 시작

그림자를 만들자

그림자 인형극 관람 후 생긴 그림자에 대한 호기심을 어떻게 지원할 수 있을까?

생활주제 3. 그림자

교실에 햇살이 반사되어 움직이는 모습을 잡으려 하는 모습을 통해 빛과 그림자에 관심을 갖게 됨(그림자 인형극을 보고)

- 『그림자는 내 친구』 동화 듣고 이야기 나누기
- 해님 관찰하기
- 그림자 관찰하기
- 밖에서 따라 그린 그림자 그림 그리기
- 내가 만든 빛과 그림자
- 그림자 만들어 보기
- 그림자인형 만들어 보기
- 동생들에게 들려줄 그림자 인형극 공연

활동

그림자 인형 만들기

그림자 인형극 제작과정에 대한 새로운 관심사를 어떻게 이끌어 낼 수 있을까?

활동

그림자 인형극 만들기

그림자 인형 만드는 과정에서 흥미와 참여수준에 차이를 보이는 유아 간의 차이를 어떻게 조율할 수 있을까?

놀이

그림자 관찰하기

실내외 놀이 중 구체적으로 그림자를
관찰하도록 어떻게 지원할 수 있을까?

놀이

내가 만든 그림자

빛의 특성에 따라서 그림자의 형태가
달라짐을 경험하도록 놀이 가운데 어
떻게 지원해야 할까?

놀이

색깔 그림자 만들기

그림자에 대한 놀이활동으로 좀 더
심화되도록 어떻게 도울 수 있을까?

놀이

교실에서 그림자 관찰하기

사물의 위치에 따라서 그림자가 변화
하는 것을 어떻게 탐색할 수 있을까?

실
제
편

마무리와
새로운 관심의 시작

동생 반을 위한 인형극 공연

그림자 인형극을 공연하기 위한 환경
구성에서 유아들의 놀이영역은 어디
까지일까?

3) 창의적 실험 접근

그림자를 만들자

◆ 공간: 유치원 바깥놀이터(해 나는 날)
◆ 상호작용

질문하기	-그림자는 언제 생기는 것일까? -그림자로 어떤 놀이를 할 수 있을까?
조사하기	-그림자 잡기 놀이하며 그림자가 생기는 것 관찰하기
예상하기	-신체 움직임에 따라 그림자의 움직임 예상하기 -그림자놀이를 가장 잘 할 수 있는 곳 추론하기
탐색실험	-다양한 장소와 신체 움직임에 따라 생기는 그림자 관찰하기
추론하기	-그림자가 가장 잘 보인 장소가 다른 장소와 어떻게 달랐는지 추론하기
과학지식 연계 상호작용	-우리 유치원에서 어느 장소에서도 그림자를 볼 수 있을까? -그림자를 볼 수 없었던 곳이 있을까? -그림자가 잘 보여 그림자놀이를 잘할 수 있는 장소와 때는 언제일까?
과학기술 연계 상호작용	-우리가 움직일 때마다 그림자의 모양은 어떻게 달라지는지 관찰해 봐요. -그림자가 생기는 곳과 생기지 않는 곳은 어떻게 다른지 관찰해 봐요.
과학태도 연계 상호작용실험	-바깥놀이터에서 그림자를 관찰한 기분이 어떠했니?

3) 창의적 실험 접근

그림자 관찰하기

◆ 공간: 유치원 교실
◆ 놀이자료: 동화책『그림자는 내 친구』
◆ 상호작용

질문하기	−그림책에서는 그림자를 어디서 볼 수 있었니? −그림자는 언제 어디서나 볼 수 있을까?
조사하기	−바깥놀이와 교실 활동을 통해 실내외 그림자 찾아보기
예상하기	−유치원에서 그림자를 볼 수 있는 때와 장소 예상하기
탐색실험	−『그림자는 내 친구』동화 듣고 그림자 만들어 보기
추론하기	−그림자가 생기는 이유 추론하기
과학지식 연계 상호작용	−동화를 듣고 무엇을 느꼈나요? −그림자가 생기는 이유는 무엇이었나요?
과학기술 연계 상호작용	−그림자가 물건과 사람마다 어떻게 달라졌나요? −밤에도 그림자를 볼 수 있었던 이유는 무엇이었나요?
과학태도 연계 상호작용	−그림자를 가지고 어떤 놀이를 할 수 있나요?

실제편

3) 창의적 실험 접근

내가 만든 그림자

◆ 공간: 유치원 교실과 바깥 활동 장소
◆ 놀이자료: 종이와 연필, 카메라
◆ 상호작용

질문하기	–오전과 오후에 그림자는 어떻게 달라질까?
조사하기	–오전과 오후 두 번 이상, 실내외에서 신체 움직임과 손 모양을 통해 다양한 그림자 만들기 놀이를 하며 관찰활동하기 –같은 장소에서 그림자를 만들어 시간에 따라 길이 변화를 관찰하기 –해가 떠 있는 위치에 따라서 그림자의 모양은 어디였는지 관찰 기록하기
예상하기	–오전과 오후에 그림자 모양 변화 예상하기
탐색실험	–오전·오후 각 시간에 따라 같은 위치에서 그림자의 길이가 달라지는 것을 사진이나 영상을 찍거나 (야외) 교실에서는 그림을 그려 기록지를 작성하여 변화를 비교·관찰하기
추론하기	–시간에 따른 그림자의 모습이 왜 다른지 추론하기
과학지식 연계 상호작용	–그림자를 아침과 점심에 따로 관찰하니 어떤 생각이 들었나요?
과학기술 연계 상호작용	–오전과 오후의 그림자 모습을 관찰해 봐요. –오전과 오후에 해의 위치는 어떻게 달랐나요?

3) 창의적 실험 접근

교실에서 그림자 관찰하기

◆ 공간: 교실

◆ 놀이자료: 빛 조명과 가림막 세트, 색연필, 책 등 몇 가지 교실물건

◆ 상호작용

질문하기	–우리 교실에서 어떻게 하면 그림자를 만들 수 있을까?
조사하기	–빛 조명과 가림막을 사용하여 그림자 만드는 방법 이야기 나누기
예상하기	–그림자가 잘 보이는 방법과 작게 보이는 방법 예상하기
탐색실험	–조명을 켜고 가림막에 물체를 비추는 거리에 따라 달라지는 그림자 크기 관찰하기(교실 물건, 손모양 등 그림자 만들기 놀이를 하며 거리에 따라 그림자 변화 관찰)
추론하기	–하루 중 그림자의 길이가 가장 긴 시간 추론하기
과학지식 연계 상호작용	–빛을 사용하여 그림자를 만들어 관찰해 보니 어떤 생각이 들었나요?
과학기술 연계 상호작용	–빛의 거리에 따라 달라지는 그림자의 모양은 어떠했나요? –왜 그림자의 길이가 달라질까?
과학태도 연계 상호작용	–그림자 활동을 하면서 어떤 마음이 들었나요?

실
제
편

3) 창의적 실험 접근

색깔 그림자 만들기

◆ 공간: 강당

◆ 놀이자료: 두 개의 조명, 스크린, 빨강 · 파랑 셀로판지

◆ 놀이방법

　　1. 두 개의 조명을 각각 스크린 맞은편 일정 거리에 둔다.

　　2. 한 개의 조명에는 빨강 셀로판지를 다른 것에는 파란 셀로판지를 붙인다.

　　3. 조명을 켜고 스크린에 양쪽 조명이 교차되어 비치는 지점에 물체를 놓는다.

　　4. 각 파랑과 빨강의 그림자가 나타나는 것을 관찰한다(한 개의 조명만 켜면 여전히 검은 그림자만 볼 수 있는 것도 놓치지 말고 관찰시킨다.)

　　5. 유아들 돌아가며 한 명씩 나와 신체나 손 모양을 이용해 그림자를 만들며 무엇인지 맞히게 한다.

3) 창의적 실험 접근

그림자 인형극 만들기

◆ 공간: 유치원 교실 혹은 강당
◆ 놀이자료: 그림자 인형극 세트(가림막, 조명), 그림자 인형 자료(두꺼운 종이, 셀로판지 등)
◆ 상호작용

질문하기	−그림자로 할 수 있는 놀이나 활동은 무엇이 있을까? −그림자로 인형극을 만들려면 무엇이 필요할까?
조사하기	−그림자 인형극을 위한 준비물과 과정 조사하기
예상하기	−그림자 인형을 만들 수 있는 방법 예상하기
탐색실험	−조명 가림막, 우리가 만든 인형 등으로 그림자 인형극 참여하기
과학태도 연계 상호작용	−그림자 인형극 만들기에 직접 참여하며 무엇을 느꼈나요? −우리가 그림자를 활용한 놀이나 활동들을 새롭게 만들어 본다면?

실
제
편

4) 요리활동 접근

생활주제 1. 콩나물

점심시간에 콩나물국을 먹다가 유아들이 콩나물에 관한 대화를 하게 되었고, 유아들이 콩나물에 관심을 가지고 있음을 알게 된 교사가 콩나물 키우기와 콩나물 요리활동을 제안하게 됨.

- 다양한 콩 관찰하기
- 콩나물 키우기
- 콩나물로 할 수 있는 요리는? (요리를 통한 접근)
- 햇빛을 싫어하는 콩나물(창의적 실험)
- 콩나물 미술놀이
- 콩나물 악보
- 콩, 풋콩, 콩나물(문학적 접근)

관심의 시작

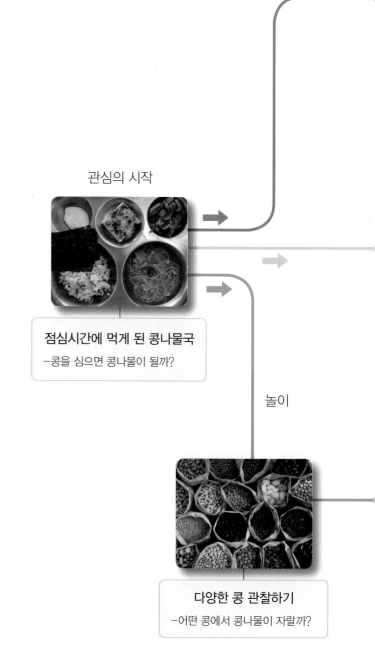

점심시간에 먹게 된 콩나물국

−콩을 심으면 콩나물이 될까?

놀이

다양한 콩 관찰하기

−어떤 콩에서 콩나물이 자랄까?

놀이 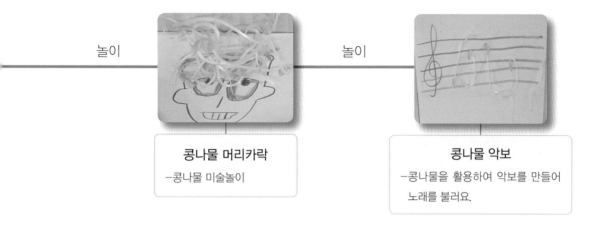 놀이

콩나물 머리카락

－콩나물 미술놀이

콩나물 악보

－콩나물을 활용하여 악보를 만들어
　노래를 불러요.

놀이

햇빛을 싫어하는 콩나물(창의적 실험)

－콩나물은 왜 햇빛을 싫어할까?

실
제
편

놀이 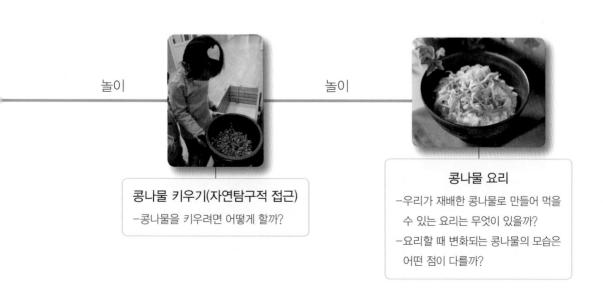 놀이

콩나물 키우기(자연탐구적 접근)

－콩나물을 키우려면 어떻게 할까?

콩나물 요리

－우리가 재배한 콩나물로 만들어 먹을
　수 있는 요리는 무엇이 있을까?
－요리할 때 변화되는 콩나물의 모습은
　어떤 점이 다를까?

4) 요리활동 접근

콩나물 머리카락

◆ 공간: 실내
◆ 놀이자료: 콩나물, 종이, 사인펜 등
◆ 상호작용

질문하기	-콩나물은 어떻게 생겼니? -콩나물로 조형활동을 해 본다면 무엇을 할 수 있을까?
조사하기	-콩나물의 생김새 조사하기 -콩나물의 생김새를 활용하여 해 볼 수 있는 활동 조사하기
예상하기	-콩나물로 머리카락을 만들어 보면 어떻게 하면 좋을까?

◆ 놀이방법
  1. 콩나물을 활용하여 얼굴을 꾸민다.
  2. 작품을 발표한다.
  3. 전시한다.

4) 요리활동 접근

콩나물 악보

◆ 공간: 실내
◆ 놀이자료: 오선지 악보, 콩나물
◆ 상호작용

질문하기	−콩나물은 어떻게 생겼니? −콩나물로 음악활동을 해 본다면 무엇을 할 수 있을까?
조사하기	−음표 모양 조사하기
예상하기	−콩나물 악보를 어떻게 만들 수 있을까?

◆ 놀이방법
  1. 콩나물을 활용하여 악보를 꾸민다.
  2. 콩나물 악보를 보고 노래를 불러 본다.
  3. 콩나물 악보를 보고 악기를 연주한다.

실제편

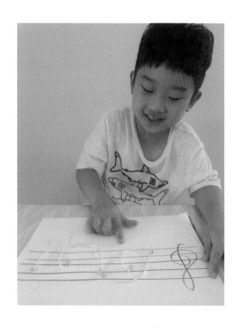

4) 요리활동 접근

햇빛을 싫어하는 콩나물

◆ 공간: 실내
◆ 놀이자료: 빈 페트병 4개, 콩나물, 거즈솜, 검은 상자
◆ 상호작용

질문하기	−콩나물 기르기를 할 때 햇빛이 필요할까? 그렇지 않을까?
조사하기	−콩나물을 기르는 방법 조사하기
예상하기	−햇빛을 받은 콩나물은 어떻게 변할까?
탐색실험	1. 페트병 2개를 가운데보다 약간 아래 정도로 잘라 주둥이 쪽을 거꾸로 해서 아래 페트병에 끼워 2개를 준비해 둔다. 2. 주둥이 부분에 거즈를 깔고 콩나물을 넣는다. 3. 페트병 1개는 햇빛을 받지 못하도록 검은 상자로 덮어 두고, 페트병 1개는 햇빛이 비추는 창가에 둔다. 4. 매일 물을 주며 콩나물이 어떻게 변하는지 관찰한다.
추론하기	−햇빛을 받은 콩나물과 그렇지 않은 콩나물의 변화 추론하기

4) 요리활동 접근

다양한 콩 관찰하기

◆ 공간: 실내

◆ 놀이자료: 다양한 콩, 루뻬, 전자현미경

◆ 상호작용

질문하기	−콩의 생김새(색, 모양, 맛, 촉감, 냄새 등)는 어떠니? −콩에서 콩나물이 어떻게 될까?
조사하기	−다양한 콩의 종류 조사하기
예상하기	−콩에서 콩나물이 되려면 어떤 환경(물, 공기, 통풍 등)이 필요할까?
탐색실험	−관찰도구(루뻬, 전자현미경 등)를 활용하여 콩 관찰하기
추론하기	−콩에서 콩나물이 되는 과정 추론하기

4) 요리활동 접근

콩나물 요리: 콩나물밥

◆ 공간: 실내

◆ 놀이자료: 쌀, 콩나물

◆ 상호작용

질문하기	−우리가 재배한 콩나물로 어떤 요리를 할 수 있을까? −콩나물은 우리 몸에 어떤 영향을 줄까?
조사하기	−콩나물로 만들 수 있는 요리 조사하기
예상하기	−요리를 하면 콩나물의 모습은 어떻게 변할까?
탐색실험	−콩나물 요리하기 1. 콩나물을 깨끗이 씻는다. 2. 쌀도 깨끗이 씻고 밥솥에 잘 담는다. 3. 쌀 위에 콩나물을 올리고 밥을 짓는다. 4. 밥이 다 되면, 콩나물이 어떻게 변하는지 관찰한다.
추론하기	−열이 가해지면 변화하는 콩나물의 모습 추론하기

생활주제 2. 채소

관찰을 위해 전시해 놓았던 채소들이 시들어 버린 모양을 본 유아들이 "이건 썩은 거예요?"라고 물어보며 시든 채소에 대해 관심을 갖게 된다.

- 채소의 단면 관찰을 위해 전시해 놓기
- 시들어서 부피가 줄어들고 모양이 변형된 채소 관찰하기
- 채소 속에 물이 들어 있는 것을 확인하기
- 다시 물속에 넣어 놓으면 어떻게 되는지 실험해 보기

관심의 시작

채소가 썩은 건가?

−왜 채소가 쪼그라들었지?
−이 채소들은 썩은 걸까?
−채소가 쪼그라 든 이유는 무엇일까?
−물속에 넣어 두면 다시 예전처럼 될까?

놀이

채소 속에는 물이 있을까?
(자연탐구)

−채소 속에는 물이 있을까?

놀이

시든 채소에 물 주기(창의적 실험)

−시든 채소에 물을 주면 예전과 똑같아
질까?

놀이

무말랭이 무침(요리)

−물에 담가 두어 보드라워진
무말랭이로 무침을 한다.

놀이

채소 판화(미술)

−단면이 특이한 채소로 물감찍기
놀이하기

실
제
편

놀이

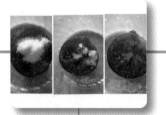

**채소 속의 물이 설탕을 녹일 수
있을까?(창의적 실험)**

−채소 위에 설탕을 뿌려 놓으면 어떻
게 될까?

−왜 설탕이 녹았을까?

놀이

**시든 것과 썩은 것 구분하기
(자연탐구)**

−시든 채소와 썩은 채소 관찰하기

4) 요리활동 접근

시든 채소에 물 주기

◆ 공간: 실내 또는 실외

◆ 놀이자료: 주변에서 흔히 볼 수 있는 채소를 시든 것과 시들지 않은 것 3~4종류

◆ 상호작용

질문하기	–채소는 왜 시들어 버렸을까?
조사하기	–시든 채소와 시들지 않은 채소 분류하기
예상하기	–시든 채소를 싱싱하게 만들 수 있는 방법을 실험해 본 결과 예측하기
탐색실험	–유아들이 생각한 방법대로 실험해 보기
추론하기	–실험해 보니까 어떤 결과가 나왔나요? 왜 그러한 결과가 나왔을까? –시든 채소가 다시 싱싱해진 이유는 무엇일까? –예상했던 방법대로 실험했는데도 시든 채소가 다시 싱싱해지지 않은 이유 　는 무엇일까?

4) 요리활동 접근

무말랭이 무침

◆ 공간: 실내
◆ 놀이자료: 무말랭이, 무침에 필요한 도구, 양념
◆ 상호작용

질문하기	−무말랭이는 왜 만들었을까? 무를 말리면 어떤 점이 좋을까?
조사하기	−무를 말려서 보관하는 이유와 무말랭이의 영양에 대해 알아보기
예상하기	−무말랭이 무침을 하기 위해 물에 담그면 어떻게 될까?
탐색실험	−물에 불린 무말랭이로 무침요리하기
추론하기	−무말랭이를 물에 불리면 어떻게 될까? 왜 그렇게 되었을까?

실제편

• • 2. 유아를 위한 자연탐구놀이

4) 요리활동 접근

채소 판화

◆ 공간: 실내 또는 실외
◆ 놀이자료: 판화기법으로 제작된 그림, 판화재료로 이용할 수 있는 채소(당근, 감자, 피망, 연근, 고추, 브로콜리 등), 물감
◆ 상호작용

질문하기	−이 그림은 어떻게 그린 걸까? −화가는 판화를 그리기 위해 같은 모양을 어떻게 구할까? −판화를 그릴 때 사용할 수 있는 재료는 무엇이 있을까? −채소로도 판화를 그릴 수 있을까?
조사하기	−채소로 판화를 어떻게 그릴지 조사하기
예상하기	−채소의 단면에 물감을 묻혀 찍으면 어떤 그림이 될까?

◆ 놀이방법
  1. 채소를 이용하여 판화를 그린다.
  2. 작품을 발표한다.
  3. 전시한다.

4) 요리활동 접근

채소 속에는 물이 있을까?

◆ 공간: 실내

◆ 놀이자료: 채소, 전자현미경, 스크린, 돋보기

◆ 상호작용

질문하기	-채소 속에는 무엇이 있을까?
조사하기	-채소는 무엇으로 구성되어 있는지 알아보기
예상하기	-채소를 자르면 무엇이 보일지 예상해 보기
탐색실험	-채소를 자르는 과정을 전자현미경으로 보고 자른 후 자세히 관찰하기
추론하기	-채소 속에서 볼 수 있었던 것은 무엇이었나요?

실
제
편

4) 요리활동 접근

채소 속의 물이 설탕을 녹일 수 있을까?

◆ 공간: 실내
◆ 놀이자료: 채소, 실험도구, 설탕, 설탕에 절인 토마토와 절이지 않은 토마토
◆ 상호작용

질문하기	−양쪽 접시에 있는 토마토의 맛이 왜 다를까?
조사하기	−설탕으로 절인 채소나 과일 알아보기
예상하기	−토마토에 뿌린 설탕이 보이지 않는 이유는 무엇일까?
탐색실험	−준비한 채소에 설탕을 뿌려 보기
추론하기	−설탕이 녹는 이유는 무엇일까?

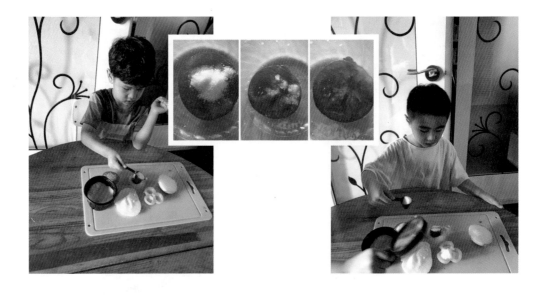

4) 요리활동 접근

시든 것과 썩은 것은 어떻게 다를까?

◆ 공간: 실내 또는 실외

◆ 놀이자료: 시든 채소와 썩은 채소, 마스크, 비닐장갑, 전자현미경 또는 돋보기

◆ 상호작용

질문하기	-시든 것과 썩은 것은 어떻게 구분할까?
조사하기	-시든 것과 썩은 것의 차이 알아보기
예상하기	-시든 것과 썩은 것의 이유 예측하기
탐색실험	-썩은 것의 곰팡이 찾아보기
추론하기	-시든 것과 썩은 것을 구별하는 방법 정리하기

실제편

관심의 시작

땅속 고구마 캐기
농장에서 수확하며 고구마에 대한 관심을 어떻게 지원할 수 있을까?

생활주제 3. 고구마

농장에서 캐 온 고구마를 관찰하다가 고구마로 할 수 있는 요리활동을 제안함.

- 흙/고구마 관찰하기
- 고구마줄기와 고구마 비교하기
- 생고구마와 삶은 고구마/고구마와 감자 비교하기
- 고구마 무게와 길이 재기
- 고구마 경단 찍기
- 고구마 경단 노래 만들기
- 다양한 고구마 요리 개발하기

고구마 경단 만들기
요리하는 과정을 통해 재료의 오감각적 경험이 이루어지도록 하기 위해서는 어떤 환경적 지원이 필요할까?

놀이

고구마 생김새 관찰하기
어떻게 하면 흙과 고구마에 대한 흥미가
놀이로 잘 연계될 수 있을까?

놀이

고구마와 감자의 차이점
유아가 고구마놀이에 더욱 몰입할 수
있도록 지원하는 방법은 무엇일까?

실
제
편

놀이

놀이

고구마 무게 측정하기
요리에 활용되는 여러 재료들을 비정량
적으로 측정하도록 돕기 위해 무엇을 어
떻게 지원할 수 있을까?

고구마 요리하기
고구마를 가지고 재료의 변형이 일어나는 물리
적 지식활동(삶기, 찌기, 튀기기, 썰기, 다지기)이
놀이처럼 경험되려면 어떻게 지원할 수 있을까?

4) 요리활동 접근

땅속 고구마 캐기

◆ 공간: 농장

◆ 놀이자료: 유아용 삽, 고구마 담을 통

◆ 상호작용

질문하기	−고구마는 어디에서 자라나요? −고구마를 어떻게 기를 수 있을까?
조사하기	−고구마를 심고 수확하는 과정 알아보기 −고구마가 땅속에서 열매 맺는 과정 관찰하기 −고구마 재배과정 영상 조사하기
예상하기	−땅속 고구마의 성장과정 예상해 보기
탐색실험	−고구마 캘 때 땅속에 고구마와 줄기 연결되어 있는 모습 자세히 관찰하기
추론하기	−고구마 잎사귀가 하는 역할 추론하기
과학지식 연계 상호작용	−고구마는 왜 땅속에서 자랄까? −고구마로 자라는 과정에서 무엇이 필요할까?
과학기술 연계 상호작용	−고구마와 고구마 줄기의 쓰임새는 어떻게 다른지 관찰해 봐요.
과학태도 연계 상호작용	−직접 고구마를 캐어 보며 어떤 것을 느꼈나요? −고구마가 있던 땅속과 고구마를 관찰하며 무엇을 알게 되었나요?

4) 요리활동 접근

고구마 생김새 관찰하기

◆ 공간: 유치원 교실
◆ 놀이자료: 고구마, 확대경, 고구마 물에 담을 통
◆ 상호작용

질문하기	−고구마의 생김새는 어떠니?
조사하기	−크기가 다른 여러 개의 고구마 자세히 관찰하기 −고구마의 크기 측정하고 비교해 보기
예상하기	−고구마의 크기가 서로 다른 이유 예상해 보기
탐색실험	−교실에서 페트병 활용하여 수경으로 고구마 기르기
추론하기	−물에 담근 고구마에 어떤 변화가 일어날지 추론해 보기
과학지식 연계 상호작용	−고구마의 생김새는 어떠니?
과학기술 연계 상호작용	−물에서 자란 고구마와 땅속에서 자란 고구마의 뿌리의 생김새를 관찰해 보 　세요. −물속에서 일주일 기른 고구마는 어떤 변화가 일어났나요?
과학태도 연계 상호작용	−고구마의 생김새를 자세히 관찰하면서 어떤 생각이 들었나요?

실
제
편

4) 요리활동 접근

고구마와 감자의 차이점

◆ 공간: 유치원 교실
◆ 놀이자료: 고구마, 감자, 확대경
◆ 상호작용

질문하기	−고구마와 감자 모양은 어떻게 다른가요? −삶은 고구마와 감자의 맛은 어떻게 다를까?
조사하기	−고구마와 감자의 생김새 관찰하기
예상하기	−고구마와 감자를 삶으면 모양과 맛이 어떻게 달라질까?
탐색실험	−고구마와 감자 삶아 모양 관찰하고 맛보기
추론하기	−고구마와 감자의 맛은 왜 다른지 추론해 보기
과학지식 연계 상호작용	−고구마와 감자의 맛이 다른 이유는 무엇일까?
과학기술 연계 상호작용	−고구마와 감자를 기르는 과정은 어떻게 다를까? −고구마와 감자의 가장 큰 차이점을 관찰해 보세요.
과학태도 연계 상호작용	−교실에서 고구마와 감자를 관찰하고 비교해 본 느낌이 어떤가요? −고구마와 감자에 대해 새롭게 알게 된 점은 무엇인가요?

4) 요리활동 접근

고구마 요리하기

◆ 공간: 교실, 복도, 조리실
◆ 놀이자료: 고구마, 찜기, 에어프라이어, 고구마 으깰 그릇과 주방도구
◆ 상호작용

질문하기	−고구마로 어떤 요리를 할 수 있을까?
조사하기	−고구마로 할 수 있는 요리 알아보기
탐색실험	−고구마를 '찌기, 썰기, 튀기기'로 요리해 보기
추론하기	−고구마가 익어서 변화하는 이유 추론해 보기
과학지식 연계 상호작용	−고구마를 찌게 되면 어떻게 될까? −고구마를 튀기면 어떻게 될까?
과학기술 연계 상호작용	−찐 고구마의 맛과 모양 관찰하기 −튀긴 고구마의 맛과 모양 관찰하기 −찐 고구마와 튀긴 고구마 비교하기
과학태도 연계 상호작용	−고구마를 요리하면서 어떤 마음이 들었나요?

실제편

4) 요리활동 접근

고구마 무게 측정하기

◆ 공간: 계단, 강당

◆ 놀이자료: 고구마, 양쪽 저울, 교실의 물건들

◆ 놀이방법

　1. 고구마를 저울에 한 개씩 올리며 무게를 측정해 본다.

　2. 양쪽 저울을 준비하여 다른 쪽 저울에 교실 물건을 올려 보며 고구마 한 개의 무게와 비교해 본다.

◆ 확장활동

　1. 게임 그룹으로 나누어 모여 앉는다.

　2. 각 그룹별로 작은 블록이나 레고 등 작은 물건을 일정하게 나누어 준다.

　3. 각 그룹은 고구마 하나의 무게와 가장 비슷할 것 같은 양만큼 장난감 양을 정하여 바구니에 담아 온다.

　4. 각 팀이 가져온 것을 저울에 달아 비교한다.

　5. 가장 고구마의 무게와 일치하는 팀이 승리한다.

　※ 연령에 따라 측정활동의 난이도를 조절하여 진행할 수 있다.

4) 요리활동 접근

고구마 경단 만들기

◆ 공간: 교실, 혹은 조리실
◆ 놀이자료: 삶은 고구마, 꿀, 카스텔라, 콩고물
◆ 상호작용

질문하기	–고구마로 할 수 있는 요리 중 교실에서 어떤 것을 만들 수 있을까? –고구마 경단을 먹어 본 적이 있니?
조사하기	–고구마 경단을 만드는 과정 알아보기
예상하기	–고구마 경단 조리법 예상하기 –고구마 경단의 맛이 다양하게 나려면 어떤 다른 재료들을 추가할 수 있을까?
탐색실험	–고구마 경단 만들기
과학태도 연계 상호작용	–교실에서 고구마와 감자를 관찰하고 비교해 본 느낌이 어떤가요? –고구마와 감자에 대해 새롭게 알게 된 점은 무엇인가요?

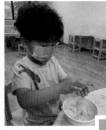

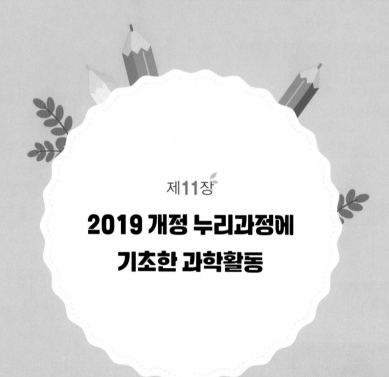

제11장

2019 개정 누리과정에 기초한 과학활동

접근법에 따른 연관활동

1. 자연탐구적 접근

- 어떤 향기가 날까요?
- 우리 친구 달팽이
- 가을이 되었어요

2. 문학적 접근

- 행복한 색깔 도둑
- 비오는 날 또 만나자
- 바람이 불어요

3. 창의적 실험 접근

- 낙하산을 날려라
- 눈사람을 지켜라
- 팡팡팡! 풍선 폭죽

4. 요리활동 접근

- 달고나
- 고소한 애호박전
- 새콤달콤 딸기우유
- 내가 만든 오이김치

1. 자연탐구적 접근

어떤 향기가 날까요?

과정 기술	관찰하기	분류하기	예측하기	추론하기	의사소통하기	측정하기	실험하기	창안하기
활동 반영	✓	✓			✓			

◆ 놀이주제: 궁금한 동식물/자연과 더불어 사는 우리
◆ 활동자료: 산책과정에서 수집한 향기 나는 식물의 꽃잎과 나뭇잎(로즈마리, 스피어민트, 백합, 메리 골드 등), 후각통 4개, 이름 카드, 사진자료

놀이관찰 상황

산책활동 중 들꽃을 주워 탐색하다가 식물의 냄새에 관심을 가지게 되었다.

유아 1: 이 꽃에서 향기가 나.

유아 2: 정말이네 다른 꽃에서도 향기가 날까?

유아 3: 풀이나 나뭇잎에서도 향기가 나는지 맡아 보자.

유아 2: 이 꽃에서는 향기가 잘 나지 않아.

유아 1: 향기가 나는 식물들에는 무엇이 있을까?

유아들: 선생님 꽃에서 왜 냄새가 나요?

교사의 고민

자연 식물마다 가지고 있는 특색 있는 향기를 어떻게 즐겁게 탐색할 수 있도록 지원할 수 있을까?

활동목표
- 꽃과 식물들은 자기만의 독특한 향기가 있음을 안다.
- 꽃과 식물들의 향기를 관찰하고 구별할 수 있다.
- 꽃과 식물에 향기를 관찰하는 과정에 관심을 가진다.

2019 개정 누리과정 관련요소
- 자연탐구＞탐구하는 태도 기르기＞탐구 과정을 즐긴다.
- 자연탐구＞자연과 더불어 살기＞생명과 자연환경을 소중히 여긴다.

활동내용
[질문하기(도입)]
1. 산책과정에서 수집한 자연물에 대해 이야기 나눈다.
　-수집한 자연물에는 어떤 것들이 있니?
　-수집한 자연물을 어떻게 구분할 수 있을까?
　-오늘은 꽃과 식물의 향기에 대해 알아보자.

[알아보기(전개)]
2. 향기 나는 식물에 대해 이야기 나눈다.
　-향기가 나는 꽃과 식물을 본 적이 있니?
　-향기가 나는 꽃과 식물을 어디에서 봤니?
　-꽃과 식물에서 어떤 향이 났니?
　-꽃과 식물의 향기를 어떻게 관찰할 수 있을까?
3. 활동의 규칙이나 약속을 정한다.
　-꽃과 식물의 향기는 어떻게 관찰할 수 있을까?
　-꽃과 식물의 향기를 관찰할 때 지켜야할 약속은 무엇일까?
4. 준비된 꽃과 식물을 관찰한다.
　-여기에 준비된 꽃과 식물들은 어떤 것들이 있니?
　-이것을 본 적이 있니?
　-이것은 어떻게 생겼니?
　-각각의 꽃과 식물에는 어떤 향기가 나는지 냄새를 맡아 관찰해 보자.
5. 각각의 향기 나는 식물의 이름을 소개한다.
　-이것의 향을 맡아보니 어떠니?
　-이것의 이름은 무엇일까?
　-각각의 꽃과 식물의 이름을 소개한다.

6. 후각통을 활용해 식물향기의 짝을 찾아본다.
   - 파란색 5개의 후각통에서는 어떤 향기들이 있니?
   - 노란색 5개의 후각통에 있는 향기도 맡아보자. 어떤 향이 나니?
   - 각 후각통에 있는 향기들의 짝을 찾아보자.
7. 꽃과 식물에서 향이 나는 이유를 소개한다.

[유용한 과학지식 tip]

식물과 꽃에서 향기가 나는 이유

식물에서 향이 나는 이유는 무엇일까? 식물과 꽃에서 향기가 나는 이유는 우리 눈에는 보이지 않지만 꽃과 식물에는 아주 작은 크기의 향기들이 숨겨져 있다. 그 작은 향기를 냄새분자라고 하는데 이것이 공기를 타고 우리 코로 들어와 "이런 냄새가 나는 구나~"하고 느낄 수 있는 거래. 냄새분자들이 공기를 타고 펴져나가는 현상을 확산이라고 한단다. 꽃의 향기는 꽃가루를 퍼트려 줄 곤충들을 불러 모으기도 한대.

[마무리하기(마무리)]
8. 오늘 활동에 대해서 이야기를 나눈다.
   - 애들아 오늘 어떤 활동을 했니?
   - 활동 중 어떤 것이 제일 재밌었니?
   - 활동을 하면서 새롭게 알게 된 것이 있니?
   - 눈에 보이지도 않고 만져지지도 않는 냄새를 우리는 어떻게 느낄 수 있었니?

확장활동
- 신체영역: 꽃과 식물의 향기 신체표현 해 보기
- 미술영역: 나만의 정원 만들기
- 과학영역: 향기 나는 식물 키워 보기

유의사항
산책활동 중 자연보호에 유의하며, 산책 전 산책할 동선을 미리 계획하고 안전요소를 점검한다.

가을이 되었어요

과정 기술	관찰하기	분류하기	예측하기	추론하기	의사소통하기	측정하기	실험하기	창안하기
활동 반영	✓	✓			✓			

◆ 놀이주제: 가을
◆ 활동자료: 약상자, 카메라, 수집한 가을 열매를 넣을 수 있는 폴리백

놀이관찰 상황

산책활동 중 가을이 되어 변화된 자연의 모습에 관심을 가지게 되었다.

유아 1: 나뭇잎 색깔이 점점 노랗게 변하고 있어.

유아 2: 정말이네! 나무 밑에 모가 많이 있다.

유아 3: 열매가 있어.

유아 2: 앵두처럼 색깔이 빨개!

유아 1: 커다란 열매는 향긋한 냄새도 나.

유아들: 바닥에 떨어진 열매들을 주워 오자.

교사의 고민

가을이 되어 변화된 날씨와 자연환경에 관심을 가지는 유아들에게 가을과 관련된 놀이와 활동을 어떻게 지원하고 제안하면 좋을까?

활동목표

• 가을이 되어 변화된 자연 환경을 인식한다.
• 가을 열매를 관찰하고 구별할 수 있다.
• 가을 열매의 특성과 변화에 관심을 가진다.

실제편

2019 개정 누리과정 관련요소

• 자연탐구 > 탐구과정 즐기기 > 주변세계와 자연에 대해 지속적으로 호기심을 가진다.
• 자연탐구 > 생활 속에서 탐구하기 > 물체의 특성과 변화를 여러 가지 방법으로 탐색한다.
• 자연탐구 > 자연과 더불어 살기 > 날씨와 계절의 변화를 생활과 관련짓는다.

활동내용

[질문하기(도입)]

1. 산책 중 가을이 되어 변화한 날씨와 주변 환경에 관심을 가지고 오감을 통해 변화된 가을 풍경을 느껴
   보며 이야기 나눈다.
   −가을이 되어 달라진 점은 무엇일까?
   −가을이 되어 새롭게 발견한 것은 무엇일까?

[알아보기(전개)]

2. 가을 열매에 대해 이야기 나눈다.
   −가을이 되니 꽃과 나무에 어떤 변화가 있니?
   −가을 열매는 어떻게 생겼니?
   −가을 열매를 만져보니 어떤 느낌이 나니?
   −가을 열매는 어떤 냄새가 나니?
   −가을 열매는 어떤 맛이 날까?
   −가을 열매는 왜 생길까?
   −가을 열매는 왜 땅에 떨어질까?
   −나무에 붙어있는 열매와 땅에 떨어진 열매는 어떤 차이가 있을까?
   −가을 열매로 무엇을 할 수 있을까?
3. 활동의 규칙이나 약속을 정한다.
   −가을 열매를 어떻게 관찰해 볼 수 있을까?
   −가을 열매를 관찰할 때 지켜야할 약속은 무엇일까?
4. 수집한 가을 열매를 관찰한다.
   −우리가 수집한 가을 열매들은 어떤 것들이 있니?
   −어떻게 하면 가을 열매들을 더 잘 관찰해 볼 수 있을까?
   −이것을 본 적이 있니?
   −봄, 여름의 열매와 어떤 차이가 있니?

[마무리하기(마무리)]

5. 오늘 활동에 대해서 이야기를 나눈다.
   −가을이 되니 어떤 점이 달라졌니?
   −가을 열매 관찰을 하면서 어떤 점을 알게 되었니?
   −수집한 가을 열매로 무엇을 할 수 있을까?

확장활동

- 과학영역: 산책하면서 수집한 자연물을 다양한 도구들(돋보기, 현미경 등)을 활용하여 특성화 변화를 관찰하기
- 미술영역: 가을 열매 콜라주
- 신체영역: 떼굴떼굴 가을 열매
- 음악영역: 가을 열매 마라카스

유의사항

산책활동 중 자연보호에 유의하며, 산책 전 산책할 동선을 미리 계획하고 안전요소를 점검한다.

우리 친구, 달팽이(동식물 기르기)

과정 기술	관찰하기	분류하기	예측하기	추론하기	의사소통하기	측정하기	실험하기	창안하기
활동 반영	✓		✓		✓		✓	

◆ 놀이주제: 달팽이 기르기

◆ 활동자료: 돋보기(휴대용 전자현미경), 투명수조, 흙, 분무기, 달팽이에 관한 책

놀이관찰 상황

숲속 산책을 하던 유아들이 달팽이를 발견하곤 주변에 모여 달팽이를 관찰하며 이야기를 나눈다.

유아 1: 달팽이는 어디서 살까?

유아2: 달팽이는 집을 달고 다니니까 집이 없잖아.

유아 1: 달팽이도 아기를 낳을까? 집이 없으니까 어떻게 키우지?

이야기를 하던 유아들이 교사에게 우리 반으로 달팽이를 데려가서 키워도 되냐고 물어본다.

교사의 고민

달팽이 키우기가 교육적으로 의미 있도록 하려면 어떻게 해야 할까?

활동목표

• 달팽이의 생김새와 움직임을 관찰한다.

• 달팽이의 먹이와 습성을 알고 돌볼 수 있다.

2019 개정 누리과정 관련요소

- 자연탐구 > 탐구과정 즐기기 > 주변세계와 자연에 대해 지속적으로 호기심을 가진다.
- 자연탐구 > 자연과 더불어 살기 > 주변의 동식물에 관심을 가진다.
- 자연탐구 > 자연과 더불어 살기 > 생명과 자연 환경을 소중히 여긴다.

활동내용

[질문하기(도입)]

(전날 산책 시 달팽이를 수집하거나 애완용 달팽이를 준비하고 달팽이에 대해 궁금한 점을 알아 온다.)

1. 수조 속에 넣어 둔 달팽이를 탐색해 본다.
    −달팽이는 어떻게 생겼니?
    −달팽이는 어떻게 움직이니?
2. 달팽이의 표면을 조심스럽게 만져 보고 느낌을 이야기해 본다.
    −달팽이를 만져보니 어떤 느낌이 드니?

[알아보기(전개)]

3. 달팽이에 대해 궁금한 점에 대해 이야기 나눈다.
    −어떤 것이 궁금하니? (생김새, 구조, 사는 곳, 먹이, 이동 방법, 번식 등)
    −달팽이에 대해 궁금한 점을 어떻게 알아볼 수 있을까?
4. 달팽이에 대해 궁금한 점을 알아본다.
    −책, 인터넷을 활용하여 궁금한 점을 알아본다.
5. 달팽이를 돌보기 위한 방법에 대해 이야기 나눈다.
    −교실에서 달팽이를 기르려면 무엇이 필요할까?
    −달팽이는 어떻게 돌봐 주어야 할까?

[마무리하기(마무리)]

6. 달팽이를 기른다.

    −매일 먹이(예: 상추, 오이 등)를 주며 달팽이를 돌보기로 한다.
    −달팽이가 사는 곳을 깨끗하게 청소해 주고 적절히 습도를 유지할 수 있도록 한다.
    −관심을 갖고 관찰하며 관찰일지를 쓴다.

확장활동

- 신체표현: 달팽이처럼 움직여 보기, 달팽이를 주제로 한 창의적 신체표현하기
- 동물기르기: 개미 기르기, 다슬기 기르기, 지렁이 기르기, 햄스터나 고슴도치 기르기
- 식물기르기: 비옥한 흙과 비옥하지 않은 흙에서 식물 길러 보기

2. 문학적 접근

> ### 행복한 색깔 도둑

과정 기술	관찰하기	분류하기	예측하기	추론하기	의사소통하기	측정하기	실험하기	창안하기
활동 반영	✓		✓		✓			

◆ 놀이주제: 여름의 꽃과 열매
◆ 활동자료: 동화책 『행복한 색깔 도둑』(국민서관, 2014), 자연 채집물, 도화지, 색상환

놀이관찰 상황

그림책 활동 후 자유놀이시간에 역할영역에서 유아들이 '외계인 모아'놀이를 하고 있다.

유아 1: 우리나라에는 색이 없어 깜깜해~

유아 2: 아 그러면 색을 담아갈 가방이 필요하겠다. 이걸로 가방 해.

유아 1: 그럼 이 가방에다 이곳에 있는 색들을 다 담아 가야겠어.

유아 2: 그럼 풍선도 필요하잖아. 그럼 우리 교실에 색깔이 다 없어지잖아.

교사의 고민

• 그림책활동을 통해 발현된 유아들의 색에 대한 호기심을 어떻게 교육적 주제 활동으로 연계할 수 있을까?

• 자연에 숨겨진 다양한 색 탐색활동을 어떻게 지원할 수 있을까?

활동목표

• 우리 주변의 여러 자연물에는 다양한 색깔들이 있다는 것을 안다.

• 우리 주변의 자연물을 색깔에 따라서 분류할 수 있다.

• 자연물을 색깔에 따라 분류하는 활동에 관심을 가진다.

2019 개정 누리과정 관련요소

• 자연탐구 > 자연과 더불어 살아가기 > 주변동식물에 관심을 가진다.
• 자연탐구 > 탐구과정 즐기기 > 주변세계와 자연에 대해 지속적으로 호기심을 가진다.

활동내용

[질문하기(도입)]

1. 동화책 행복한 색깔 도둑 이야기를 회상한다.
　– 외계인 모아에게 무슨 일이 있었니?
　– 외계인 모아는 어떤 일을 했니?
　– 모아가 사는 나라처럼 색깔이 없다면 어떤 일이 일어날까?

[알아보기(전개)]

2. 산책길에 수집한 자연물을 관찰한다.
　– 산책길에 수집한 자연물은 어떤 것들이 있니?
3. 산책길에 수집한 자연물(돌, 흙, 식물, 꽃잎 등)을 관찰하고 분류해 본다.
　– 수집한 자연물을 관찰해 보자.
　– 자연물의 생김새, 냄새, 촉각, 무게 등은 어떠니?
　– 이것들을 어떻게 구분할 수 있을까?
　– 수집한 자연물을 돌, 흙, 식물, 꽃잎 등으로 분류해 보자.
4. 색상환을 소개하고 수집한 자연물로 색상환을 만들어 본다.
　– 색상환을 본 적 있니?
　– 색상환이란 색깔을 비슷한 색에 따라 둥글게 배열한 것을 말해.
　– 선생님이 준비한 색상환에 색깔은 모두 몇 개가 있니?
　– 우리가 수집한 자연물을 가지고 색상환을 만들어 보자.
　– 나뭇잎을 가지고 가장 밝은 색으로부터 가장 어두운 색으로 나란히 놓아 보자.
　– 돌과 흙을 가지고 가장 밝은 색에서부터 가장 어두운 색으로 나란히 놓아 보자.
　– 우리가 자연에서 찾은 색깔은 모두 몇 개나 있니?

[마무리하기(마무리)]

5. 활동(실험) 회상 마무리하기
　– 오늘 우리는 어떤 활동을 했니?
　– 새롭게 알게 된 점이 있니?
　– 활동을 하면서 어떤 마음이 들었니?

확장활동

- 과학영역: 자연물 염색하기
- 조작영역: 나뭇잎 엮어 바느질하기
- 수학영역: 나뭇잎 크기 측정하기

유의사항

활동을 위해 자연물을 훼손하지 않는다.

바람이 불어요

과정 기술	관찰하기	분류하기	예측하기	추론하기	의사소통하기	측정하기	실험하기	창안하기
활동 반영	✓		✓	✓	✓	✓	✓	

◆ 놀이주제: 바람
◆ 활동자료: 동화책 『바람이 불어요』, 깃털, 부채, 손 선풍기, 무선 드라이어, 풍선펌프

놀이관찰 상황

바깥놀이 시간에 바람이 불어 한 유아가 쓰고 있던 모자가 날아갔다.

유아 1: 내 모자가 날아간다.

유아 2: 바람이 모자를 날아가게 했어.

유아 3: 바람은 어디에 있는 걸까?

유아 2: (입으로 호호 바람을 불며) 내가 바람을 만들 수 있지. 후~~

교사의 고민

유아들에게 그림책을 활용하여 바람에 대해 어떻게 소개하면 좋을까? 눈에 보이지 않는 바람을 이용한 놀이는 무엇이 있을까?

활동목표

• 바람이 불 때 변화하는 현상을 인식한다.
• 다양한 도구와 기계를 활용하여 바람을 만들어 본다.
• 바람의 방향과 세기에 따라 발생하는 현상에 관심을 가진다.

2019 개정 누리과정 관련요소

• 자연탐구 > 탐구과정 즐기기 > 주변세계와 자연에 대해 지속적으로 호기심을 가진다.

• 자연탐구 > 탐구과정 즐기기 > 궁금한 것을 탐구하는 과정에 즐겁게 참여한다.

• 자연탐구 > 생활 속에서 탐구하기 > 도구와 기계에 대해 관심을 가진다.

활동내용

[질문하기(도입)]

1. 동화책『바람이 불어요』를 들려주고 동화에 대해 이야기 나눈다.

    ─바람이 불면 어떤 일이 생길까?

    ─바람을 본 적 있니?

    ─바람은 무엇일까?

    ─바람은 어떻게 생겼을까?

    ─바람은 왜 생기는 것일까?

    ─바람으로 무엇을 할 수 있을까?

    ─바람이 불면 어떤 기분이 들었니?

    ─바람이 불지 않으면 어떤 일이 생길까?

[알아보기(전개)]

2. 바람을 만들어 볼 수 있는 방법에 대해 생각해 본다.

    ─어떻게 하면 눈에 보이지 않는 바람을 만들어 볼 수 있을까?

3. 바람을 만들어 깃털을 날려 본다.

    ─어떻게 하면 우리 몸으로 깃털을 날려 볼 수 있을까?

      (예: 입으로 호 불기, 콧바람으로 불기, 손바닥으로 부채질하기 등)

    ─바람을 만들어 낼 수 있는 도구와 기계는 무엇이 있을까?

      (예: 부채, 손풍기, 헤어드라이어, 풍선펌프)

4. 바람의 방향과 세기를 달리해서 깃털 날리기를 해 본다.

    ─깃털이 날아가는 방향과 거리는 왜 다를까?

    ─어떻게 하면 내가 원하는 곳으로 깃털을 옮길 수 있을까?

[마무리하기(마무리)]

5. 활동 후 느낀 점에 대해 이야기 나눈다.

    ─다양한 방법으로 바람을 만들어 보니 어땠니?

    ─새롭게 알게 된 점은 무엇이니?

    ─활동을 하면서 어떤 마음이 들었니?

    ─바람으로 움직여 볼 수 있는 물건은 무엇이 있을까?

확장활동

- 과학영역: 풍선 자동차 경주
- 미술영역: 빨대로 물감 불기 표현하기
- 바깥놀이: 바람개비, 연날리기

유의사항

바람의 방향과 세기에 따라 물체의 움직임이 달라질 수 있음을 유의한다.

비 오는 날 또 만나자

과정 기술	관찰하기	분류하기	예측하기	추론하기	의사소통하기	측정하기	실험하기	창안하기
활동 반영	✓		✓		✓			

◆ 놀이주제: 비 오는 날의 산책
◆ 활동자료: 동화책『비 오는 날 또 만나자』, 돋보기

놀이관찰 상황

바깥놀이에 나가려 하는 시간, 봄비가 내리기 시작한다. 유아들이 "선생님, 나비는 비 오는 날에도 날아다닐 수 있어요?"라고 묻자 "비 올 때는 아무도 안 나와."라며 논쟁이 벌어진다.

교사의 고민

산책을 통해 비가 동물들에게 어떤 역할을 하는지 알아보게 할 수 있는 방법은 없을까?

활동목표

• 비 오는 날, 동물들을 관찰해 보고 특성을 알아본다.
• 자연환경의 동식물에 관심을 가진다.

2019 개정 누리과정 관련요소

• 자연탐구＞탐구과정 즐기기＞주변세계와 자연에 대해 지속적으로 호기심을 가진다.
• 자연탐구＞자연과 더불어 살기＞주변의 동식물에 관심을 가진다.
• 자연탐구＞자연과 더불어 살기＞생명과 자연환경을 소중히 여긴다.

활동내용

[질문하기(도입)]

1.『비 오는 날 또 만나자』를 읽어 준 후 내용에 대해 이야기를 나눈다.
　–비 오는 날 어떤 동물들을 만났지?
　–비 오는 날 누가 숨어 있었지? 왜 숨어 있었을까?

[알아보기(전개)]

2. 비 오는 날을 좋아하는 동물과 비 오는 날을 좋아하지 않는 동물에 대해 이야기해 본다.
　–비 오는 날을 좋아하는 동물은 누구일까?
　–비 오는 날을 좋아하지 않는 동물은 누구일까? 왜 좋아하지 않을까?

3. 비 오는 날에 자연환경이 있는 곳으로 산책을 나간다.
　–숲속의 동물들은 무엇을 하고 있니?
　–비 오는 날 밖에 나와 있지 않는 동물들은 어디에 있을까?

[마무리하기(마무리)]

4. 비 오는 날에 발견한 동물이나 본 것에 대해 이야기 나눈다.
　–비 오는 숲속에서 무엇을 보았니?
　–비 오는 동안 걱정을 하며 피해 있는 동물이나 곤충에는 어떤 것들이 있을까?

확장활동

• 비 오는 날이나 오후에 숲으로 산책하기 활동
• 신체표현: 개구리를 주제로 한 창의적 신체 표현하기, 비 오는 날의 개미나 나비를 주제로 창의적 신체 표현하기

실
제
편

3. 창의적 실험 접근

낙하산을 날려라

과정 기술	관찰하기	분류하기	예측하기	추론하기	의사소통하기	측정하기	실험하기	창안하기
활동 반영	✓	✓	✓	✓	✓	✓	✓	✓

◆ 놀이주제: 즐거운 교통생활
◆ 활동자료: 면적이 다른 여러 종류의 비닐, 테이프, 클레이, 고무찰흙, 노끈이나 실

놀이관찰 상황

바람이 부는 날 유아들이 바깥놀이시간에 비닐봉지가 날아가는 것을 관찰하고 있다.

유아 1: 와 바람이 부니까 비닐이 멀리 날아가네.

유아 2: 더 큰 비닐이면 더 멀리 날아가겠다. 그치?

유아 1: 우리 저거 주워서 날아가는 거 만들어 볼까?

교사의 고민

• 유아들이 생활 속에서 궁금해 하는 것을 어떻게 교육적 주제로 활용할 수 있을까?
• 바람과 낙하의 속도에 대한 탐색활동을 어떻게 지원해 줄 수 있을까?

활동목표

• 낙하산은 캐노피의 면적과 추의 무게에 따라 낙하 속도에 차이가 있음을 안다.
• 낙하산 캐노피의 면적과 추의 무게에 따라 낙하 속도에 차이가 있음을 관찰할 수 있다.
• 낙하산의 낙하과정에 대해 탐구하는 과정을 즐긴다.

2019 개정 누리과정 관련요소

- 자연탐구 > 탐구과정 즐기기 > 궁금한 것을 탐구하는 과정에서 즐겁게 참여한다.
- 자연탐구 > 생활 속에서 탐구하기 > 일상에서 길이, 무게 등의 속성을 비교한다.

활동내용

[질문하기(도입)]

1. '낙하산' 사진 퍼즐을 활용해 동기를 유발한다.
   - 사진 속 낙하산은 어떤 모양이니?
   - 낙하산을 사용하거나 봤던 경험이 있니?
   - 낙하산이 사용되는 곳은 어디일까?

[알아보기(전개)]

2. 낙하산을 만들기 위해 필요한 재료를 예상해 본다.
   - 낙하산을 만들기 위해 무엇이 필요할까?
3. 준비된 낙하산 만들기의 재료를 관찰해 본다.
   - 이것들은 무엇이니?
   - 준비된 각각의 비닐들은 어떻게 생겼니?
   - 준비된 추들은 어떻게 생겼니?
   - 재료들 중 가장 면적이 넓은 것은 무엇이니?
   - 재료들 중 가장 무게가 가벼운 것은 무엇이니?
4. 낙하산 캐노피의 면적과 추의 무게에 따른 속도를 예측해 본다.
   - 낙하산의 여러 비닐 중 어떤 비닐이 가장 천천히 떨어질까?
   - 낙하산에 매단 여러 추중에서 가장 천천히 떨어지는 것을 어떤 것일까?
   - 왜 그렇게 생각하니?
5. 활동 규칙에 대해 이야기 나눈다.
   - 재료들을 안전하게 다루기 위해선 어떻게 해야 할까?
   - 낙하산을 만들 때와 날릴 때 주의할 점은 무엇일까?
6. '비닐 낙하산'을 만들어 본다.

> **[비닐 낙하산 만드는 방법]**
> ① 낙하산의 비닐과 추로 사용할 재료를 고른다.
> ② 낙하산 비닐에 실이 부착한다.
> ③ 실에 추(클립, 클레이 등)를 연결한다.

7. 직접 제작한 '비닐 낙하산'을 날려 본다.
   - 자신이 만든 낙하산을 날려 보자.

　　-어떤 친구의 낙하산이 가장 천천히 떨어졌니?

　　-비닐의 면적이 큰 것과 작은 것 중에 어떤 것이 천천히 떨어졌니?

　　-추의 무게가 무거운 것과 가벼운 것 중에 어느 것이 가장 빠르게 떨어졌니?

　　-낙하산의 떨어지는 속도가 달랐다면 그건 무엇 때문일까?

8. 낙하산의 비행원리에 대해 그림자료를 활용해 소개한다.

　　-낙하산의 캐노피 면적이 큰 비닐이 가장 천천히 떨어지는 이유는 공기저항 때문에 그런 거야. 공기저
　　항이란 공기 속 움직이는 물건이 공기로부터 방해를 받는 것을 의미해. 낙하산이 바닥으로 떨어지고
　　있을 때, 캐노피 비닐 크기가 작은 낙하산은 공기의 방해를 받지 않아 빠르게 바닥으로 떨어지고 캐노
　　피 비닐면적이 큰 낙하산은 작은 낙하산에 비해 공기의 방해를 많이 받아 천천히 떨어지는 것이지.

　　-그래서 떨어지는 물건이 무거울수록 바닥으로 빠르게 떨어지고 가벼울수록 천천히 떨어지는 거야.
　　결국 낙하산의 추는 가벼우면 가벼울수록, 비닐의 면적이 넓으면 넓을수록 천천히 떨어지는 낙하산
　　을 만들 수 있었어.

[마무리하기(마무리)]

9. 활동(실험) 회상하기

　　-오늘 우리는 어떤 활동을 했니?

　　-어떤 낙하산이 가장 오래 날았니?

　　-낙하산을 날리면서 자신이 생각했던 것과 다른 점이 있었니?

10. 활동 마무리하기

　　-오늘 낙하산에 크기와 추의 무게에 따라 떨어지는 속도가 어떻게 다른지 알아보았는데 가장 기억에
　　남는 것이 있을까?

　　-활동을 통해 어떤 것을 알게 되었니?

　　-재밌었던 내용이 있다면 무엇이었니?

　　-활동하면서 어떤 기분이 들었니?

　　-우리가 만든 낙하산을 어떻게 활용할 수 있을까?

확장활동

• 언어영역: 낙하산과 관련된 『낙하산을 탄 공주』 책을 읽고 이야기 나누기

• 미술영역: 미술 재료로 낙하산을 꾸미기

• 신체영역: 낙하산이 떨어지는 모습 몸으로 표현하기

팡팡팡! 풍선 폭죽

과정 기술	관찰하기	분류하기	예측하기	추론하기	의사소통하기	측정하기	실험하기	창안하기
활동 반영	✓		✓	✓	✓	✓	✓	✓

◆ **놀이주제:** 풍선
◆ **활동자료:** 풍선, 종이컵, 가위, 테이프

놀이관찰 상황

바깥놀이시간에 유아들이 다양한 종류의 공(탱탱볼, 축구공, 볼풀공, 골프공 등)을 가지고 놀이하고 있다.

유아 1: 탱탱볼이 통통통 튕긴다.

유아 2: 골프공은 딱딱해서 튕기지 않아.

유아 1: 골프공은 왜 튕기지 않는 걸까?

교사의 고민

유아들이 생활 속에서 궁금해 하는 것을 어떻게 교육적 주제로 활용할 수 있을까?

활동목표

• 탄성의 원리(외부의 힘에 의해 변형된 물체가 가해진 힘이 제거되었을 때 원래의 상태로 되돌아가려고 하는 성질)를 안다.
• 고무풍선을 활용하여 탄성을 경험한다.
• 탄성에 대해 탐구하는 과정을 즐긴다.

실
제
편

2019 개정 누리과정 관련요소

- 자연탐구 > 탐구과정 즐기기 > 궁금한 것을 탐구하는 과정에서 즐겁게 참여한다.
- 자연탐구 > 생활 속에서 탐구하기 > 물체의 특성과 변화를 여러 가지 방법으로 탐색한다.

활동내용

[질문하기(도입)]

1. 풍선을 탐색하며 탄성의 원리에 대해 관심을 유발한다.

　－풍선은 무엇으로 만들어 졌을까?

　－풍선에 힘을 가하면 어떤 모양이 될까?

　－풍선에 힘을 가했는데도 왜 모양이 다시 되돌아왔을까?

[알아보기(전개)]

힘을 가해도 다시 되돌아오려는 고무풍선을 이용해서 무엇을 해 볼 수 있을까?

2. 준비된 풍선 폭죽 만들기 재료를 관찰해 본다.

　－이것들은 무엇이니?

　－준비된 풍선과 종이컵들은 어떻게 생겼니?

　－폭죽의 내용물로 어떤 재료들을 사용하면 좋을까?

3. 풍선 폭죽 내용물이 더 멀리, 더 높이 날아갈 수 있는 방법에 대해 생각해 본다.

　－어떻게 하면 풍선 폭죽 내용물이 더 멀리, 더 높이 날아갈 수 있을까?

　－풍선을 두 개, 세 개 겹쳐서 폭죽을 만들면 어떻게 될까?

　－왜 그렇게 생각하니?

　－폭죽이 멀리 날아가기 위해서 풍선을 얼마나 잡아당기면 좋을까?

　－왜 그렇게 생각하니?

4. 활동 규칙에 대해 이야기 나눈다.

　－재료들을 안전하게 다루기 위해선 어떻게 해야 할까?

　－풍선 폭죽을 만들 때와 날릴 때 주의할 점은 무엇일까?

5. 풍선 폭죽을 만들어 본다.

> **[풍선 폭죽 만드는 방법]**
> ① 풍선의 입구 부분을 자른다.
> ② 종이컵의 바닥을 자른다.
> ③ 종이컵의 도려낸 부분에 잘라낸 풍선 조각을 끼우고 테이프로 고정한다.
> ④ 종이컵 안에 날려보고 싶은 내용물(색종이 조각, 꽃잎, 수수깡 조각 등등)을 넣는다.
> ⑤ 풍선을 당겼다가 놓는다.
> ⑥ 풍선 폭죽 밖으로 내용물이 날아가는 것을 관찰한다.

6. 직접 제작한 풍선 폭죽을 사용해 폭죽을 날려 본다.
　－어떻게 하면 풍선 폭죽 내용물이 더 잘 날아갈까?
　－어떤 내용물을 넣으면 더 멀리 날아갈까?
　－폭죽이 날아가는 정도가 달랐다면 그건 무엇 때문일까?

[마무리하기(마무리)]

7. 활동(실험)을 회상한다.
　－풍선 폭죽을 만들어 보니 어땠니?
　－풍선 폭죽 실험을 하면서 알게 된 것은 무엇이니?
　－다른 물체로 풍선 폭죽을 만들 수 있을까?
　－왜 그렇게 생각하니?

확장활동
• 수조작영역: 고무줄 지오보드
• 과학영역: 탱탱볼 만들기
• 게임: 고무줄에 끈 달아 컵 옮기기
• 바깥놀이: 고무줄놀이

눈사람을 지켜라

과정 기술	관찰하기	분류하기	예측하기	추론하기	의사소통하기	측정하기	실험하기	창안하기
활동 반영	✓		✓	✓	✓		✓	

◆ 놀이주제: 겨울
◆ 활동자료: 눈사람, 냉동고, 냉장고, 접시, 온도계, 실험 기록지, 눈오리 집게나 용기, 설산 사진

놀이관찰 상황

첫눈이 내린 날 바깥놀이 중 유아들이 눈사람을 장식해 놓고 들어왔다. 오후 바깥놀이 시간, 녹은 눈사람을 발견한 유아들이 실망하며 속상해했다. "크리스마스까지 있으라고 해 놓은 건데 어떡해."

교사의 고민

• 눈을 본 경험이 많지 않은 우리 반 아이들이 눈의 성질을 알고 있을까?
• 눈이 녹지 않게 하는 방법을 유아들이 스스로 알아낼 수 있게 하려면 어떻게 해야 할까?

활동목표

• 눈이 온도에 따라 녹는 성질이 있다는 것을 안다.
• 창의적 실험을 통하여 눈이 녹지 않는 방법에 대해 탐구한다.

2019 개정 누리과정 관련요소

• 자연탐구 > 탐구과정 즐기기 > 궁금한 것을 탐구하는 과정에 즐겁게 참여한다.
• 자연탐구 > 생활 속에서 탐구하기 > 물체의 특성과 변화를 여러 가지 방법으로 탐구한다.

활동 내용

[질문하기(도입)]

1. 오전에 만들었던 눈사람이 녹은 모습을 보며 이야기를 나눈다.
   - 어제 만들고 장식해 둔 눈사람에게 무슨 일이 일어났니?
   - 녹아서 점점 작아져 가는 눈사람을 어떻게 할까?
2. 눈의 특성에 대해 이야기를 나눈다.
   - 눈은 어떤 계절에 내릴까?
   - 눈사람을 만들 때 손이 왜 시렸을까?

[알아보기(전개)]

3. 눈이 녹게 된 원인에 대해 이야기해 본다.
   - 눈은 시간이 지나면 다 녹을까?
   - 바깥 놀이터의 눈은 왜 녹았을까?
4. 눈이 녹지 않게 할 수 있는 방법에 대해 생각해 본다.
   - 눈사람이 크리스마스 때까지 녹지 않게 할 수 있는 방법이 있을까?
   - 바깥보다 더 추운 곳은 어디일까?
5. 실험을 통해 가장 눈이 녹지 않는 방법을 알아본다.

> **[실험조건]**
> ① 눈사람이나 눈오리를 만드는 집게나 용기를 사용하여 같은 모양과 크기의 눈사람
>   을 만든다.
> ② 유아들이 제시한 장소 또는 방법으로 눈사람을 보관한다.
> ③ 일정 시간이 지난 후 실험 장소나 방법 별로 결과를 관찰하고 기록한다.

[마무리하기(마무리)]

6. 실험과정을 관찰하고 결과를 비교하여 발표한다.
   - 냉장고에 넣어 두었던 눈사람은 어떻게 변했니?
   - 어떤 느낌인지 만져볼까?
   - 바깥 그늘에 두었던 것과 햇빛이 비취는 곳에 두었던 것은 어떻게 달라졌니?
   - 냉동실에 보관한 눈사람은 왜 하나도 녹지 않았을까?
   - 무엇 때문에 이런 변화가 나타났을까?

확장활동

온도를 낮출 수 있는 매체인 소금을 이용하여 실험해 보고 소금의 냉매 역할을 알아본다.

유의사항

실험조건인 눈사람의 크기와 결과의 차이를 볼 수 있는 장소를 선정한다.

실제편

4. 요리활동 접근

달고나

과정 기술	관찰하기	분류하기	예측하기	추론하기	의사소통하기	측정하기	실험하기	창안하기
활동 반영	✓		✓	✓	✓	✓	✓	

◆ 놀이주제: 우리나라 사람들의 생활
◆ 활동자료: 달고나 재료(설탕, 소다), 달고나 만들 때 필요한 도구들(국자, 누름판, 끌개, 모양틀, 사각판, 나무젓가락, 버너, 그릇), 달고나 만드는 방법 순서표, 달고나 도구 그림카드, 설탕과 소다의 변화를 나타내는 그림 자료

놀이관찰 상황

유아들과 우리나라 옛날 음식에 대해서 알아보다가 옛날 사람들이 설탕으로 과자를 만들어 먹었다는 것에 관심을 갖게 되어 달고나를 만들어 보는 활동으로 연계함.

 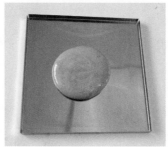 

교사의 고민

옛날 사람들이 즐겨 먹었던 달고나 활동을 통해 유아들이 호기심과 과학적 사고를 활용한 탐구과정을 어떻게 확장시켜 줄 수 있을까?

활동목표

• 물체나 물질에 열을 가하면 생김새가 변화함을 안다.
• 설탕과 소다가 만나면 성질이 다른 물질이 됨을 관찰한다.
• 물체의 변화를 탐색하는 과정을 즐긴다.

2019 개정 누리과정 관련요소
- 자연탐구 영역 > 생활 속에서 탐구하기 > 물체의 특성과 변화를 여러 가지 방법으로 탐색한다.
- 자연탐구 영역 > 탐구과정 즐기기 > 탐구과정에서 서로 다른 생각에 관심을 가진다.

활동내용
[질문하기(도입)]

1. '달고나' 사진 자료를 보며 이야기 나눈다.
   - 이것의 이름은 무엇일까?
   - 이것은 무엇으로 만들었을까?

[알아보기(전개)]

2. '달고나'에 대한 사전경험에 대해 이야기 나눈다.
   - 달고나 먹어본 적 있니?
   - 달고나는 어떤 맛일까?
   - 달고나는 무엇으로 만들까?

3. '달고나' 실물을 직접 먹어보며 탐색한다.
   - 달고나를 만져 볼까? 어떤 느낌이 나니?
   - 달고나의 냄새를 맡아 보자. 어떤 냄새가 나니?
   - 달고나를 먹어 보자. 어떤 맛이 나니?
   - 달고나를 만들기 위해 어떤 재료들이 필요할까?

4. 준비된 재료와 도구들을 탐색한다.
   - 달고나를 만들 때 필요한 재료와 도구들을 함께 살펴보자.

   - 소다와 설탕을 탐색한다.
   - (설탕을 보여 주며) 이것은 무엇일까?
   - (소다를 보여 주며) 이것은 무엇일까?
   - 이것들의 맛은 어떠니?
   - 이것은 설탕과 소다라고 해.

   - 달고나 만들기에 필요한 도구들을 보며 이야기 나눈다.
   - 이것은 무엇일까?
   - 이것은 어떻게 사용할까?
   - 설탕에 열을 가하면 어떻게 될까?
   - 설탕과 소다가 만나면 어떻게 될까?

실제편

5. 요리 순서도를 보며 요리과정을 알아본다.

> **[달고나 만들기]**
> ① 설탕을 적당히 국자에 담는다.
> ② 막대로 설탕을 빠르게 젓는다.
> ③ 설탕이 녹으면 막대로 소다를 찍어 국자에 넣고 빠르게 젓는다.
> ④ 사각판에 설탕을 충분히 뿌린 후 달고나를 부어 준다.
> ⑤ 50초 정도 식힌 후 설탕을 뿌리고 누름판으로 누른다.
> ⑥ 원하는 모양틀로 눌러준 후 끌개로 달고나 떼어 낸다.

6. '달고나' 만들기를 할 때 지켜야 할 약속을 정한다.
　－달고나 만들기를 할 때 지켜야 할 약속에는 무엇이 있을까?
　－달고나를 만들 때는 불을 사용하기 때문에 주의해야 해.

7. 교사와 함께 '달고나'를 만들어 본다.
　－준비된 재료들과 도구들을 이용하여 달고나를 만들어 보자.
　－설탕에 열을 가하면 어떻게 될지 실험을 하면서 관찰해 보자.
　－설탕에 열을 가하니까 설탕이 어떻게 되고 있니?
　－어떤 냄새가 나니?
　－녹은 설탕에 소다를 넣으니까 어떻게 변하고 있니?
　－색깔은 어떻게 변하고 있니?

8. 직접 만든 '달고나'를 먹어본 후 실험을 마무리한다.
　－우리가 만든 '달고나' 모양은 어떻게 생겼니?
　－처음 설탕 색깔과 요리한 '달고나'의 색깔은 어떻게 달라졌니?
　－'달고나'의 냄새는 어떠니?
　－우리가 직접 만든 '달고나'의 맛은 어떠니?

9. '달고나' 원리에 대해 소개한다.
　－고체였던 '설탕'이 열을 받으면 생김새가 액체로 변화를 하고, 액체로 변한 설탕이 '소다'라는 물질을
　　만나면 '이산화탄소'라는 기체가 발생하여 부풀어 오르게 된단다.
　－그래서 액체가 된 설탕은 '소다'를 만나 부피가 훨씬 커지게 되었는데, 그것이 식어지면서 딱딱한 고체
　　가 되어 먹기 좋은 과자모양이 되는 거야. 그러니까 설탕은 열을 받으면 액체로 변화하고 다시 열이
　　식게 되면 다시 고체가 되는 것인데 그 과정에 소다를 만나서 먹기 좋은 달고나가 만들어지는 거지.

[마무리하기(마무리)]
10. 활동(실험) 회상하기
　－오늘 우리는 어떤 활동을 했니?

11. 활동 마무리하기
　－새롭게 알게 된 점이 있니?
　－활동을 하면서 어떤 마음이 들었니?

확장활동
• 역할 영역에서 '달고나' 가게놀이 하기
• '달고나'에 찍힌 틀의 모양 따라 '달고나' 떼어 보기

유의사항
열기구 사용에 유의한다.

실
제
편

새콤달콤 딸기우유

과정 기술	관찰하기	분류하기	예측하기	추론하기	의사소통하기	측정하기	실험하기	창안하기
활동 반영	✓		✓	✓	✓	✓		

◆ 놀이주제: 새콤달콤 딸기우유
◆ 활동자료: 딸기, 우유, 요리할 때 필요한 도구들(도마, 빵칼, 믹서기)

놀이관찰 상황

유아들이 딸기 농장 체험 후 딸기를 탐색하며 딸기로 만들어 볼 수 있는 다양한 음식에 대해서 알아
보다가 딸기우유를 만들어 보기로 하였다.

유아1: 우리가 딸기 농장에서 따 온 딸기는 정말 맛있어.

유아2: 딸기는 새콤달콤해.

유아1: 딸기 생크림 케이크에도 딸기 맛이 나.

유아3: 나는 딸기잼이 좋아.

유아1: 딸기로 만들 수 있는 요리들이 또 있을까?

교사의 고민

딸기의 모양과 맛의 변화과정을 효과적으로 관찰하고 경험하게 하려면 어떤 요리를 하면 좋을까?

활동목표

• 물체나 물질에 물리적 힘을 가하면 생김새가 변화함을 안다.
• 딸기의 변화과정을 관찰할 수 있다.
• 물체와 물질의 변화를 탐색하는 과정을 즐긴다.

2019 개정 누리과정 관련요소

- 자연탐구 영역 > 탐구과정 즐기기 > 탐구과정에서 서로 다른 생각에 관심을 가진다.
- 자연탐구 영역 > 생활 속에서 탐구하기 > 물체의 특성과 변화를 여러 가지 방법으로 탐색한다.
- 자연탐구 영역 > 생활 속에서 탐구하기 > 도구와 기계에 대해 관심을 가진다.

활동내용

[질문하기(도입)]

1. 딸기농장에 다녀온 체험활동에 대해 이야기 나눈다.
   - 딸기농장에서 무엇을 하였을까?
   - 우리가 따온 딸기로 무엇을 할 수 있을까?

[알아보기(전개)]

2. 딸기우유에 대한 사전경험에 대해 이야기 나눈다.
   - 딸기우유를 먹어본 적 있니?
   - 흰 우유와 딸기우유는 어떤 차이가 있을까?
   - 딸기우유를 만들기 위해서는 무엇이 필요할까?
3. 딸기를 직접 먹어 보며 탐색한다.
   - 딸기를 만져 볼까? 어떤 느낌이 나니?
   - 딸기의 냄새를 맡아 보자. 어떤 냄새가 나니?
   - 딸기를 먹어 보자. 어떤 맛이 나니?
4. 준비된 재료와 도구들을 탐색한다.
5. 요리 순서도를 보며 요리과정을 알아본다.

> **[딸기우유 만들기]**
> ① 딸기를 적당한 크기로 썬다.
> ② 믹서기에 썰어 놓은 딸기와 우유를 함께 넣고 간다.
> ③ 컵에 딸기 우유를 담는다.

6. 딸기우유 만들기를 할 때 지켜야 할 약속을 정한다.
   - 딸기우유 만들기를 할 때 지켜야 할 약속에는 무엇이 있을까?
   - 믹서기를 사용할 때 주의할 점은 무엇일까?
7. 교사와 함께 '딸기우유'를 만들어 본다.
   - 준비된 재료들과 도구들을 이용하여 딸기우유를 만들어 보자.
   - 딸기를 빵칼로 썰어보니 딸기가 어떻게 변했니?
   - 딸기와 우유를 섞으니 어떻게 되었니?
   - 우유를 얼마나 넣으면 좋을까?

-우유를 점점 더 많이 넣을수록 어떤 변화가 있니?

-믹서기로 딸기와 우유를 갈아보니 어떻게 변하고 있니?

8. 직접 만든 딸기우유를 먹어본 후 마무리한다.

-우리가 만든 딸기우유는 딸기와 어떤 점이 다르니?

-우리가 직접 만든 딸기우유의 맛은 어떠니?

[마무리하기(마무리)]

9. 요리활동을 마무리한다.

-새롭게 알게 된 점이 있니?

-활동을 하면서 어떤 마음이 들었니?

확장활동

• 과학영역: 딸기 씨 심기

• 역할영역: 카페놀이

• 신체영역: 믹서기가 되어 보아요.

유의사항

믹서기 사용에 유의한다.

고소한 애호박전

과정 기술	관찰하기	분류하기	예측하기	추론하기	의사소통하기	측정하기	실험하기	창안하기
활동 반영	✓		✓		✓			

◆ 놀이주제: 생활도구
◆ 활동자료: 호박, 밀가루, 계란, 채망, 소금, 식용유, 뒤집개, 프라이팬

놀이관찰 상황

유아들이 다양한 야채모형을 썰며 음식을 만드는 놀이를 하고 있다. 유아들은 요리를 하면서 필요한 도구들에 대해 이야기를 하였고, 요리할 때 사용하는 도구에 관심이 확장되어 계량컵, 거품기, 뒤집개 등 요리도구를 활용하여 스스로 만들어 먹어 볼 수 있는 다양한 요리 활동을 계획하며 직접 요리 활동을 해 보고 싶어 하였다.

교사의 고민

요리도구를 사용하여 유아들이 만들어 볼 수 있는 요리는 무엇이 있을까?

활동목표

• 열을 가하면 음식의 재료가 변화함을 안다.
• 요리를 통해 물질의 상태 변화를 관찰한다.
• 요리도구와 요리에 흥미를 갖고 즐겁게 참여한다.

2019 개정 누리과정 관련요소

• 자연탐구 > 생활 속에서 탐구하기 > 물체의 특성과 변화를 여러 가지 방법으로 탐색한다.
• 자연탐구 > 생활 속에서 탐구하기 > 도구와 기계에 관심을 가진다.

실
제
편

활동내용

[질문하기(도입)]

1. 요리도구와 재료를 탐색한다.
   - 준비된 재료로 어떤 요리를 만들어 볼 수 있을까?
   - 애호박, 밀가루, 계란의 모양, 맛, 색깔. 냄새, 느낌 등은 어떠니?
   - 요리도구들은 무엇을 할 때 사용하는 것일까?

[알아보기(전개)]

2. 호박전을 만드는 방법에 대해 이야기 나눈다.
   - 호박전을 먹어 본 적 있니?
   - 호박전은 어떻게 만들면 좋을까?
   - 호박전을 만들 때 필요한 것은 무엇일까?
   - 호박전을 만들 때 필요한 도구들은 무엇이 있을까?

3. 요리과정을 알아본다.

> **[호박전 만드는 방법]**
> ① 일정한 크기로 애호박을 잘라 준다.
> ② 일정하게 자른 애호박에 소금을 뿌려 간을 한다.
> ③ 채망을 사용하여 애호박 위에 밀가루를 뿌려 옷을 입혀 준다.
> ④ 밀가루 옷을 입은 애호박을 계란물에 담근다.
> ⑤ 식용유를 두른 프라이팬에 밀가루와 계란옷을 입은 애호박을 구워 준다.
> ⑥ 약한 불로 엷은 갈색이 될 때까지 익히고 뒤집개로 뒤집어 뒷면도 잘 익힌다.

4. 요리를 하며 밀가루와 계란옷을 입은 애호박이 변화하는 모습을 관찰한다.

[마무리하기(마무리)]

5. 애호박의 변화과정에 대해 회상하며 맛있게 먹는다.
   - 우리가 직접 애호박전을 만들어 보니 느낌이 어떠니?
   - 애호박전을 먹어 보니 맛이 어떠니?
   - 애호박전을 만들면서 알게 된 점은 무엇이니?

확장활동

- 음식점 놀이
- 계량컵을 활용한 물, 모래 측정놀이
- 다양한 요리도구를 활용한 요리하기

유의사항

프라이팬을 사용할 때는 안전하게 사용할 수 있도록 주의할 점을 안내하고 안전에 유의한다.

내가 만든 오이김치

과정 기술	관찰하기	분류하기	예측하기	추론하기	의사소통하기	측정하기	실험하기	창안하기
활동 반영	✓		✓	✓	✓		✓	

◆ 놀이주제: 오이김치 만들기
◆ 활동자료: 요리 순서도, 오이, 부추, 소금, 설탕, 고춧가루, 마늘, 파, 생강, 멸치액젓, 도마와 칼, 김치통

놀이관찰 상황

점심시간, 배추김치를 싫어하는 유아가 오늘은 김치가 안 나와서 좋다고 말하자 다른 유아가 오이김치가 나왔다고 한다. 그러자 유아들 간에 오이소박이가 김치인지 아닌지 논쟁이 벌어졌다.

교사의 고민

• 오이김치를 맛있게 먹을 수 있도록 하려면 어떻게 해야 할까?
• 오이소박이를 유아들이 직접 만들며 재료의 변화를 알게 하려면 어떻게 하면 좋을까?

활동목표

• 오이김치를 만들어 오이의 변화를 관찰한다.
• 도구를 안전하게 사용하여 요리한다.
• 오이김치를 만드는 과정에 즐겁게 참여한다.

2019 개정 누리과정 관련요소

• 자연탐구 > 생활 속에서 탐구하기 > 물체의 특성과 변화를 여러 가지 방법으로 탐색한다.
• 자연탐구 > 생활 속에서 탐구하기 > 도구와 기계에 대해 관심을 가진다.

활동내용

[질문하기(도입)]

1. 오이로 만든 김치를 먹어 본 경험에 대해 이야기를 나눈다.
　－어떤 김치를 먹어 보았니?
　－좋아하는 이유와 좋아하지 않는 이유는 무엇이니?
　－익은 김치와 익지 않은 김치는 어떻게 다를까?

[알아보기(전개)]

2. 오이김치를 만드는 방법을 알아본다.

　　① 오이와 부추를 세로 길이로 하여 적당한 크기로 자른다.
　　② 오이와 부추를 소금을 뿌린 후 살살 섞어 준다.
　　③ 마늘, 생강을 다지고 멸치액젓, 고춧가루, 설탕을 섞어 양념을 만든다.
　　④ 절여진 오이와 부추에 양념을 섞어 버무린다.
　　⑤ 김치통에 넣고 익힌 후 먹는다.

3. 요리를 한다.
　－요리하기 전 안전하게 요리하는 방법을 배운다.
　－요리 순서도를 보고 요리를 한다.
　－오이의 변화를 관찰한다.

[마무리하기(마무리)]

4. 요리활동 후 평가한다.
　－오이김치를 만들어 보니 어땠니?
　－오이김치에서 어떤 맛이 나니?
　－오이김치 맛과 생오이, 부추의 맛은 어떻게 다르니?
　－오이김치가 익으면 어떤 맛이 날까?

연계활동

- 김치 맛 비교하기
  - 미리 익혀 둔 김치와 갓 버무린 김치의 맛을 보고 비교해 보기
  - 익힌 김치에서 신맛이 나는 이유 알아보기

확장활동

- 깍두기김치, 백김치 만들기

유의사항

- 도구 사용 시, 안전한 사용법과 주의점에 대해 이야기한다.
- 요리 전과 후의 재료변화를 관찰할 수 있도록 지원한다.

실
제
편

참고문헌

경기도교육청(2001). 교육과정의 유아과학 활동자료, 유아교육 장학자료 제36호.

고문숙, 김은심, 유향선, 임영심, 황정숙(2006). 유아 교과교육론. 서울: 창지사.

교육과학기술부(2011). 창의성교육프로그램.

교육부(2013). 유치원 교육과정.

교육부, 보건복지부(2019). 2019 개정 누리과정 해설서.

교육인적자원부(1998). 유치원 교육과정 해설. 서울: 대한교과서주식회사.

교육인적자원부(2002). 자연체험활동자료.

교육인적자원부(2003). 놀이를 통한 유아 과학교육 활동자료.

권영례(2000). 유아과학교육. 서울: 학지사.

김경미(2006). 현장 중심 유아 과학교육. 서울: 창지사.

김경미, 김현주, 송연숙(2013). 현장중심의 유아과학교육. 서울: 창지사.

김난실, 이기숙(2008). 개인적, 환경적 변인에 따른 영아의 또래 상호작용형태. 유아교육연구, 28(1), 159-185.

김인정(2008). 유아요리활동 이론과 실제. 서울: 태영출판사.

나귀옥, 김경희(2004). 유아 수학교육 이론과 실제. 서울: 학지사.

문연심, 이화영(2008). 통합적 접근에 기초한 영유아 수·과학교육. 경기: 양서원.

박은주(2011). 과학저널 쓰기를 통한 예비유아교사의 과학 및 과학교수지식과 과학에 대한 태도의 변화. 유아교육학논집, 15(5), 129-156.

박정민, 유연화(2004). 유아 과학교육. 서울: 창지사.

백청일(2005). 유치원교사 활동자료. 서울: 북타운.

보건복지부(2020). 제4차 어린이집 표준보육과정 해설서.

신은수, 안경숙, 김은정, 안부금(2006). 생활과 환경 중심의 영유아과학교육. 경기: 양서원.

신현옥, 김동춘, 이수경, 김영숙, 류칠선(2004). 유아를 위한 수학교육. 서울: 교문사.

심성경, 이선경, 김경의, 이효숙, 김나림, 허은주(2013). 유아문학의 이론과 실제. 서울: 학지사.

안경숙(2003). 유아 과학활동과 통합된 과학능력 평가도구의 개발: 과학적 태도, 탐구능력, 과학적 개념에 대한 평가. 덕성여자대학교 대학원 박사학위논문.

오영희(2006). 영유아를 위한 창의적 요리활동의 이론과 실제. 경기: 양서원.

우수경(2009). 유아교과교육론. 서울: 창지사.

우수경, 채미영, 최미화, 남옥자, 고정리, 유영의, 강민정, 이정미, 김호, 임진형(2010). 유아교과교육론. 서울: 창지사.

유승연(2000). 포트폴리오 평가 활용을 통한 예비교사의 유아 과학 교수 방법에 대한 반성적 사고증진과 전문성 함양에 관한 연구. 유아교육연구, 20(1), 163-185.

유윤영(2004). 과학으로서의 요리와 관련된 활동분석과 개선방향 모색: 유치원 교육활동 자료를 중심으로. 유아교육연구, 1(1), 81-103.

윤애희 외(2006). 유아 수 · 과학 교육. 서울: 창지사.

이경우, 이정환(1999). 유아를 위한 과학교육. 서울: 창지사.

이명환(2014). 유아 숲 지도사. 유아 숲 생태교육 및 프로그램 개발. 한국영상대학교 유아 숲 교육연구소.

이민정, 이연승, 전지형, 강민정, 이해정, 김정희, 전윤숙, 박주연(2012). 유아과학교육. 경기: 공동체.

이숙희, 이주리(2000). Portfolio를 통한 표현생활영역의 평가. 열린유아교육연구, 5(1), 227-246.

이순형, 김혜라, 권미경, 서주현, 전가일, 김유미, 임여정, 김은영, 심도현(2011). 유아과학교육. 서울: 학지사.

이정식(2014). 고등셀파 세계지리. 서울: 천재교육.

이정환(2004). 유아교육교수학습방법. 서울: 교문사.

이종희, 김선영(2000). 유아교육의 구성주의적 접근. 서울: 교육과학사.

임승완 글, 임경현 그림(2004). 바람은 어떻게 태어날까요? 한국뻬아제.

전라남도교육과학연구원(2003). 유아의 창의력 향상을 위한 재미있는 과학 활동유아 교수 · 학습 자료, 유아 과학교육 활동의 실제.

전라남도교육청(2004). 좋은 수업을 위한 유아교육자료(과학활동, 창의성활동).

조부경, 고영미, 남옥자(2012). 예비교사와 현직교사를 위한 유아과학교육. 경기: 양서원.

조부경, 서소영(2001). 유치원 교사의 과학교수효능감에 영향을 미치는 관련 변인 연구. 아동학회지, 22(2), 361-373.

조형숙, 김선월, 김지혜, 김민정, 김남연(2012). 유아과학교육. 서울: 학지사.

조희형, 김희경, 윤희숙, 이기영(2011). 과학교육의 이론과 실제. 서울: 교육과학사.

조희형, 박승재(1994). 과학론과 과학교육. 서울: 교육과학사.

최경희, 권용주, 남정희, 이기영, 이효녕(2013). 과학교육. 서울: 북스힐.

한국녹색문화재단(2006). 나눔의 숲 체험교실. 한국녹색문화재단.

한유미(2008). 영유아 수 · 과학교육. 서울: 창지사.

황의명, 조형숙(2009). 탐구능력증진을 위한 유아 과학교육. 경기: 정민사.

황해익, 송연숙, 정혜영(2007). 유아행동관찰법. 서울: 창지사.

Carin, S., & Sund, R. (1989). *Teaching science through discovery* (6th ed.). Columbus, Ohio: Merrill Publication Co.

Chaille, C., & Britain, L. (2003). *The young child as scientist* (3rd ed.). Boston: Allyn & Bacon.

Driver, R. (1983). *The Pupil as Scientist?* Buckingham: Open University Press.

Harlan, J. D., & Rivkin, M. S. (2004). *Science experiences for the early childhood years: An Integrated affective approach.* Upper Saddle River, NJ: Pearson, Merrill Prentice Hall.

Jacobson, W. J., & Bergman, A. B. (1980). *Science for children.* Englewood, NJ: Prentice-Hall, Inc.

Kamii, C., & DeVries, R. (1978/1993). *Physical knowledge in preschool education: Implications of Piaget's theory.* New York: Teachers College Press.

Martin, D. J. (1997). *Elementary science methods a constractivist approach.* An International Thomson Publishing Company.

Martin, D. J. (2001). *Constructing early childhood science.* Clifton Park, NY: Delmar Thomson Learning.

Martin, D. J., Sexton, C., & Gerlovich, J. (2006). *Teaching science for all children: In quirly methods for constructiong understanding.* Boston, MA: pearson Education.

McCormack, A. J., & Yager, R. E. (1989). A new taxonomy of science education. *Science Teacher, 56*(2), 47-48.

National Research Council(1996). National Science Education Standards. Washington DC: National Research Council.

National Science Teachers Association(2012). *Next generation science standards.* Retrieved on 30.10.12 from http://www.nsta.org/about/standardsupdate/default. aspx.

Piaget, J. (1970). Piaget's theory. In P. Mussen (Ed.), *Carmichaels' manual of child psychology* (3rd ed., vol. I, pp. 703-732). New York: Wiley.

Renner, J. W., & Marek, E. A. (1990). An educational theory base for science teaching. *Journal of Research in Science Teaching, 27*(3), 241-246.

Wilson, R. (2010). Our Life & Early Childhood Environmental Education. 2010 International Workshop: Korean Society for Early Childhood Teacher Education. 1-119.

Ziman, J. (1980). *Teaching and learning about Science and Society*. Cambridge, MA: Cambridge University Press.

〈참고 사이트〉

눈높이대백과(http://www.newdle.noonnoppi.com)

사단법인 나라꽃무궁화운동중앙회(http://www.nfr.or.kr)

생물자원정보_환형동물(지렁이목)

DB(http://geoworm.ndsl.kr/renew/sub_db_view.php?f_idx=48)

위키백과(http://ko.wikipedia.org)

중앙에듀(http://eduican.com)

AAAS 홈페이지(http://www.aaas.org)

KCM Search(http://kcm.kr)

PGS GOLD&COIN(http://www.pgsgoldandcoin.com)

Understanding Science 홈페이지(http://undersi.berkeley.edu)

저자 소개

정재은(Jung, Jaeeun)
The Ohio State University(유아교육전공, 문학석사)
중앙대학교 대학원(유아교육전공, 문학박사)
현 동양대학교 유아교육과 교수

김현경(Kim, Hyunkyoung)
총신대학교 교육대학원(유아교육전공, 교육학석사)
덕성여자대학교 대학원(유아교육전공, 교육학박사)
현 경인여자대학교 유아교육과 교수

김경희(Kim, Kyunghee)
중앙대학교 대학원(유아교육이론 및 교수법전공, 문학석사)
The University of Texas at Austin(유아특수교육전공, 철학박사)
현 중부대학교 유아교육과 교수

놀이 중심·유아 중심

영유아 과학교육

2024년 4월 20일 1판 1쇄 발행
2024년 4월 30일 1판 1쇄 발행

지은이 • 정재은 · 김현경 · 김경희
펴낸이 • 김진환
펴낸곳 • ㈜ 학지사

　　　　　04031 서울특별시 마포구 양화로 15길 20 마인드월드빌딩
대표전화 • 02-330-5114　　팩스 • 02-324-2345
등록번호 • 제313-2006-000265호

홈페이지 • http://www.hakjisa.co.kr
인스타그램 • https://www.instagram.com/hakjisabook

ISBN 978-89-997-3094-8　93370

정가 23,000원

출판미디어기업 학지사

간호보건의학출판 **학지사메디컬** www.hakjisamd.co.kr
심리검사연구소 **인싸이트** www.inpsyt.co.kr
학술논문서비스 **뉴논문** www.newnonmun.com
교육연수원 **카운피아** www.counpia.com
대학교재전자책플랫폼 **캠퍼스북** www.campusbook.co.kr